# POUR PARLER

*Second Edition*

# POUR PARLER

## Manuel de conversation française

ANNE-MARIE BRYAN
*Duke University*

*Articles by*
JEAN DUCHÉ

Prentice-Hall, Inc., Englewood Cliffs, New Jersey

*Library of Congress Cataloging in Publication Data*

BRYAN, ANNE MARIE DESPRÉS.
 Pour parler.

 1. French language—Conversation and phrase
books. I. Duché, Jean. II. Title.
PC2121.B84    1977      448'.3'421      76–7426
ISBN 0–13–686386–8

10   9   8   7   6   5   4

Printed in the United States of America

*Frontispiece* : Le procès-verbal, encore un coup dur !

Prentice-Hall International, Inc., *London*
Prentice-Hall of Australia, Pty. Limited, *Sydney*
Prentice-Hall of Canada, Ltd., *Toronto*
Prentice-Hall of India Private Limited, *New Delhi*
Prentice-Hall of Japan, Inc., *Tokyo*
Prentice-Hall of Southeast Asia Pte. Ltd., *Singapore*

# CONTENTS

# PREFACE

*POUR PARLER* is a French conversation book for students on the intermediate level. We have selected twelve areas that seldom fail to arouse interest and stimulate discussion—the family, careers, justice, travel, etc. Since a successful conversation consists essentially of a discussion between people of differing opinions, we try to introduce students to several aspects of each topic. The modern outlook is presented by Jean Duché—popular writer, historian, and novelist. From his recent columns we reprint a synthesis of today's public opinion on many key problems and issues. In contrast, we offer excerpts from other famous French writers, from Ronsard to Proust, who express their point of view on the subjects under discussion. All of these authors provide words, syntax, and, of course, ideas.

The students read the short selections—at home—and are called upon to say what they think and what their experience has been with regard to the educational system, the administration of justice, the media, leisure activity, old customs and new fads, and so on. In this course, *the students have the floor*; they have to express *their* opinions. We provide them with the techniques that will enable them to do so.

To prepare this revised edition of *POUR PARLER*, we consulted a great many professors and students who used the first edition. Based on their advice and suggestions we have made a number of changes. Here are some of the improvements:

1. Fourteen chapters have been condensed into twelve, in order to provide free periods for review and testing.

2. Articles have been revised and updated to reflect recent modifications in French life.

3. We have added 36 short excerpts from the writings of 24 well-known French authors. These new materials provide two new types of exercise— *Comparaison* and *Thème dirigé*. The latter provide a unique opportunity for dealing with expressions which are so culturally tied up in the student's mind that they are always difficult to learn without the English equivalent.

4. Each lesson now includes eight varieties of exercises, thereby allowing for greater flexibility. Less advanced students can work with the A, B, C exercises while the more advanced have a choice among exercises E–H. The core exercise, as explained below, remains the *Conversation* (D).

5. To fill a practical need, the last seven *Thèmes dirigés* consist of model letters which take care of virtually every occasion a student has to write: a formal letter, an informal letter, a thank-you, a complaint, a friendly note, a letter giving information, and one requesting information.

## How to use the book

Nothing depends more on teachers' and students' personalities and their ability to relate to others than a conversation course. This book should be used in the way that pleases you and your students and best suits your needs and approach. Some instructors, however, may be interested in trying a method which has worked well at Duke University.

We try to keep the number of students under 16, but this method can accommodate as many as 20 to 24 students. We assume that the course is taught three times a week, say Monday-Wednesday-Friday or Tuesday-Thursday-Friday. On this basis one chapter, which consists of three lessons, is covered per week. In our experience it is better to complete each lesson the same day rather than carry it over to the next, with overlapping and dragging. Today's exciting discussion will probably fall flat tomorrow.

The core of *POUR PARLER* are the D exercises, *Conversation*. This section is always included in the day's work, and the students are always tested on the vocabulary they are supposed to know. In addition, the lower-level class will concentrate on Exercises A, B, and C, while the higher-level class may bypass on directly to Exercises E, F, G, and H. But all levels must devote ample time to the *Conversation*.

Starting as early as the third week, divide the class into groups of four (three or five will also work). Let us suppose you are studying Chapter III, *Les Métiers*.

MONDAY. You work on Chapter III, lesson 1: "Passe ton bac." Leave each group free to review the *Conversation* (which they have studied at home) by themselves with the *books open*. Go from group to group informally, joining in or observing as you want, for about twenty minutes. Let the students digress if they choose, as long as they do it in French. In other words, let them warm up to each other as to the ideas to be expressed. Then, with the *books closed*, have them answer the questions in the *Conversation*. Students should be called on at random, but each group should be responsible for its members, anyone being allowed to interrupt or come to the rescue of someone else. The whole thing has to be very informal, and other groups may intervene, settle arguments, clarify points of view, challenge anyone. Then, divide the class in two teams and let them compete in working with Exercise E (*Controverse*) or G (*Comparaison*). As much as possible, avoid participating in the argument. Let the students be spontaneous, even if they make mistakes.

WEDNESDAY. You now do Chapter III, lesson 2: "Que feras-tu dans la vie?" Again, let the same groups review the *Conversation* (studied at home) by themselves, while you circulate from group to group offering guidance. This time, devote the rest of the hour to Exercise F (*Exposés*), which you have assigned beforehand.

FRIDAY. Chapter III, lesson 3: "Les pauvres cadres." Again, review the *Conversation* in the same groups. After this short review you may wind up the week with the pronunciation exercises (*Répétition*) or any of the other remaining materials. If your class needs more work in composition, you may want to review the three *Thèmes dirigés* of the week.

The following week you move on to Chapter IV. It may be helpful to rearrange the groups and the order of the exercises as well. Boredom, routine, lack of spontaneity will surely ruin the spirit of the class. The division into groups works well for the timid and for the extrovert alike: nobody monopolizes too much of the class time, and the shy student gets a chance. Also, several people can speak at the same time. Finally, the students get to know each other. We found that the better ones are anxious to help the slower ones.

Of course, this is not the only way of using the book, and it is a good idea to vary the method throughout the semester, returning from time to time to the more formal teacher-student relationship. Whatever method works for you and your students is the right one. We think this new edition allows more freedom to the teacher and the students alike, while keeping the controled structure without which nothing much can be learned in a conversation class. The new edition presents more choices and can be used by students with a wider range of skill. The vocabulary is up to date and includes about all they need for any situation they may encounter when they want to use French.

## *Pronunciation and patterns*

The *Répétition* exercises which follow J. Duché's articles are often useful to start a class. We usually go over them together in chorus, and sometimes we call on students separately. These exercises should not take more than two or three minutes. They help students make the transition from English to French, force them to clear their throats and to wake up to the sound of their own voices in French. The *Répétitions* are good exercises in pronunciation and particularly intonation. Even more important, they attract the attention of the students to sentences which have been selected because their pattern is very different from the corresponding English expression.

This is how to proceed. The teacher reads the model sentence, then the substitution phrases, one by one, while the students repeat the entire sentence. The English translation of these pattern sentences, along with some additional suggestions about their use, is given in the *Révisions* section at the back of the book.

## *Orientation*

When you meet your students for the first time, to get into the right spirit you may want to use the following seven-point quiz called "Common Misconceptions."

1. The best way to learn to speak French is by listening to professors lecture.
   *False.* You learn by doing. *Do* speak.

2. The best way to perform in class is to read aloud sentences written at home.
   *False.* You will have to prepare some sentences at home but don't read them in class. A series of monologues read aloud would be dull and ineffective.

3. I'll get a bad grade if I make grammatical errors.
   *False.* You'll make a worse grade if you remain silent.

4. Anyway, it is always better to be a good listener.
   *False.* This is not a lecture course. In this class, the teacher wants to listen to you.

5. Never interrupt someone who is talking.
   *False.* Here you must be lively, ask questions, contradict, and come to the rescue of those who hesitate or get lost.

6. The French get irritated when their language is spoken badly.
   *False.* They get irritated by silence, which they usually interpret as ill will.

7. I am only an average student with nothing important to say.
   *False.* You have seen movies, played games, heard stories, traveled, read the paper, etc. Things have happened to you and you have reacted to people and to situations. Tell us about it.

# POUR PARLER

# I LA FAMILLE

Leonard Freed/Magnum

"Il arrive que la romance prenne le pas sur les enfants."
J. DUCHÉ

# I LA FAMILLE

# 1. Une révolution: l'amour conjugal

Savants et techniciens inventent chaque jour quelque nouveau prodige qui bouleverse notre monde. Mais les filles et les garçons du vingtième siècle ont inventé quelque chose de révolutionnaire: l'amour conjugal. Depuis le douzième siècle où les troubadours inventèrent l'amour courtois, nous vivions sur cette idée qu'il n'est de grandes amours que clandestines, contrariées et fatales, c'est-à-dire romantiques. Et les gens mariés qui auraient laissé paraître qu'ils étaient amoureux — on devait tout de même en rencontrer — auraient été ridicules. L'amour conjugal ressemblait à une maladie honteuse.

Nous avons changé tout cela. On se marie parce qu'on s'aime. Cela a l'air simple: c'est prodigieux. Ce qui était institution sociale est devenu aventure. Voilà qui est excitant. Fragile aussi. Il arrive que la romance[1] prenne le pas[2] sur les enfants et que l'aventure s'achève en divorce.

D'où la grande urgence d'appliquer au mariage des techniques nouvelles par lesquelles garçons et filles mis en fiches pourraient connaître le terrain. Jadis, on se renseignait sur le milieu, la dot, les "espérances";[3] demain, les jeunes gens avisés consulteront des psycho-tests. L'amour est aveugle, dit-on. Eh bien! qu'il porte des lunettes; la lucidité n'a jamais fait de mal à personne, et l'on ne me fera jamais croire qu'il est bon de ne pas savoir à qui l'on engage sa vie.

---

[1]**romance** veut dire "chanson sentimentale"; ici le mot a le même sens qu'en anglais. [2]**prendre le pas sur**: devenir plus important que. [3]**les espérances**: *expectations (of future inheritance)*.

## A. *Répétition*

Répétez les phrases suivantes en substituant les expressions indiquées. Imitez l'accent et l'intonation de votre professeur.

1. On a inventé quelque chose de <u>révolutionnaire</u>.
   nouveau / amusant / difficile / pratique

2. Prenez des renseignements avant de vous <u>marier</u>.
   inscrire / décider / fiancer / engager

3. L'amour conjugal devait tout de même <u>se rencontrer</u>.
   se trouver / exister / se développer

4. Renseignez-vous sur <u>son caractère</u>.
   ses goûts / sa santé / ses habitudes / ses défauts

## B. *Questions sur le texte*

1. Quelle révolution les garçons et les filles du vingtième siècle ont-ils amenée ?

2. Autrefois, pourquoi les gens mariés ne laissaient-ils pas paraître qu'ils étaient amoureux ?

3. Quelle conception de l'amour avait-on depuis les troubadours ?

4. Aujourd'hui, pourquoi se marie-t-on ?

5. Quel est le danger du nouvel état de choses ?

6. Quelle technique nouvelle l'auteur recommande-t-il ?

7. D'après l'auteur, quelle est la qualité essentielle au bonheur ?

## C. *Exercice*

Réagissez aux phrases suivantes par "divorcez" ou "pardonnez-lui".

EXEMPLE : Ma femme a fait brûler le dîner.
        Pardonnez-lui.

1. Ma femme est retournée chez sa mère.

2. Mon mari est rentré ivre hier soir.

3. Mon mari rentre ivre tous les soirs.

4. Ma femme me trompe avec mon meilleur ami.

5. Mon mari refuse de m'aider à la maison.

## D. *Conversation*

QUESTIONS

1. Autrefois, où les garçons et les filles se rencontraient-ils?

2. Qu'est-ce que c'est qu'un mariage de raison?

3. Aujourd'hui, comment fait-on connaissance?

4. Quelles sont, par ordre d'importance, les trois qualités principales que vous exigerez d'un conjoint (époux)?

5. Inversement, quels sont les trois défauts qui vous répugnent le plus?

6. D'après vous, quelles sont les trois causes principales des divorces?

7. Quelle est la dernière fois que vous avez rempli un formulaire? De quoi s'agissait-il?

8. Imaginez cinq questions qu'un bon psycho-test devrait poser.

VOCABULAIRE À APPRENDRE

Autrefois, les mariages se faisaient **par présentation. On se rencontrait** chez **des amis communs.** Les familles arrangeaient une **entrevue.** On essayait de mettre en rapport le **milieu,** la **dot,** les **espérances.** On appelait ça un **mariage de raison.**

Aujourd'hui, c'est souvent **par hasard** qu'on rencontre son futur époux. On **fait connaissance** aux sports d'hiver ou dans un avion. On peut avoir le **coup de foudre** pour un **inconnu** sur la plage. On peut **sympathiser** avec sa voisine au cours d'anglais. ATTENTION, il n'y a pas de mot français pour *date.* On **se donne rendez-vous,** on **sort ensemble.**

Quand la **lune de miel** est terminée, les différences de **caractères** et d'**habitudes** risquent d'aboutir à la **mésentente.** On **se dispute** et on finit par **se séparer.**

Demain, grâce aux **ordinateurs** (*computers*), les gens **avisés** consulteront des psychotests. (ATTENTION: prononcez le *p* de *psychotest.*) La machine électronique fera le **tri** parmi les candidats. On vous demandera votre **âge,** vos **goûts,** vos **désirs.** Une fois les candidats bien **assortis,** on espère qu'ils feront de bons époux.

## E. *Controverse*

Chaque jour, nous vous donnerons un sujet à débattre. Chaque étudiant devra préparer d'avance quelques phrases *pour* ou *contre* l'idée à discuter.

SUJET DU JOUR: *Le mariage est-il passé de mode?*

Pensez à des concepts comme l'amour, la compagnie, la solitude, la liberté, la sécurité, etc. Et souvenez-vous qu'il faut dire "se marier avec".

## F. *Exposés*

Choisissez un des sujets suivants et présentez-le soit comme exposé oral, soit comme devoir écrit.

1. Racontez l'histoire de Roméo et Juliette.

2. Racontez le dernier mariage auquel vous êtes allé. Voici quelques mots dont vous aurez besoin: le **faire-part** annonce le mariage. La **bague de fiançailles** est souvent en **diamant**. **L'alliance** est la bague qui indique que vous êtes marié. Elle est en **or**. Le **cortège** est formé par les **garçons d'honneur** et les **demoiselles d'honneur**. Les **félicitations** et les **cadeaux** sont de tradition et font toujours plaisir. Aux États-Unis, on peut se marier **à la sauvette** (*elope*).

3. Les mariages à la sauvette. Donnez au moins deux raisons *pour* et deux raisons *contre*.

## G. *Comparaison*

Comparez le passage suivant avec ce qu'a dit J. Duché.

Les premiers développements du cœur (dans les sociétés primitives) furent l'effet d'une situation nouvelle qui réunissait dans une habitation commune les maris et les femmes, les pères et les enfants. L'habitude de vivre ensemble fit naître les plus doux sentiments qui soient connus des hommes, l'amour conjugal et l'amour paternel. Chaque famille devint une petite société d'autant mieux unie que l'attachement réciproque et la liberté en étaient les seuls liens; et ce fut alors que s'établit la première différence dans la manière de vivre des deux sexes, qui jusqu'ici n'en avaient qu'une. Les femmes devinrent plus sédentaires, et s'accoutumèrent à garder la cabane et les enfants, tandis que l'homme allait chercher la subsistance commune. Les deux sexes commencèrent aussi, par une vie un peu plus molle, à perdre quelque chose de leur férocité et de leur vigueur. Mais si chacun séparément devint moins propre à combattre les bêtes sauvages, en revanche, il fut plus aisé de s'assembler pour leur résister en commun.

JEAN-JACQUES ROUSSEAU  (1712–1778)
*Discours sur l'origine de l'inégalité*

## ✕ H. *Thème dirigé*

**This passage is about**[1] love and marriage. According to J. Duché, married love **was**[2] invented by the boys and girls of the twentieth century. **People used to get married**[3] for family reasons. Love **was to be found**[4] outside of marriage. Marriage **was supposed to**[5] last forever and love was a clandestine luxury.

In the eighteenth century, Rousseau was saying something else. He **was writing about**[6] primitive people and their customs. **To him,**[7] married love was a natural consequence of the habit of living together. **In your opinion,**[8] who is right?

1. dans ce passage, il s'agit de

2. a été

3. autrefois, on se mariait

4. devait se trouver

5. devait

6. parlait de

7. à son avis

8. à votre avis

# 2. Comment élever un enfant

Savons-nous qui est notre fils, notre fille? Nous sommes devant lui comme une poule qui a couvé un canard. Mais c'est à nous de l'élever. Comment? Au petit bonheur la chance?[1] En nous fiant à notre instinct? Dans les vieux principes de la tradition?

Qu'il soit obéissant, sage, travailleur, ou au contraire, insolent, sale, paresseux, tout ce que vous voudrez, on fesse ou on récompense, on rit ou on se fâche au hasard des idées reçues[2] et des nerfs en pelote.[3]

Or, plus souvent que nous le croyons, ce n'est pas lui qui a commencé. Il faut aussi chercher la cause en nous; parce qu'elle pourrait bien s'y trouver en effet, et parce que nous ne saurions changer le comportement de l'enfant sans au préalable changer le nôtre.

Je parlais tout à l'heure des fessées et des récompenses. Avez-vous réfléchi qu'entre ces deux promesses: "Si tu as une bonne note, je t'emmènerai au cinéma," et "Si tu as une mauvaise note, tu seras privé de sortie," il n'y a aucune différence radicale? Dans les deux cas, nous fondons la morale sur la sanction; c'est-à-dire que nous ne la fondons pas du tout, car le fondement de la morale n'est pas la peur du gendarme—ni la carotte de l'âne[4] — mais la capacité de juger, et de choisir, entre le bien et le mal.

---

[1]**au petit bonheur la chance:** au hasard.   [2]**les idées recues:** la tradition.   [3]**les nerfs en pelote:** l'exaspération.   [4]**la carotte de l'âne:** la promesse d'une récompense.

## A. *Répétition*

Répétez les phrases suivantes en substituant les expressions indiquées. Imitez l'accent et l'intonation de votre professeur.

1. Cet enfant, c'est à <u>nous</u> de l'élever.
   toi / lui / eux / vous / elle

2. Nous n'avons qu'à l'élever <u>au petit bonheur la chance</u>.
   au hasard / dans la tradition / en nous fiant à notre instinct

3. Si tu <u>as une bonne note</u>, je t'emmènerai au cinéma.
   es sage aujourd'hui / fais moins de bruit / obéis gentiment

4. Si tu <u>travaillais mieux</u>, je t'emmènerais au cinéma.
   obéissais sagement / étais moins turbulent / parlais plus poliment

## B. *Questions sur le texte*

1. Citez trois façons d'élever un enfant.
2. En général, comment décide-t-on s'il faut punir ou récompenser un enfant?
3. Que faut-il faire avant de changer le comportement d'un enfant?
4. Trop souvent, sur quoi fondons-nous la morale?
5. En réalité, sur quoi faudrait-il fonder la morale?

## C. *Exercice*

Voici des remarques au sujet d'un enfant de huit ans. Répondez-y par l'un des trois conseils suivants: "donnez-lui une fessée," "dites-lui de s'excuser," "récompensez-le" ou par un autre conseil de votre choix.

1. Il a les meilleures notes de la classe.
2. Il a cassé ma plus belle lampe.
3. Il m'a aidé à faire le ménage toute la journée.
4. Il a dit "merde" à son père.
5. Il a jeté le petit chat par la fenêtre.
6. Il a renversé un verre de lait sur ma robe.
7. Il a lavé la voiture.
8. Il s'est sauvé pendant trois jours.

9. Il a battu sa petite sœur.

10. Il a mis le feu à la maison des voisins.

## D. *Conversation*

QUESTIONS

1. Citez trois témoignages de politesse que vous pratiquez couramment.

2. Au contraire, citez-en trois qui vous paraissent inutiles ou démodés.

3. Pensez-vous qu'une femme libre doit refuser certains témoignages de politesse? Lesquels?

4. Avez-vous jamais rencontré des difficultés en gardant les enfants des autres? Racontez-les.

5. Pensez-vous que la fessée peut avoir son utilité ou bien êtes-vous contre tout châtiment corporel? Pourquoi?

6. Vous rappelez-vous des punitions qui vous ont laissé un mauvais souvenir? En gardez-vous des complexes? Lesquels?

7. À propos d'éducation, quelle est la faute de goût que vous déplorez le plus? Expliquez.

VOCABULAIRE À APPRENDRE

Les enfants polis disent **bonjour, merci** et **s'il vous plaît**. Ils doivent avoir **bon caractère**, être sages et apprendre à **se contrôler**. Les jeunes gens **bien élevés** se lèvent quand arrive une femme plus âgée. Il n'y en a plus beaucoup qui lui **baisent la main**, mais ils **s'effacent** devant elle au passage d'une porte. Ils disent toujours **pardon** en passant devant elle et dans la rue ils lui laissent le **haut du pavé**.

Bien peu de parents tolèrent chez leurs enfants les **caprices**, les **colères**, les **crises de nerfs**, les **insolences** et les **mensonges**.

Mais comment **corriger** les enfants? D'un côté se trouvent les partisans de la **fessée** traditionnelle. D'un autre côté se trouvent ceux qui **réprouvent** tout **châtiment corporel**. Ils préfèrent un autre genre de **punition**: **faire honte** à l'enfant, lui **faire peur**, le **priver** d'un plaisir. Enfin, d'autres **éducateurs** n'admettent que les **récompenses**: les **éloges**, les **encouragements** et bien sûr, les **cadeaux**.

Ce qu'il faut développer, c'est la **maturité d'esprit** et la **volonté**. Il faut cultiver la **bonne humeur**. Il faut aussi développer le **sens de l'humour**. D'autres qualités bien agréables sont la **patience**, la **franchise** et la **loyauté**.

## E. *Controverse*

SUJET DU JOUR: *Dans le développement de l'individu, qu'est-ce qui joue le plus grand rôle?*

1. C'est la famille qui développe la personnalité.

2. Au contraire, ce sont les éléments extérieurs à la famille: l'école, les fré-
quentations (ceux qu'on fréquente), les lectures (ce qu'on lit), etc. qui
jouent un rôle plus important.

Servez-vous le plus possible du vocabulaire appris dans la leçon.

## F. *Exposés*

Choisissez un des sujets suivants et présentez-le soit comme exposé oral, soit
comme devoir écrit.

1. Vous êtes chez un psychiâtre et vous lui racontez vos complexes (imaginés,
bien sûr), en insistant sur le rôle de vos expériences d'enfant.
2. Quels sont les droits et les devoirs des gardiennes d'enfants?
3. Racontez l'enfance d'un personnage célèbre de la littérature, tel que David
Copperfield, Tom Sawyer ou tout autre héros d'un livre plus récent sur
l'enfance.

## G. *Comparaison*

Comparez ce que dit Proust dans ce passage avec vos propres souvenirs
d'enfance.

À Combray, tous les jours dès la fin de l'après-midi, longtemps avant le
moment où il faudrait me mettre au lit et rester, sans dormir, loin de ma
mère et de ma grand'mère, ma chambre à coucher redevenait le point fixe
et douloureux de mes préoccupations. . . .

Après le dîner, hélas, j'étais bientôt obligé de quitter maman qui restait
à causer avec les autres, au jardin s'il faisait beau, dans le petit salon où tout
le monde se retirait s'il faisait mauvais. . . .

Ma seule consolation, quand je montais me coucher, était que maman
viendrait m'embrasser quand je serais dans mon lit. Mais ce bonsoir durait
si peu de temps, elle redescendait si vite, que le moment où je l'entendais
monter, puis où passait dans le couloir à double porte le bruit léger de sa
robe de jardin en mousseline bleue à laquelle pendaient de petits cordons de
paille tressée, était pour moi un moment douloureux. Il annonçait celui qui
allait le suivre, où elle m'aurait quitté, où elle serait redescendue.

MARCEL PROUST (1871–1922)
*À la recherche du temps perdu*

## H. *Thème dirigé*

Proust was born in Paris. He lived and died there. **Since childhood**[1] **he had been in rather poor health,**[2] suffering from **frequent bouts with asthma.**[3]

His father, who was a doctor, used to send him **to the seaside**[4] often, in hopes of **relieving**[5] his **breathing**[6] difficulties.

Most of the time, though, he spent the summer at an aunt's house, in a village called Illiers — Combray in his book. A very **sensitive**[7] child, he was spoiled by his mother, as **you may have guessed**[8] **just by reading**[9] the few sentences **quoted above.**[10]

1. depuis son enfance

2. il était de santé assez délicate

3. fréquentes crises d'asthme

4. au bord de la mer

5. soulager

6. respiratoires

7. sensible

8. vous avez pu le deviner

9. rien qu'à lire

10. ci-dessus

# 3. L'homme au foyer

Il était une fois un homme qui s'en allait passer la soirée au café pendant que son épouse, à la maison, raccommodait le linge. Chaque ville avait un café privilégié qui était comme le centre de la vie masculine. Ces endroits déclinent, ferment leurs portes ou se transforment en drugstores. Pour voir des hommes causer et jouer avec d'autres hommes, il faut aller dans des pays préhistoriques : la Sicile, la Corse, l'Espagne ou l'Angleterre des vénérables clubs.

Que font donc les hommes d'aujourd'hui ? Ils rentrent à la maison. La femme étant désormais l'égale de l'homme, et à beaucoup d'égards son semblable, il n'y a pas de raison, en effet, pour que l'homme s'en aille chercher la compagnie d'un homme quand il en a l'équivalent à la maison. S'il a envie de parler, il trouve sur place à qui parler. S'il a envie de se taire, il a la télévision. Le dimanche matin, il passe le chiffon sur la voiture, et en route pour la maison de campagne. Le dimanche soir, il et elle refont le parcours d'une maison à l'autre, mêlés à des milliers de couples, chacun douillettement enfermé dans son automobile, c'est-à-dire dans sa petite maison roulante. L'individualisme des individus s'est transformé en un individualisme du couple et il s'en est trouvé multiplié par deux.

En somme, par une finesse stratégique, la femme a amené l'homme sur son terrain. Cela lui suffira-t-il ? Tremblez, maris ! Le jour est peut-être proche où, lasses de nous, elles iront passer toutes leurs soirées dans les clubs de femmes, délaissant l'homme au foyer.

## A. *Répétition*

Répétez les phrases suivantes en substituant les expressions indiquées. Imitez l'accent et l'intonation de votre professeur.

1. Je vais passer la soirée au café.
   au cinéma / au concert / au théâtre / chez les Dupont

2. Il n'y a pas de raison pour que tu ailles au café!
   sortes de chez toi / fasses de la politique / passes ton temps avec d'autres hommes / joues aux cartes chaque soir

3. Allez, en route pour la maison de campagne.
   l'école / la Sicile / l'Espagne / la colonie de vacances

4. Si tu as envie de parler, reste chez toi.
   te taire / regarder la télévision / cultiver ton jardin

## B. *Questions sur le texte*

1. Que faisaient les hommes autrefois au lieu de rester au foyer?

2. À l'heure actuelle, qu'est-ce qui arrive aux cafés?

3. Où faut-il aller maintenant pour voir des hommes causer et jouer avec d'autres hommes?

4. Pourquoi l'homme ne va-t-il plus chercher la compagnie d'un autre homme?

5. Que font les couples au cours d'un dimanche typique?

6. Quelle victoire la femme a-t-elle remportée?

7. Pourquoi les maris devraient-ils trembler?

## C. *Exercice*

Faites oralement le résumé de ce que dit J. Duché au sujet de "l'homme au foyer." Faites ce résumé en trois parties commençant respectivement par *autrefois* . . . avec les verbes à l'imparfait; *aujourd'hui* . . . avec les verbes au présent; *demain peut-être* . . . avec les verbes au futur.

## D. *Conversation*

QUESTIONS

1. Parlez de votre famille: père, mère, frères, sœurs, etc.

2. Y a-t-il un membre de votre famille avec lequel vous vous entendez particulièrement bien ou particulièrement mal? Pourquoi?

3. Pensez à un homme que vous connaissez. Comment passe-t-il sa journée? Et sa soirée?

4. Même question pour une femme que vous connaissez.

5. Dans votre université, les femmes sont-elles plus privilégiées que les hommes, ou bien est-ce le contraire?

6. Chez vous, les enfants participent-ils aux décisions familiales? Lesquelles?

7. Citez les clubs dont vous avez fait partie: clubs d'hommes? clubs de femmes? clubs mixtes?

8. Expliquez ce que c'est qu'une *fraternity* et une *sorority*.

VOCABULAIRE À APPRENDRE

Autrefois, la famille était un vrai **clan** composé des **ascendants, descendants, collatéraux** (frères, sœurs, oncles, tantes, cousins, cousines). On **entretenait** des **liens** d'amitié et d'alliance avec les **belles-familles** (beau-père, beau-frère, belle-mère, belle-sœur).

Voici les attributions (*duties*) traditionnelles des hommes: choisir la **résidence du ménage, gagner la vie** du ménage, **se tenir au courant** des affaires, **placer son argent,** tenir sa famille à **l'abri du besoin,** faire **fructifier sa fortune, faire de la politique, faire la guerre.**

Quant aux femmes, voici leurs attributions traditionnelles: **faire la cuisine,** le **ménage,** les **lits,** la **lessive,** les **courses,** les **comptes; repasser, cirer, frotter, astiquer, élever les enfants, rendre les visites, engager** les domestiques. . . .

Il est très difficile maintenant de trouver une **bonne** car les **travaux domestiques** n'ont aucun prestige. Les **gardiennes** d'enfants sont rares. Pour faciliter la tâche, on a les **appareils ménagers: fer** électrique, **cuisinière** électrique ou à gaz, **aspirateur, réfrigérateur, machine à laver, lave-vaisselle, évier à deux bacs, chauffe-eau** et **séchoirs** de toutes sortes.

## E. *Controverse*

SUJET DU JOUR: *Pour ou contre la polygamie.*

Si vous êtes pour la monogamie, choisissez au moins trois arguments en faveur de ce mode de vie. Si vous êtes pour la polygamie, n'oubliez pas la polyandrie (plusieurs maris pour une femme). Surtout, gardez votre sens de l'humour.

## F. *Exposés*

Choisissez un des sujets suivants et présentez-le soit comme exposé oral, soit comme devoir écrit.

1. Racontez un dimanche typique dans votre famille.
2. Êtes-vous féministe? Pensez-vous que la femme et l'homme sont égaux ou bien pensez-vous qu'il y a une "nature féminine" et que certaines attributions sont interdites aux femmes?
3. Y a-t-il un fossé entre les générations (*generation gap*)? Quels reproches les adultes font-ils aux jeunes et inversement?

## G. *Comparaison*

Voici ce que le philosophe Fénelon écrivait en 1687. Aujourd'hui, trois siècles plus tard, il y a encore des gens qui pensent comme lui. Ces gens ont-il raison?

Venons-en maintenant au détail des choses dont une femme doit être instruite. Quels sont ses emplois? Elle est chargée de l'éducation de ses enfants; des garçons jusqu'à un certain âge et des filles jusqu'à ce qu'elles se marient ou se fassent religieuses; de la conduite des domestiques, de leurs mœurs, de leur service; du détail de la dépense, des moyens de tout faire avec économie et honorablement; d'ordinaire même de faire les fermes,[1] et de recevoir les revenus.[2]

La science des femmes, comme celle des hommes, doit se borner à s'instruire par rapport à leurs fonctions; la différence de leurs emplois doit faire celle de leurs études. Il faut donc borner l'instruction des femmes aux choses que nous venons de dire. Mais une femme curieuse trouvera que c'est donner des bornes bien étroites à sa curiosité: elle se trompe; c'est qu'elle ne connaît pas l'importance et l'étendue des choses dont je lui propose de s'instruire: le discernement pour trouver la manière de se conduire avec ses enfants, la prudence de choisir les gens qu'elle met auprès d'eux, et tous les principes religieux.

Peut-on douter que les femmes ne soient chargées de tous ces soins, puisqu'ils tombent naturellement sur elles pendant la vie même de leurs maris occupés au dehors? Ils les regardent encore de plus près si elles deviennent veuves.[3] Enfin saint Paul attache tellement en général leur salut[4] à l'éducation de leurs enfants, qu'il assure que c'est par eux qu'elles se sauveront.[5]

FÉNELON (1651–1715)
*De l'éducation des filles*

---

[1]**faire les fermes**: louer les terres à des fermiers qui les cultiveront.  [2]**les revenus**: *income.*
[3]**la veuve**: *widow.*  [4]**le salut**: *salvation.*  [5]**se sauver**: *to be saved;* **c'est par eux qu'elles se sauveront**: les femmes n'iront au paradis que si elles élèvent bien leurs enfants.

## H. *Thème dirigé*

Neither Saint Paul nor Fénelon were feminists. Women's occupations, **as listed by Fénelon**[1] and **as still conceived**[2] **by some people**[3] are to raise children, hire servants, **take care of the budget.**[4]

If you reread the **above passage,**[5] you will see that in the space of a few lines, Fénelon uses the word *limit* or *to limit* **three times.**[6] **It is precisely the idea of limitation**[7] that **hardly corresponds any longer**[8] to the preoccupations of the twentieth century.

Of course, the **education**[9] of **each person**[10] must correspond to **his or her**[11] functions. But it seems more difficult today to define with precision **each individual's place**[12] in society.

1. telles que Fénelon les cite

2. comme on les conçoit encore

3. dans certains milieux

4. faire les comptes

5. passage ci-dessus

6. (à mettre après le verbe)

7. c'est cette idée de limites

8. ne répond plus guère

9. instruction

10. chacun

11. ses

12. le rôle de chacun

# II LES CLASSES D'ÂGE

1. Les jeunes, au travail

2. Savoir ou savoir faire?

3. Que faire des vieux?

"On vit plus vieux en France que dans la plupart des autres pays d'Europe."
J. DUCHÉ

# II LES CLASSES D'ÂGE

## 1. Les jeunes, au travail!

Lorsque j'étais au lycée, mon horaire était fort lourd: il nous fallait étudier, en plus du français, le grec, le latin, les mathématiques, la physique, la chimie, les sciences, la cosmologie, l'histoire, la géographie, une première et une deuxième langues étrangères.

Or, depuis mon enfance, le champ des connaissances s'est agrandi et ne cesse de s'agrandir et on continue à exiger que nos jeunes aient des lumières de tout. Mais on ne court pas plusieurs lièvres à la fois;[1] alors le niveau des bacheliers baisse à mesure que[2] leur nombre s'accroît, et il ne pourrait en être autrement: la quantité et la qualité sont deux valeurs inconciliables. Quand donc notre Education Nationale aura-t-elle le courage de choisir?

On nous dit d'autre part que les miracles de la productivité vont conduire l'humanité vers la paresse, l'activité libre et le jeu. On peut espérer voir dans un avenir raisonnablement proche des adultes s'ébattre dans des parcs au sortir de leur labeur, passer l'été au bord des mers chaudes et, l'hiver, sillonner les champs de neige[3] . . . pendant que leurs enfants travailleront! Car cette belle liberté que nous nous promettons ne sera pas pour les jeunes. "À leur âge il convient de se former l'esprit," dit-on. En fait, il s'agit de leur enfourner[4] des connaissances. Il s'agit de fabriquer des techniciens qui fabriqueront des machines qui fabriqueront des loisirs. Les jeunes n'ont vraiment pas un instant à perdre!

---

[1]*one cannot pursue opposite goals at the same time.*   [2]**à mesure que:** *as.*   [3]**sillonner . . . neige:** faire du ski.   [4]**leur enfourner:** *to stuff them with, make them swallow.*

## A. *Répétition*

Répétez les phrases suivantes en substituant les expressions indiquées. Imitez l'accent et l'intonation de votre professeur.

1. Nous avions <u>six heures de cours</u> par jour.
   deux heures de math / une heure de latin / une heure et demie de laboratoire

2. À leur âge il convient de <u>se former l'esprit.</u>
   se distraire / s'appliquer aux études / s'ébattre dans des parcs

3. On devrait avoir le courage de <u>choisir.</u>
   protester / changer / manifester / agir

4. Nous avons droit à des <u>vacances.</u>
   réformes / programmes modernes / avantages de toutes sortes

## B. *Questions sur le texte*

1. Que pense J. Duché de son horaire au lycée?

2. Qu'est-ce qui s'est agrandi depuis le temps où il allait à l'école?

3. Pourtant, que constate-t-on chez les bacheliers d'aujourd'hui?

4. Que promet-on à l'humanité future?

5. Qui est-ce qui risque de ne pas profiter de la liberté?

6. Pourquoi a-t-on besoin de jeunes techniciens?

7. Que feront les adultes pendant que les jeunes travailleront?

## C. *Exercice*

Quand vous le pouvez, simplifiez vos phrases. Voici trois moyens de le faire.

1. Avec l'impératif au lieu de "il faut que . . ."
   MODÈLES: Il faut que vous partiez!
   Partez vite!
   Il faut que vous vous formiez l'esprit!
   Formez-vous vite l'esprit!

   Il faut que vous vous mettiez au travail.   Il faut que vous étudiiez la géographie.   Il faut que vous vous appliquiez à vos études.   Il faut que vous vous adressiez à des spécialistes.   Il faut que vous fabriquiez des machines.   Il faut que vous vous entendiez avec vos camarades.

2. Avec un verbe de la deuxième conjugaison au lieu de "devenir" et un adjectif.

MODÈLE: tu deviens rouge
   tu rougis; vous rougissez

tu deviens brun / grand / gros / maigre / pâle / de plus en plus blond

3. Avec le préfixe *re*.

MODÈLES: Viens de nouveau.
   Reviens.
   Lisez encore ceci trois fois.
   Relisez ceci trois fois.

Ne partez pas de nouveau.   Prends-en encore un peu.   Fais-le encore au moins deux fois.   Quand viendrez-vous tous de nouveau?   Quand est-ce qu'on se verra encore?*

---

*NOTE: Dans le français moderne et familier "on" a tendance à remplacer "nous."

## D. *Conversation*

QUESTIONS

1. À quel âge êtes-vous entré au lycée (= *high school*)?

2. Combien d'années y êtes-vous resté?

3. D'après le système expliqué ci-contre, dans quelle classe se trouve un jeune Français de 14 ans?

4. Depuis quand faites-vous du français?

5. Combien d'heures de cours aviez-vous par semaine au lycée?

6. Décrivez votre emploi du temps au lycée.

VOCABULAIRE À APPRENDRE

J. Duché déplore qu'il y ait **deux poids, deux mesures dans la société**: les **loisirs** pour les adultes, les **examens** pour leurs enfants. En effet, aujourd' hui, les études sont très dures.

Voici les termes qu'on emploie couramment pour expliquer le programme scolaire en France.

Vous avez d'abord les **études primaires** (*grade school*) où les enfants apprennent à lire, à écrire et à compter. Les enfants de cinq ou six ans entrent en 12ème et les classes primaires vont jusqu'à la 7ème **comprise**.

Les études secondaires commencent à la 6ème où théoriquement un enfant entre à 11 ans. Les 6ème, 5ème, 4ème, 3ème forment le **premier cycle** du secondaire au **terme** (*end*) duquel on peut passer un examen qui s'appelle le **brevet**. Les **seconde, première** et **terminale** forment le **deuxième cycle** au terme duquel il faut passer le **baccalauréat** si l'on veut par la suite entrer dans une université (études supérieures).

En somme, on fait le compte à **rebours** en commençant par la 12ème et finissant par la première et la terminale.

7. Trouvez trois qualités (*good qualities*) à votre ancien lycée.

8. Trouvez-lui trois défauts (*negative or bad points*).

9. Chez vous, quels examens devez-vous subir pour passer du secondaire aux universités?

10. Avez-vous eu des problèmes de discipline au lycée? Quels ont été vos plus gros ennuis?

11. Y avait-il un centre d'orientation dans votre lycée? Comment fonctionnait-il?

12. Comment, et d'après quel critère avez-vous choisi l'université dans laquelle vous vous trouvez aujourd'hui?

13. Définissez les termes ci-contre. Qu'est-ce que c'est qu'une composition, une rédaction, une dissertation, etc.

Les études sont **gratuites, laïques** et **obligatoires** et les professeurs sont payés par l'État.

Mais il existe des cours **libres** appelés aussi **privés** et qui sont **payants** où entrent les jeunes qui préfèrent une éducation moins difficile ou plus religieuse par exemple. Toutefois, seuls les examens donnés par l'État sont reconnus **valables**.

Naturellement, des **collèges techniques** se chargent d'une instruction orientée vers des métiers précis.

Au lycée, il n'est pas rare qu'on **mène de front** toutes les **matières** mentionnées dans le texte. Les élèves se plaignent d'être **tiraillés** entre toutes ces matières: **l'emploi du temps** est **chargé**.

À la tête du lycée se trouve le **proviseur** ou la **directrice**.

Attention aux termes suivants: **une composition**: un petit examen; **une rédaction**: un petit essai; **une dissertation**: un long essai; **un mémoire**: une longue dissertation; **une thèse**: un long mémoire où on présente un point de vue original; **un thème**: ne veut pas dire *a theme*; c'est la traduction de votre langue dans la langue étrangère; **une version**: la traduction de la langue étrangère dans votre langue; **redoubler**: recommencer un cours; **rendre sa copie**: remettre son devoir; **corriger (noter) une copie**: *to grade a paper*; **un cancre**: un mauvais écolier.

## E. *Controverse*

SUJET DU JOUR: ***Pour ou contre une discipline sévère dans les lycées.***

Les *pour* exigeront l'assistance (*attendance*) obligatoire, des matières obligatoires, un système de notes et de punitions. Les *contre* exposeront les avantages de la liberté.

## F. *Exposés*

Choisissez un des sujets suivants et présentez-le soit comme exposé oral, soit comme devoir écrit.

1. Les redoublants. Si un enfant ne peut pas "suivre," faut-il le faire redoubler ou au contraire le faire passer avec ceux de son âge? Y a-t-il d'autres solutions?

2. Faut-il faire des leçons de morale (*values*, *citizenship*, etc.) dans les lycées?

3. Devrait-on rendre obligatoires les langues vivantes dans les lycées? Dans quelles conditions?

## G. *Comparaison*

Que pensez-vous des rapports entre Rimbaud et son professeur, ainsi qu'ils sont exprimés dans la lettre suivante?

Le 13 mai 1871

Cher Monsieur,

Vous revoilà professeur. On se doit[1] à la Société, m'avez-vous dit; vous faites partie des corps enseignants: vous roulez dans la bonne ornière.[2] Moi aussi, je suis le principe:[3] je me fais cyniquement entretenir; je déterre d'anciens imbéciles de collège: tout ce que je puis inventer de bête, de sale, de mauvais, en actions et en paroles, je le leur livre: on me paie en bocks[4] et en filles.[5] [. . .] Mais vous, vous finirez toujours comme un satisfait qui n'a rien fait, n'ayant rien voulu faire. Sans compter que votre poésie subjective sera toujours horriblement fadasse.[6] Un jour je serai un travailleur: c'est l'idée qui me retient, quand les colères folles me poussent vers la bataille de Paris, — où tant de travailleurs meurent pourtant encore tandis que je vous écris! Travailler maintenant, jamais, jamais; je suis en grève.[7] Maintenant, je m'encrapule[8] le plus possible. Pourquoi? Je veux être poète, et je travaille à me rendre "voyant".[9] Vous ne me comprendrez pas du tout, et je ne saurais vous expliquer [. . .] Vous n'êtes pas "enseignant" pour moi . . . .

Bonjour de cœur,
Ar. Rimbaud

**ARTHUR RIMBAUD (1854–1891)**
*Lettre à Izambard*

---

[1]**on se doit à:** *we owe ourselves to, have to care for.*    [2]**vous roulez . . . ornière:** *you're traveling in the right groove.*    [3]**suivre:** *to follow. I am following the (same) principle* ("on se doit à la Société").    [4]**un bock:** un verre de bière.    [5]**filles (fillettes):** petites bouteilles de vin. L'expression ne s'emploie plus.    [6]**fadasse:** *dull.*    [7]**être en grève:** *to be on strike.*    [8]**je m'encrapule:** je vis dans la débauche.    [9]**voyant:** clairvoyant; quelqu'un qui possède une vision surnaturelle des choses.

## H. *Thème dirigé*

**Rimbaud must have been one of the greatest of all student rebels.**[1] He hated his **home town,**[2] Charleville, and ran away **from home**[3] several times.

The letter you have just read must seem **rather nasty**[4] to you. **Actually,**[5] Rimbaud should have been grateful to Izambard, who **had taught him at school.**[6] Izambard **had introduced him to**[7] modern literature that he liked so much, but against which he **was to take a stand**[8] eventually.

This letter was written at **a time when**[9] Rimbaud was very **upset**[10] and was trying to develop a new concept of poetry. It has not been reproduced here entirely, as it explains how Rimbaud **was breaking away from**[11] traditional poetry, which **would go beyond the scope**[12] of this lesson. But you can read **the whole letter**[13] in the library.

1. parmi tous les étudiants contestataires, l'un des plus célèbres est sûrement Rimbaud

2. ville natale

3. de chez lui

4. plutôt méchante

5. en réalité

6. avait été son professeur

7. l'avait initié à

8. il allait se dresser

9. un moment où

10. désorienté

11. se détachait de

12. dépasserait le cadre

13. la lettre tout entière

~~~~~~~~~~~~~~~~~~~~~~~~~~~~~~~~~~~~~~~~~~~~~~~~~~

# 2. Savoir ou savoir faire?

La culture ne peut pas être l'addition des connaissances humaines; ou alors, personne ne serait cultivé. Je pense qu'il n'est rien de plus affligeant que ces jeux télévisés où l'on entend des concurrents débiter imperturbablement la longueur du Mississippi, l'équipe de football finaliste de la Coupe de France en 1943 ou le menu servi par le Président Lebrun aux souverains britanniques. Cela me donne envie de hurler que l'ignorance c'est la santé.

Je pense que ce qui compte n'est pas ce que l'on apprend, mais ce que l'on apprend à faire. La culture vient du savoir-faire plus que du savoir. On ne se cultive qu'en creusant ce qui résiste. Quand l'étudiant se spécialise, il commence à soupçonner ce que Cicéron avait à vaincre pour rédiger ses beaux discours, ce qu'un ingénieur doit vaincre pour construire un pont, ce qu'un ébéniste doit vaincre pour dessiner et assembler un beau meuble. Qu'il soit philosophe ou qu'il soit sabotier, à force de creuser sa pensée ou des morceaux de bois, viendra le jour où il débouchera dans le secret des choses et de la vie.

Notre temps exige que votre enfant se spécialise? Il convient de s'en réjouir, puisque c'est par la réflexion sur son art, ou sur son métier qu'il accédera à la culture. Qu'il soit donc ce qu'il voudra, mais qu'il le soit avec passion.

## A. *Répétition*

Répétez les phrases suivantes en substituant les expressions indiquées. Imitez l'accent et l'intonation de votre professeur.

1. Est-ce que vous connaissez <u>la longueur du Mississippi?</u>
   la capitale de la Virginie / <u>le</u> nom du roi des Belges / la hauteur de la Tour Eiffel / la température du soleil

2. Est-ce que vous savez <u>rédiger un discours?</u>
   construire un pont / dessiner un meuble / jouer du violon / jouer aux cartes

3. Est-ce que vous savez <u>ce qu'on a servi au Président Lebrun?</u>
   ce qu'un ingénieur doit apprendre / ce qu'on demande à un ébéniste / ce qu'un étudiant doit vaincre

4. Il faut absolument qu'il <u>réussisse dans ses études</u>
   (être) ingénieur / (savoir) <u>parler chinois</u> / (aller) à l'université / (connaître) l'Europe / (venir) aux États-Unis / (faire) une carrière dans la diplomatie / (pouvoir) gagner des millions

## B. *Questions sur le texte*

1. Quelles questions idiotes J. Duché a-t-il entendues dans des jeux télévisés?
2. En vérité, qu'est-ce qui compte dans la vie?
3. Quelle est la meilleure façon de se cultiver?
4. Quels exemples l'auteur donne-t-il?
5. Quel est l'élément le plus important qu'il faut apporter à toute étude?

## C. *Exercice*

Jouons à un jeu télévisé pour rire. Que vous suggèrent les mots suivants?

EXEMPLE: Baton Rouge.    RÉPONSE: La capitale de la Louisiane.

1. Washington. 2. Tokyo. 3. George Washington. 4. Christophe Colomb. 5. Jules César. 6. La Marseillaise. 7. Le Potomac. 8. La Seine. 9. Molière. 10. Le 14 juillet.

## D. *Conversation*

*Remarque préliminaire.* Il est très difficile d'expliquer son propre système d'instruction à des étrangers. Pour faciliter la compréhension, désignez votre *major* sous le nom de "diplôme" ou de "licence". Il faut dire "je prépare un diplôme de français" ou bien "je fais une licence de français." Ensuite, vous pourrez expliquer quelles sont vos matières secondaires. Par exemple, "je fais une licence d'anglais, mais dans mon université, on exige tout un tas de matières secondaires, alors je fais aussi du français, des maths," etc.

### QUESTIONS

1. À tour de rôle, chaque étudiant de la classe décrira son sujet principal et ses matières secondaires (facultatives ou obligatoires, d'après l'établissement où vous vous trouvez).

2. Avez-vous un talent quelconque? Jouez-vous d'un instrument? Faites-vous de la peinture, de la sculpture...? Dans la mesure du possible, démontrez ce talent à la classe.

3. Quelles sont les deux qualités essentielles exigées par votre programme d'études?

4. Qu'est-ce que vous avez appris à *faire* qui vous a coûté le plus d'efforts? Décrivez ces efforts.

### VOCABULAIRE À APPRENDRE

Que faire après le bac? Environ 60% des **bacheliers** entrent dans les universités.

En France, il existe deux systèmes universitaires parallèles. Premièrement, les **U.E.R.** ou Unités d'Enseignement et de Recherche, c'est-à-dire les universités **proprement dites**. On y prépare en trois ou quatre ans une **licence**. Par la suite, on peut obtenir une **maîtrise** ou un **doctorat**. Deuxièmement, les **Grandes Écoles**. Pour y entrer, il faut s'y préparer pendant encore deux ou trois ans supplémentaires dans certains grands lycées. Alors, on **se présente** à un **concours**: un certain nombre de places sont prévues pour **l'élite** des étudiants. Il faut **subir des examens compétitifs** où l'on juge les meilleurs candidats.

Ces Grandes Écoles vont former les **hauts fonctionnaires**, les **cadres** de l'armée, les professeurs d'université, etc. Presque tous les présidents de la République, les présidents d'université, les **généraux** des armées, les cadres professionnels sortent de ces Grandes Écoles dont les plus connues sont **Polytechnique, l'École Nationale d'Administration, l'École Centrale, l'École des Mines, les Hautes Études Commerciales** et **l'École Normale Supérieure.**

Mais revenons aux universités. On y fait des cours **magistraux**, des **conférences** et des **travaux pratiques**. Après avoir obtenu sa licence, on peut envisager le doctorat de troisième cycle qui est octroyé après trois ou quatre ans de recherches et la **soutenance d'une thèse**. Ce doctorat rappelle beaucoup le Ph.D. américain. Un autre doctorat est **le doctorat d'État**. Octroyé après de nombreuses années de recherche, il a un prestige immense.

## E. *Controverse*

SUJET DU JOUR: ***Pour ou contre la spécialisation.***

La spécialisation peut-elle amener à la culture générale? Comment? Au contraire, s'y oppose-t-elle? Pourquoi?

## F. *Exposés*

Choisissez un des sujets suivants et présentez-le soit comme exposé oral, soit comme devoir écrit.

1. Que savez-vous du prix Nobel? Où, pourquoi, à qui le décerne-t-on?

2. Parlez du programme de votre université. Quelles sont les matières obligatoires et celles qui sont facultatives? Avez-vous des suggestions à faire pour l'améliorer?

3. Encouragez un de vos amis à venir faire ses études à la même université que vous. Faites-lui un discours de propagande pour le décider.

## G. *Comparaison*

Le système d'éducation auquel vous êtes soumis correspond-il aux idées énoncées par Rousseau dans le passage suivant?

Sitôt que nous sommes parvenus à donner à notre élève une idée du mot *utile*, nous avons une grande prise[1] de plus pour le gouverner; car ce mot le frappe beaucoup, attendu[2] qu'il n'a pour lui qu'un sens relatif à son âge, et qu'il en voit clairement le rapport à son bien-être actuel. Vos enfants ne sont point frappés de ce mot parce que vous n'avez pas eu soin de leur en donner une idée qui soit à leur portée,[3] et que d'autres se chargeant toujours de pourvoir[4] à ce qui leur est utile, ils n'ont jamais besoin d'y songer eux-mêmes, et ne savent ce que c'est qu'utilité.

"À quoi cela est-il bon?" Voilà désormais le mot sacré, le mot déterminant entre lui et moi dans toutes les actions de notre vie . . . . Celui à qui, pour sa plus importante leçon, l'on apprend à ne vouloir rien savoir que d'utile,[5] interroge comme Socrate; il ne fait pas une question sans s'y rendre

---

[1]**une prise**: *a hold, a grip.*    [2]**attendu que**: *considering that.*    [3]**à leur portée**: *within their reach.*
[4]**pourvoir**: *to provide for.*    [5]**ne rien savoir que d'utile**: *to know only what is useful.*

à lui même[6] la raison qu'il sait qu'on lui en va demander avant que de la résoudre.[7] [...] Songez bien que c'est rarement à vous de lui proposer ce qu'il doit apprendre: c'est à lui de le désirer, de le chercher, de le trouver; à vous de le mettre à sa portée, de faire naître adroitement ce désir, et de lui fournir les moyens de le satisfaire.

**JEAN-JACQUES ROUSSEAU   (1712–1778)**
*Émile ou de l'éducation*

---

[6]**s'y rendre à lui-même:** *figuring out for himself.*   [7]**la raison ... de la résoudre:** *the reason why he is asking the question before answering it.*

## H.  *Thème dirigé*

Studies must be **relevant.**[1] "Useful" said Rousseau in the eighteenth century. You see that this concept is not new! His book *Émile ou de l'éducation*, written in 1762, **is about**[2] a new method of teaching: do not teach a child anything unless he indicates a great desire **to learn about it.**[3] Whenever the child says, "What's the use of all that," **as his teacher**[4] **you had better**[5] prove to him that it will be useful. Otherwise, studies **will always be abhorrent to him.**[6] **It is your job**[7] **to motivate him.**[8]

From that, Rousseau drew several interesting conclusions. **For one,**[9] the child **had to**[10] be a boy. Do not teach girls anything except domestic tasks. Nothing else can be useful to girls, since **by their nature they are kept**[11] in the kitchen — which proves that **whatever is useful**[12] is not as easy to **determine**[13] **as all that.**[14]

1. pertinentes

2. dans son livre . . . il s'agit de

3. l'apprendre

4. en tant que son professeur

5. vous serez obligé de

6. il détestera toujours

7. c'est à vous de

8. stimuler son intérêt

9. par exemple

10. il fallait que

11. leur nature les maintient (*use active voice*)

12. l'utile

13. définir

14. qu'on pourrait le croire

# 3. Que faire des vieux?

En France, le nombre des grands vieillards de plus de 85 ans augmente régulièrement: il est évalué à un demi-million. Les femmes, on le sait, vivent plus longtemps que les hommes: 62% des femmes de plus de 70 ans sont des veuves. On vit plus vieux en France que dans la plupart des autres pays d'Europe: nous sommes au troisième rang pour les vieillards de plus de 75 ans, et à ne considérer que le sexe féminin, nous tenons la tête: nos femmes sont les championnes d'Europe dans la grande épreuve du marathon de la vie.

C'est très bien de vivre jusqu'à 80 ans. Mais dans quel état? Comment? Avec quelles ressources? En faisant quoi? Avec qui? Ne croyez-vous pas qu'il y a là quelques questions à se poser?

Si l'objectif des Français est de prendre leur retraite à 60 ans et de passer vingt ans assis devant leur poste de télévision avec une pension tout juste suffisante pour ne pas mourir de faim, je n'ai rien à dire. Mais je ne pense pas que tel soit leur objectif. Je ne pense pas qu'ils rêvent d'une inactivité totale. Je ne pense pas que la perspective de vivre dans la dépendance de leurs enfants les enchante. Je ne pense pas non plus que l'isolement d'un asile de vieillards soit très favorable à leur santé morale: et pourtant, c'est le sort de beaucoup. Je pense enfin que le sentiment d'être un inutile est déjà une sorte de mort.

Est-ce qu'il ne serait pas plus intelligent, plus juste, que la société se préoccupe d'offrir des possibilités d'activités aux gens âgés? Ce pourrait être, au sein même de leur entreprise, s'ils le désirent, un emploi moins pénible, ou d'un temps réduit. Ce pourrait être aussi la création d'emplois réservés. Et c'est là une question d'imagination, et de cœur. Si l'on veut s'en donner la peine, on découvrira beaucoup de choses que les gens âgés pourraient faire aussi bien, sinon mieux que les jeunes. Je songe à des activités non productives — mais très nécessaires, désintéressées — mais rétribuées, bien sûr, dans le domaine social. Tenez: on manque de personnel pour les jardins d'enfants; est-ce que ce ne serait pas une bonne chose si les enfants y trouvaient des grand-mères qui chez eux se font rares? Ce n'est qu'un exemple. Cherchez, il y en a d'autres.

## A. *Répétition*

Répétez les phrases suivantes en substituant les expressions indiquées. Imitez l'accent et l'intonation de votre professeur.

1. On vit plus vieux en France.
   en Russie / si on reste mince / si on fait du sport

2. Comment vivre dans la dépendance de ses enfants?
   de ses parents / de sa famille / du directeur de l'asile

3. Il refuse de prendre sa retraite.
   il se réjouit de / il espère / il se prépare à / il a peur de

4. On manque de personnel pour les écoles.
   hôpitaux / jardins d'enfants / asiles de vieillards

## B. *Questions sur le texte*

1. Quelle victoire les femmes françaises remportent-elles?
2. Quelles questions l'auteur pose-t-il à propos de la longévité?
3. Malheureusement, quel est le sort de beaucoup de vieillards?
4. Quelles activités pourraient avoir les gens âgés?

## C. *Exercice*

**La réponse contradictoire.** Nous allons vous donner des conseils. Vous allez refuser de les suivre.

EXEMPLE: Passe ton bac!
RÉPONSE: **Mais non,** je n'ai pas l'intention de le passer.
EXEMPLE: Tu n'iras pas au cinéma!
RÉPONSE: **Mais si,** j'ai l'intention d'y aller.

1. Regarde la télévision.

2. Ne regarde pas la télévision.

3. Prends ta retraite.

4. Il faut que tu entres à l'asile.

5. Retourne à l'université.

6. Cherche un autre emploi.

7. Ne cherche pas un autre emploi.

8. Fais de la place aux autres.

9. Ne donne pas de conseils à ces gens.

10. Ne donne pas plus de travail à cet enfant.

## D. *Conversation*

QUESTIONS

1. Qui est la personne la plus âgée que vous connaissiez? Décrivez cette personne.

2. Citez cinq traits physiques qui caractérisent la vieillesse en général.

3. Citez trois caractéristiques morales ou intellectuelles de la vieillesse.

4. Citez trois vertus et trois défauts typiques d'une vieille personne.

5. Pourquoi les femmes vivent-elles plus longtemps que les hommes?

6. À votre avis, à quel âge commence la vieillesse? Pourquoi?

7. Comment vous imaginez-vous à 60 ans? à 80 ans?

8. Si vos parents deviennent vieux et pauvres, qu'en ferez-vous?

VOCABULAIRE À APPRENDRE

Toute une vie s'est écoulée depuis notre dernier cours. Nous entrons maintenant dans le **troisième âge**. C'est un **euphémisme** qui remplace le mot vieillesse. On y **range** les gens de 65 ans qui est l'âge où la plupart des travailleurs **prennent leur retraite**.

Qu'est-ce qu'une société doit faire de ses vieillards? Selon la légende, voici ce que certaines tribus primitives faisaient de leurs vieillards. Elles les faisaient monter périodiquement tout en haut d'un **cocotier**. Alors, les plus jeunes **secouaient** violemment l'arbre. Si les vieux se maintenaient en **se cramponnant**, ils avaient le droit de redescendre. Sinon, eh! bien . . . cela faisait **d'autant moins** de **bouches** à **nourir**.

La plupart des pays civilisés ont un système de retraite et de **sécurité sociale** pour les vieux. Ils **touchent** tous les mois une certaine somme d'argent qui, en général, leur permet tout juste de **vivoter**.

Bien des vieux qui avaient **épargné** de l'argent pendant leurs années productives ont vu leur capital **fondre** à cause des nombreuses dévaluations de la **monnaie**. Les pauvres gens sont à la charge de leur famille s'ils en ont ou de la société qui **s'en débarrasse** en les mettant dans des **asiles** où les conditions de vie sont parfois scandaleuses.

## E. *Controverse*

Sujet du jour: ***Est-ce la famille ou l'État qui est responsable des vieillards?***

Prenez position pour l'un ou l'autre et trouvez au moins trois raisons pour appuyer votre position.

## F. *Exposés*

Choisissez un des sujets suivants et présentez-le soit comme exposé oral, soit comme devoir écrit.

1. Comment vieillir "en beauté," c'est-à-dire en restant en bonne santé et intéressant?

2. Alors que la vieillesse est si peu appréciée, comment expliquez-vous que tant de peuples confient leur gouvernement à des vieillards? Donnez des exemples de vieux chefs d'État célèbres et expliquez leur popularité.

3. Vous êtes-vous jamais occupé de gens moins privilégiés que vous? Quand? Comment? Pourquoi?

## G. *Comparaison*

Discutez les vers suivants en remarquant particulièrement la dernière ligne.

Je n'ai plus que les os, un squelette je semble,
Décharné, dénervé, démusclé, dépulpé,
Que le trait[1] de la mort sans pardon a frappé;
Je n'ose voir mes bras, de peur que je ne tremble.[2]

Apollon et son fils,[3] deux grands maîtres ensemble,
Ne me sauraient guérir, leur métier m'a trompé;
Adieu plaisant soleil! mon œil est étoupé,[4]
Mon corps s'en va descendre où tout se désassemble.

---

[1]**le trait:** *arrow.*   [2]Parce que mes bras sont si maigres.   [3]Apollon et son fils (Asclepuis) étaient tous deux des guérisseurs de maladies.   [4]**étoupé:** *clouded.*

Quel ami, me voyant à ce point dépouillé,
Ne remporte au logis un œil triste et mouillé,
Me consolant au lit, et me baisant la face,
En essuyant mes yeux par la mort endormis?
Adieu, chers compagnons! adieu mes chers amis!
Je m'en vais le premier vous préparer la place.

**RONSARD   (1524–1585)**
*Les Derniers Vers*

## H. *Thème dirigé*

**Ronsard is considered the leader of the French Renaissance poets.**[1] The sonnet you have just read **is known as**[2] "Les Derniers Vers." **It shows quite a contrast with**[3] Ronsard's **earlier poems,**[4] in which he celebrated **his delight in**[5] nature. **His poems were about**[6] the joy of life, the beauty of roses, of women, and about love, of course. However, the idea of old age and death was forever present in his poems, even when he was much younger. He **kept telling**[7] the girls he knew that old age would come only too soon. His sonnets **developed**[8] the *carpe diem* philosophy: **"Gather today**[9] the roses of life" because "old age **will tarnish**[10] your beauty."

1. Ronsard est le plus grand poète français de la Renaissance

2. s'appelle

3. il diffère totalement de

4. poèmes plus anciens

5. sa jouissance de

6. dans ses poèmes, il s'agissait de

7. il disait sans cesse

8. exposaient

9. cueillez dès aujourd'hui

10. fera ternir

# III LES MÉTIERS

1. Passe ton bac

2. Que feras-tu dans la vie?

3. Les pauvres cadres

"Cultive l'héritage de tes pères."
ROUSSEAU

# III  LES MÉTIERS

## 1.  Passe ton bac

Le choix d'un métier commande toute notre vie; le hasard[1] en décide. Et les exceptions qui viennent aussitôt à l'esprit ne changent rien à cette vérité-là.

Je sais que l'on s'inquiète beaucoup d'y remédier. Il existe, dans chaque département[2] un centre d'orientation, dont les conseillers ont mission d'orienter les enfants qui sortent du primaire[3] chaque année. Je ne doute pas qu'ils fassent du bon travail — dans la mesure de leurs moyens.[4] Existe-t-il quelque chose d'analogue à la sortie du secondaire? Dans ce cas, son action serait discrète, car je n'en ai jamais entendu parler.

Il me semble qu'un pays devrait mettre à la disposition de tous ses jeunes un catalogue complet des activités, avec une estimation prospective des places disponibles, les voies et moyens[5] pour y parvenir. Quand la question d'un métier se pose, qu'est-ce que les parents répondent? "Passe ton bac, on verra après. . . ." Et passé le bac, on se décide selon l'inspiration du moment, on fait comme papa, ou le contraire de papa, ou comme un copain, ou parce qu'on a été influencé par un article de journal, par un film, par n'importe quoi.

La télévision pourrait faire en ce domaine beaucoup plus qu'elle ne fait. Ne devrait-on pas y présenter ce catalogue que je souhaitais tout à l'heure? Ne serait-il pas bon que chaque poste régional construise de telles émissions avec les centres d'orientation départementaux?

Qu'un garçon ou une fille, au moment d'entrer dans le monde d'aujourd'hui, ne sache pas ce qu'il pourrait bien y faire, c'est tout de même un comble.[6]

---

[1]**le hasard:** n'importe quel événement imprévu.  [2]**le département:** division administrative.  [3]l'école primaire.  [4]**dans la mesure de leurs moyens:** autant qu'ils le peuvent.  [5]**les voies et moyens:** *ways and means*.  [6]**le comble:** plus qu'on ne devrait supporter.

## A. *Répétition*

Répétez les phrases suivantes en substituant les expressions indiquées. Imitez l'accent et l'intonation de votre professeur.

1. Passe ton bac, on verra après.
   entre au lycée / fais ta philo / fais des maths / fais de l'anglais
2. Voulez vous un bon conseil? Passez votre bac.
   entrez au lycée / faites votre philo / faites des maths / faites de l'anglais
3. Vous, vous êtes vraiment doué pour le français.
   le piano / le violon / la littérature / la chimie
4. Moi, ce que je cherche, c'est un travail intéressant.
   une bonne retraite / un salaire élevé / un patron gentil

## B. *Questions sur le texte*

1. Trop souvent, comment choisissons-nous notre métier?
2. Pourtant, quelle est l'importance de ce choix?
3. Comment les enfants qui sortent du primaire sont-ils orientés?
4. Existe-t-il quelque chose d'analogue à la sortie du secondaire?
5. Comment les parents répondent-ils à leurs enfants?
6. Par quoi les enfants sont-ils influencés?
7. Quel devrait être le rôle de la télévision?

## C. *Exercice*

Vous êtes au bureau de placement. Répondez aux questions suivantes.

1. Quel âge avez-vous?
2. Quelle est votre date de naissance?
3. Quelle est votre nationalité?
4. Êtes-vous doué pour les lettres ou pour les sciences?
5. Quelles études avez-vous faites?
6. Quels métiers avez-vous exercés jusqu'ici?
7. Préférez-vous un métier manuel ou intellectuel?

8. Êtes-vous inscrit à la Sécurité Sociale?

9. Dans votre dernier poste, combien gagniez-vous par an?

10. S'il vous faut choisir, préférez-vous une diminution de salaire ou une augmentation des heures de travail?

## D. *Conversation*

QUESTIONS

1. Que faut-il faire pour devenir médecin dans votre pays?

2. Et en France?

3. Quelle différence y a-t-il entre un avocat, un magistrat et un notaire?

4. Comment devient-on avocat chez vous? Et diplomate? Et professeur?

5. Y a-t-il encore des carrières féminines? Lesquelles?

6. Comment devient-on infirmière?

7. Comparez les attributions des infirmières et celles des médecins.

VOCABULAIRE À APPRENDRE

Vous avez **terminé vos études.** Alors maintenant, que ferez-vous? Examinons les **carrières** les plus prestigieuses: la médecine, la magistrature (le droit), la diplomatie, les affaires, l'enseignement, par exemple.

Prenons la **médecine.** Aux États-Unis, il ne suffit pas de s'inscrire à une faculté de médecine. **Encore faut-il** y être accepté. Alors il faut premièrement, **avoir de bonnes notes** en anatomie, zoologie, biologie, chimie, etc. Deuxièmement, il faut **faire des demandes** (*to apply*) dans plusieurs écoles et troisièmement, avoir de la chance, de l'argent et de la santé car les études sont longues et difficiles. En France, il faut faire un an d'études après le baccalauréat dans une faculté de sciences. Ensuite, si on a de bonnes notes, on est accepté dans un **Centre Hospitalier Universitaire** pour y faire six ou sept ans d'études, sans compter la spécialisation.

En ce qui concerne le **droit,** une licence prend quatre ans. Il n'y a pas de terme français qui corresponde exactement à *lawyer*. **En gros** (*basically*), vous avez les **avocats** qui **plaident,** les **magistrats** qui jugent et les **notaires** qui administrent les **biens** et conseillent leurs **clients** pour les **contrats,** les **héritages,** les **achats** et **ventes** de toutes sortes.

La **diplomatie** est une carrière fort intéressante si vous aimez voyager dans les pays les plus **reculés** (distants). Quant aux **affaires,** elles exigent un esprit **aventureux** et **tenace.**

Certaines carrières sont traditionnellement féminines: celles d'**infirmière, dactylo, secrétaire, assistante sociale,** par exemple.

8. Citez trois qualités d'une bonne secrétaire et trois qualités d'un bon patron.

Quant à l'**enseignement**, il y a davantage d'**institutrices** que d'**instituteurs** tandis que **la proportion est inversée** pour les professeurs d'université. Au lycée, les deux sexes sont également représentés.

## E. *Controverse*

SUJET DU JOUR: *C'est une bonne idée de faire le même métier que son père ou sa mère car ils peuvent faciliter l'entrée dans la profession.*

Pensez à des métiers comme acteur, commerçant, musicien, etc. Si vous êtes *contre*, trouvez des raisons précises à votre prise de position.

## F. *Exposés*

Choisissez un des sujets suivants et présentez-le soit comme exposé oral, soit comme devoir écrit.

1. Parlez du dernier métier que vous avez fait pendant les vacances.

2. Le philosophe Alain dit que si l'on veut devenir riche, on le peut toujours. Il suffit d'en avoir la volonté. Est-ce vrai?

3. Quelles sont les carrières pour lesquelles il faut avoir une "vocation" (*calling*)? Connaissez-vous quelqu'un qui a une vocation?

## G. *Comparaison*

Dans le poème suivant, Apollinaire essaie de consoler une jeune fille qui a échoué à son examen. Partagez-vous son point de vue?

### BREVET ELÉMENTAIRE[1]

*À Mademoiselle Chérie*

Dieu qu'il est moche et suranné
Sur lui désormais faut[2] se taire
Puisqu'on ne vous a rien donné
De ce Brevet Élémentaire

---

[1]Le brevet elémentaire, ou simplement "brevet" existe encore aujourd'hui dans certains lycées. On peut le passer à la fin de la troisième. Il correspond à une sorte de "junior high school examination." [2]il faut.

Élémentaire[3] ce Brevet
L'était le sera le demeure[4]
Rien d'étonnant qu'à ce navet[5]
On vous trouve supérieure

En serait-il Supérieur[6]
Vous le surmonteriez encore
Ainsi de midi la lueur
Surmonte celle de l'aurore

Ainsi des filles de quinze ans
L'ignorante nouveauté[7] passe[8]
Les traits d'esprit les moins rasants[9]
Du savant et du savantasse[10]

Fuyez l'école et l'examen
Car fille a la science infuse[11]
Et souriez au bel hymen[12]
Qui bientôt vous rendra confuse[13]

**GUILLAUME APOLLINAIRE (1880–1918)**
*Poèmes épistolaires*

---

[3]il y a ici un jeu de mots: "élémentaire" peut vouloir dire simple, stupide. [4]**l'était le sera le demeure:** was, will be, still is. [5]**un navet:** quelque chose qui n'a aucune valeur. [6]Le brevet supérieur correspondait au baccalauréat. Mais en général les garçons passaient le bac et les filles le brevet. [7]**nouveauté:** ici, jeunesse, fraicheur. [8]**passe:** dépasse (*surpass*); vaut mieux que. [9]**rasant:** *boring*. [10]**le savantasse:** *egg-head*. [11]**la science infuse:** intuition; connaissance naturelle, innée. [12]**l'hymen:** le mariage. [13]**confuse:** *blushing*.

## H. *Thème dirigé*

According to legend, **it was**[1] Charlemagne who "invented" school. **From**[2] their first history lesson in grade school, French children **have been learning**[3] that in the twelfth century, the famous Emperor was already encouraging liberal arts and mathematics. But history does not say who invented exams.

The tradition of the French governments **has always been to encourage**[4] instruction, and today, boys and girls **are treated equally**[5] precisely because they take the same exams.

1. c'est (Charlemagne is still known as having "invented" school)

2. depuis

3. apprennent

4. est d'encourager

5. sont égaux

Guillemets «» tiny

In the preceding poem, Apollinaire tells poor Chérie who **failed**[6] her brevet élémentaire that **she should not worry.**[7] "Forget about school and exams; look forward to love and marriage" — **a popular message**[8] of the time.[9] **A good woman**[10] was supposed to be **a housewife.**[11]

6. a raté

7. elle ne doit pas s'en faire

8. une idée à la mode

9. à cette époque

10. une femme bien

11. une femme d'intérieur

Dans le poème précédent,
(avant)
(dessus)

Apollinaire dit à pauvre Chérie qui a raté son brevet élémentaire (du premier cycle) qu' elle ne doit pas s'en faire « Oubliez l'école et leur examens

attendez avec impatience l'amour et le mariage » —

Songiez à l'amour et un mariage

était une idée à la mode à cette époque une femme bien devait être une ménagère

# III LES MÉTIERS

## 2. Que feras-tu dans la vie?

J'ai déploré que les élèves et leurs parents soient très mal renseignés sur l'éventail[1] pratique des métiers qu'ils peuvent choisir. Je souhaitais que soit mis à la disposition de tous les jeunes (et de leurs parents) un catalogue complet des activités possibles. Eh bien! ce catalogue existe.

Des professeurs m'ont écrit pour me reprocher mon ignorance. Le B.U.S., c'est-à-dire le Bureau Universitaire de Statistique et de Documentation scolaire et professionnelle édite un mensuel[2] *Avenirs*, qui est vendu dans certains kiosques et, à Paris dans deux librairies par arrondissement.[3] Cette revue publie des numéros spéciaux: "Carrières féminines," "Carrières agricoles," "Carrières d'ingénieurs," "Carrières d'art et de mode," etc.

De plus, dans chaque lycée, un professeur délégué du B.U.S. est chargé de renseigner élèves et parents sur les possibilités de carrières ouvertes par les diplômes. Je suis heureux de faire amende honorable[4] et de vous annoncer la bonne nouvelle — car il semble que vous l'ignoriez comme moi: un de ces professeurs-délégués, qui tient une permanence[5] chaque semaine, m'écrit qu'il ne voit jamais personne pendant toute l'année scolaire — sauf à la fin du mois de juin.

Pour ma part, je vous signale que ces délégués tiennent à votre disposition une documentation sur toutes les grandes écoles. (S'ils ne l'ont pas, ils se la procureront pour vous.) Ils organisent aussi quelques conférences d'orientation. Si vous désirez passer un test, vous pouvez demander un rendez-vous au B.U.S.

---

[1]l'éventail: *range*. [2]le mensuel: revue publiée tous les mois. [3]arrondissement: division administrative de Paris. [4]faire amende honorable: confesser publiquement sa faute. [5]permanence: service continu (*office hours*).

J'espère que dorénavant, les permanences des délégués du B.U.S. ne désempliront pas.[6]... Je conclurai en faisant mienne l'opinion d'un de ces professeurs qui m'ont écrit: tous les parents ayant des enfants dans le secondaire devraient s'abonner à *Avenirs* dès la classe de troisième, passer la revue à leurs enfants, dialoguer sereinement avec eux en évitant de prendre des positions définitives. Il est d'autant plus nécessaire de préparer l'avenir de loin que[7] la réforme de l'enseignement va nous contraindre à des spécialisations dès la seconde; et que, dans la classe terminale, il sera trop tard pour rectifier le tir.[8]

---

[6]**ne pas désemplir:** rester toujours rempli.   [7]**d'autant plus ... que:** *all the more ... because.*
[8]**rectifier le tir:** changer de but, d'intention.

## A. *Répétition*

Répétez les phrases suivantes en substituant les expressions indiquées. Imitez l'accent et l'intonation de votre professeur.

1. On reproche aux étudiants leur ignorance.
   paresse / manque d'intérêt / mauvaise humeur

2. Je tiens tous les renseignements à votre disposition.
   les dernières nouvelles / de vieux journaux / des livres intéressants

3. Demandez un rendez-vous au directeur.
   professeur / délégué / conférencier / responsable

4. Je conclurai en disant que vous avez tort.
   vous avez raison / vous vous trompez / il est trop tard

## B. *Questions sur le texte*

1. De quoi J. Duché se plaignait-il dans un numéro précédent?

2. Comment rectifie-t-il ce qu'il disait la dernière fois?

3. Malgré tout, avez-vous l'impression que les Français sont bien renseignés sur l'éventail des métiers?

4. Qu'est-ce que c'est qu'*Avenirs*?

5. La diffusion de cette revue vous semble-t-elle bien faite?

6. Qu'est-ce que c'est que le B.U.S.?

7. Les professeurs-délégués reçoivent-ils beaucoup de monde à leur permanence?

8. Que devraient faire les parents qui ont des enfants dans le secondaire?

## C. *Exercice*

**La réponse contradictoire.** Si vous voulez contredire quelqu'un, ne vous bornez pas à mettre à la forme négative l'idée à laquelle vous vous opposez. Vous serez beaucoup plus persuasif si vous employez un autre verbe avec un objet précis. Par exemple,

LE PROFESSEUR:     Le délégué reçoit beaucoup de visites.
MAUVAISE RÉPONSE: Non, il ne reçoit pas beaucoup de visites.
BONNE RÉPONSE:     Mais non, **il ne voit jamais personne.**

LE PROFESSEUR:     Il n'y a rien pour renseigner les jeunes.
MAUVAISE RÉPONSE: Si, il y a quelque chose.
BONNE RÉPONSE:     Mais si, **il existe** une revue appelée *Avenirs*.

Travaillez les exemples suivants:

1. Il n'y a pas de catalogue explicatif.
   Mais si, **on édite** un mensuel qui s'appelle *Avenirs*.

2. *Avenirs* ne se trouve pas à Paris.
   Mais si, **on le vend** dans deux librairies par arrondissement.

3. Personne ne vous donne de conseils dans les lycées.
   Mais si, des professeurs **sont chargés** de vous renseigner.

4. Jean Duché reste sur ses positions.
   Mais non, il est heureux de **faire amende honorable.**

5. Je connaissais cette bonne nouvelle.
   Mais non, il me semble, au contraire, que **vous l'ignoriez.**

6. On ne peut jamais voir le professeur-délégué.
   Mais si, **il tient une permanence** chaque semaine.

7. Ils ne pourront pas vous fournir la documentation.
   Mais si, **ils se la procureront.**

8. On n'a pas besoin de lire *Avenirs* avant le bac.
   Mais si, **on devrait s'abonner** dès la classe de troisième.

## D. *Conversation*

QUESTIONS

1. Qu'est-ce que c'est qu'un commerçant? (n'utilisez pas le mot "commerce"). Quelles qualités doit avoir un commerçant?

2. Qu'est-ce qu'on appelle le bénéfice (*profit*)?

3. Qu'est-ce que c'est qu'un bourgeois?

4. Quelle distinction fait-on entre les ouvriers et les employés?

5. Qu'est-ce que c'est qu'un fonctionnaire? Et un cultivateur? Et un fermier?

6. Y a-t-il beaucoup de cultivateurs dans l'État que vous habitez? Que cultivent-ils? Quel est leur rôle dans l'économie de votre État?

7. Pourquoi le métier de domestique a-t-il si peu de prestige?

VOCABULAIRE À APPRENDRE

En France, on divise souvent les travailleurs en trois catégories:

Premièrement, il y a les **commerçants** qui peuvent être de tout petits **marchands: boulangers, bouchers, épiciers,** etc. ou au contraire des financiers importants: **banquiers, assureurs, agents de change** (*brokers*). Ce sont ces derniers surtout que l'on appelle les **bourgeois,** soit avec admiration, soit avec mépris, d'après le point de vue où on se place.

Deuxièmement, il y a les **ouvriers** qui font un travail physique dans des **usines** et qui vivent de leur **salaire,** et les **employés: secrétaires, dactylos, comptables,** etc. qui travaillent dans des **bureaux.** Parmi ces derniers, beaucoup sont **fonctionnaires** (*civil servants*) et leur salaire qui s'appelle **traitement** est payé par le gouvernement.

Troisièmement, il y a les **cultivateurs,** une classe extrêmement importante, la France étant un pays d'exportation agricole. ATTENTION, ce ne sont plus des **paysans** et ils sont rarement **fermiers.** Un fermier est quelqu'un qui cultive pour un propriétaire une terre qui ne lui appartient pas.

Naturellement, ces distinctions sont très artificielles et ne sont **de toute manière** pas fondées sur l'argent. On ne peut pas non plus y inclure tous les métiers: où placer les **artisans,** les **artistes,** les **inventeurs,** les **écrivains,** les **chercheurs?**

Quant aux domestiques, il n'y en a plus beaucoup et celles qu'on appelait autrefois les **bonnes** préfèrent se faire appeler "**employées de maison.**"

## E. *Controverse*

SUJET DU JOUR : *Les pourboires sont-ils immoraux?*

Trouvez plusieurs raisons pour défendre le système des pourboires, dites à qui vous en donnez et pourquoi. Au contraire, dites pourquoi vous n'en donnez pas et quelles sont vos raisons.

## F. Exposés

Choisissez un des sujets suivants et présentez-le soit comme exposé oral, soit comme devoir écrit.

1. Les notions d'artiste et de bourgeois sont-elles contradictoires? Pourquoi?

2. Voici une liste de métiers. Choisissez celui qui vous plairait le plus et celui qui vous plairait le moins. Dans les deux cas, exposez vos raisons.

agent de police, annonceur (à la télévision), acteur, architecte, astronome, astronaute, bibliothécaire, bijoutier, brocanteur (*junk dealer*), camionneur, chauffeur, coiffeur, comptable, couturier, dompteur, écrivain, esthéticienne (*cosmetician*), garagiste, historien, horloger, inventeur, journaliste, menuisier, marchand de chaussures, musicien, opticien, pâtissier, pilote, physicien (*physicist*), pharmacien, restaurateur, savant, statisticien, vendeur, voyageur de commerce.

3. Classez les métiers ci-dessus en trois catégories:
   a. les plus utiles à la société
   b. les plus glorieux
   c. les plus agréables

## G. Comparaison

Rousseau mit les métiers manuels à la mode parmi l'aristocratie: Louis XVI avait appris la serrurerie et l'horlogerie; puis après la Révolution, beaucoup d'aristocrates émigrés ont ainsi pu vivre du travail de leurs mains. Lisez le passage suivant et dites si vous êtes de l'avis de Rousseau.

De toutes les occupations qui peuvent fournir la subsistance à l'homme, celle qui le rapproche le plus de l'état de nature est le travail des mains: de toutes les conditions, la plus indépendante de la fortune[1] et des hommes est celle de l'artisan. L'artisan ne dépend que de son travail; il est libre, aussi libre que le laboureur[2] est esclave: car celui-ci tient[3] à son champ, dont la récolte est à la discrétion d'autrui.[4] L'ennemi, le prince, un voisin puissant, un procès,[5] lui peut enlever ce champ; par ce champ on peut le vexer,[6] en mille manières: mais partout où l'on veut vexer l'artisan, son bagage est bientôt fait; il emporte ses bras et s'en va. Toutefois l'agriculture est le premier

---

[1]**la fortune**: le sort (*fate*).  [2]**le laboureur**: le cultivateur.  [3]**tenir à**: dépendre de.  [4]**autrui**: quelqu'un d'autre.  [5]**un procès**: *lawsuit*.  [6]**vexer**: tourmenter.

métier de l'homme: c'est le plus honnête, le plus utile, et par conséquent le plus noble qu'il puisse exercer. Je ne dis pas à Émile: "apprends l'agriculture," il la sait. Tous les travaux rustiques lui sont familiers; c'est par eux qu'il a commencé; c'est à eux qu'il revient sans cesse. Je lui dis donc: "cultive l'héritage de tes pères." Mais si tu perds cet héritage, ou si tu n'en as point, que faire? Apprends un métier.

**JEAN-JACQUES ROUSSEAU   (1712–1778)**
*Émile ou de l'éducation*

## H.  *Thème dirigé*

Today, manual work still seems to have a lot of dignity but not a lot of prestige. Rousseau placed agriculture **at the head**[1] of all noble occupations. A craftsman was almost as "noble" as a **farmer,**[2] and much more mobile!

Modern man has a certain nostalgia for **do it yourself endeavors.**[3] **One keeps hearing:**[4] "**build your own shelves,**[5] **grow**[6] your own tomatoes in the **back yard,**[7] make your own wine, **bake**[8] your own bread."

Perhaps huge commercial **outfits**[9] have **spoiled**[10] the taste of bread and tomatoes. **Yet, it goes farther than that.**[11] Twentieth-century man seems to need **to get away from**[12] his chair and his desk. **OK, then, go ahead!**[13] Paint your room, knit a sweater, grow some parsley, build a table. You'll feel much better.

1. en tête

2. un cultivateur

3. le bricolage

4. on entend sans cesse

5. construisez vous-même vos rayonnages

6. faites pousser

7. jardin

8. faites

9. établissements

10. gâté

11. il y a plus

12. s'éloigner de

13. Bon, allez-y

# 3. Les pauvres cadres

Si nous parlions un peu de ces hommes de plus en plus nombreux qui sont l'armature de notre société et que l'on nomme "cad es"?[1] Leur situation n'est pas de tout repos et il arrive parfois qu'elle soit dramatique. La décentralisation, la réorganisation, la fusion des entreprises, la récession actuelle — tout cela bouge terriblement, et les cadres se réveillent chômeurs.[2] Or quand il faut licencier,[3] le patron choisit les moins jeunes: la moitié des cadres qui, actuellement, cherchent un emploi ont plus de 40 ans, et de 45 à 50 ans, personne n'en veut.

L'ingénieur quadragénaire n'est plus au courant, et cela ne pardonne pas. Oppenheimer a dit, je crois, que tout ce qu'un scientifique ou un technicien de son âge a besoin de savoir, il doit l'avoir appris depuis sa sortie de l'école. Au début du siècle, un jeune homme sortant de Polytechnique[4] était armé pour toute la vie; aujourd'hui, en cinq ans, il est obsolète. La génération de savants en activité invente chaque jour quelque chose. Et le malheureux "cadre" technique doit lire cinq ou six revues par jour, en plusieurs langues, s'il ne veut pas se laisser enterrer avant l'âge. Comme il n'est pas humainement possible de suivre un tel rythme, on l'enterre.

Mais voici un signe positif. De grosses entreprises ont l'intelligence et surtout les moyens de créer pour leurs collaborateurs[5] une sorte d'école permanente: des cours, des stages,[6] des congrès[7] permettent à ces privilégiés de garder le contact. Et puis, ces mêmes entreprises commencent à s'aviser qu'il n'est pas admissible qu'un physicien sache tout sur les ordinateurs,[8] et rien

---

[1]**les cadres:** *executives.*  [2]**le chômeur:** *unemployed person.*  [3]**licencier:** *to fire.*  [4]L'École Polytechnique, une des Grandes Écoles, forme les ingénieurs.  [5]**le collaborateur:** *staff member, colleague.*  [6]**le stage:** *workshop.*  [7]**le congrès:** *convention.*  [8]**un ordinateur:** *computer.*

de l'histoire du monde, rien du monde où il vit. Leur école permanente va inclure des cours de ce que l'on appelait jadis les "humanités." Bientôt, ce sera donc l'entreprise qui ramènera l'homme à cette vérité première qu'il n'est pas trop de toute une vie pour s'instruire et comprendre.

## A. *Répétition*

Répétez les phrases suivantes en substituant les expressions indiquées. Imitez l'accent et l'intonation de votre professeur.

1. Les cadres sont de plus en plus nombreux.
   inquiets / surmenés / maltraités / exploités

2. Les quadragénaires sont de moins en moins appréciés.
   cultivés / demandés / employés / au courant

3. Les salariés sont de mieux en mieux entraînés.
   payés / protégés / organisés / encadrés

4. Les gens de 40 à 50 ans, personne n'en veut.
   ceux de plus de 50 ans / ceux qui n'ont pas de diplômes / les gens sans instruction / les cadres obsolètes

## B. *Questions sur le texte*

1. Quelle est la triste situation des cadres?

2. Quelles sont les conditions économiques qui font que les cadres de plus de 40 ans se réveillent chômeurs?

3. Qu'est-ce qu'on reproche à l'ingénieur quadragénaire?

4. Comment les savants sont-ils responsables de cette situation?

5. Que doit faire un cadre technique s'il ne veut pas se laisser enterrer avant l'âge?

6. Qu'est-ce que certaines entreprises ont créé pour leurs collaborateurs?

7. Quelle vérité première vérifie-t-on ici?

## C. *Exercice*

Vous êtes le patron. Il s'agit d'un ouvrier. Réagissez aux phrases suivantes par "embauchez-le" (*hire him*) ou "renvoyez-le" (*fire him*).

1. Il a 65 ans.

2. Il demande une participation aux bénéfices.

3. Il désire épouser votre fille.

4. Il sort de prison.

5. C'est un ancien combattant (*veteran*).

6. Il a traversé la frontière mexicaine sans passeport.

7. Il n'a que 13 ans.

8. C'est une femme.

## D. *Conversation*

QUESTIONS

1. Théoriquement, qui fait partie des cadres et qui n'en fait pas partie ?

2. On engage et on congédie un domestique. Quels termes équivalents emploie-t-on pour un ouvrier ? Pour un cadre ?

3. Qu'est-ce que c'est qu'un fonctionnaire ?

4. D'après ce que vous en savez, quels sont les avantages et les inconvénients d'être fonctionnaire ?

5. Dans quelle profession touche-t-on une commission ?

6. Quels sont les avantages et les inconvénients du travail à temps partiel ?

7. Le chômage est-il un problème dans la légion où vous habitez ?

8. Comment pourrait-on éviter le chômage ?

VOCABULAIRE À APPRENDRE

**Manœuvres, apprentis, ouvriers spécialisés, ouvriers professionnels, contremaîtres,** ne font pas partie des cadres. Au contraire, les **directeurs, inspecteurs, chefs de service,** sont des cadres.

Les ouvriers font en général partie d'un **syndicat** (*union*) dont le plus connu est la C.G.T.: Confédération Générale du Travail.

Le vocabulaire varie d'après les différentes catégories d'emploi. Par exemple, on **engage** des domestiques, on **embauche** des ouvriers, et on **nomme** les **titulaires** de postes importants: les ambassadeurs, par exemple. De même, quand l'**emploi** se termine, on **congédie** des domestiques, on **licencie** des ouvriers, et pour les cadres, on utilise des euphémismes. Par exemple, on accepte leur **démission** ou bien on ne **renouvelle** pas leur contrat.

Dans les professions **hiérarchisées,** comme l'armée ou bien la **fonction publique** (*civil service*), les militaires et les fonctionnaires reçoivent de l'**avancement** (*promotion*). Dans d'autres professions, on peut **recevoir des augmentations, participer aux bénéfices,** ou bien **toucher une commission.**

Les Français sont assez privilégiés en ce qui concerne la **permanence de l'emploi** (*job security*). De fortes garanties protègent les **salariés.** Mais il est difficile de trouver du travail **à temps partiel.**

9. Les allocations familiales existent-elles dans votre pays? De quoi s'agit-il exactement?

Dans la chronique d'aujourd'hui, nous vous parlons du chômage et particulièrement du chômage des cadres. Bien sûr ils vont toucher une forte **indemnité** (*unemployment benefit*) puis des **allocations familiales** comme d'habitude. Tous les salariés touchent tous les trois mois une somme versée par le gouvernement, destinés à subvenir aux besoins de leur femme, surtout si elle ne travaille pas au dehors, et de leurs enfants de moins de 18 ans.

## E. *Controverse*

SUJET DU JOUR: *Le salaire de quelqu'un devrait être calculé d'après l'utilité du salarié en question dans la société moderne.*

Que vous soyez *pour* ou *contre* cette prise de position, donnez des exemples précis.

## F. *Exposés*

Choisissez un des sujets suivants et présentez-le soit comme exposé oral, soit comme devoir écrit.

1. Que savez vous des rôles des syndicats?
2. Comment le marché du travail est-il influencé par l'automation? Avantages et inconvénients.
3. Comment éviter le chômage dans un pays civilisé?

## G. *Comparaison*

Dans cet extrait, il s'agit de la faillite (*bankruptcy*) d'une banque. Imaginez la situation des cadres, des employés et des clients.

Le lendemain, rue de Londres, au siège de la société,[1] Saccard eut une longue entrevue avec l'administrateur judiciaire, pour arrêter le bilan[2] qu'il désirait présenter à l'assemblée générale.[3] Malgré les sommes prêtées par les autres établissements financiers, on avait dû fermer les guichets,[4] suspendre

---

[1]**le siège (social):** *corporate or home office.* [2]**le bilan:** *balance sheet.* [3]**l'assemblée générale:** *stockholders meeting.* [4]**le guichet:** *teller's window.*

les paiements, devant les demandes croissantes. Cette banque qui, un mois plus tôt, possédait près de deux cents millions dans ses caisses, n'avait pu rembourser, à sa clientèle affolée, que les quelques premières centaines de mille francs. Un jugement du tribunal de commerce avait déclaré d'office[5] la faillite,[6] à la suite d'un rapport sommaire, remis la veille par un expert, chargé d'examiner les livres. Malgré tout, Saccard, inconscient, promettait encore de sauver la situation, avec un aveuglement d'espoir, un entêtement de bravoure extraordinaires. Et précisément, ce jour-là, il attendait la réponse du parquet[7] des agents de change, pour la fixation d'un cours[8] de compensation, lorsque l'huissier[9] entra lui dire que trois messieurs le demandaient dans un salon voisin. C'était le salut[10] peut-être, il se précipita, très gai, et il trouva un commissaire de police, aidé de deux agents, qui procéda à son arrestation immédiate.

ÉMILE ZOLA (1840–1902)
*L'Argent*

---

[5]**d'office**: automatiquement.  [6]**la faillite**: *bankruptcy.*  [7]**le parquet**: *public prosecutor's office.*  [8]**le cours**: *rate.*  [9]**l'huissier**: *door-keeper.*  [10]**le salut**: *salvation.*

## H. *Thème dirigé*

At least ten years before Zola wrote *L'Argent*, several **Stock Exchange**[1] scandals had taken place in France, causing the bankruptcy of several rich banks and the ruin of their clients. Zola himself **wrote about**[2] his **novel**[3] in *Gil Blas*, a newspaper of the time. "I will take an **adventurous**[4] man and make him the master of the stock market in a few years' **span**[5] —one of those sudden, brutal **ascents**[6] toward prodigious **heights**[7] followed by a **sudden fall,**[8] total **annihilation.**[9] "But," said Zola, "it is very difficult to write a novel about money. It is cold, icy, and **devoid of interest.**"[10]

1. la Bourse
2. a parlé de
3. roman
4. audacieux
5. l'espace de
6. montées
7. hauteurs
8. une dégringolade subite
9. anéantissement
10. dénué d'intérêt

# IV LA JUSTICE

1. **Contre la peine de mort**

2. **Peine de mort: les "pour"**

3. **L'innocence accusée**

" La justice est l'affaire de chaque citoyen."
J. DUCHÉ

# IV LA JUSTICE

~~~~~~~~~~~~~~~~~~~~~~~~~~~~~~~~~~~~~~~~~~~~~~~~~~~~~~~~~~~~

## 1. Contre la peine de mort

Cinquante millions d'hommes, de femmes et d'enfants sont morts au cours de la dernière guerre mondiale. Le spectacle de la guerre continue à tourner en permanence de l'Asie à l'Afrique. Des milliers de sous-développés meurent de faim chaque jour. Pourquoi donc alors s'intéresse-t-on à la vie d'un criminel? "C'est manifester une indulgence bien conforme à l'avilissement[1] de notre époque," disent les uns. "C'est pour se donner une bonne conscience," disent les autres.

Cependant, je ne suis pas certain que l'échafaud, la potence, soient des symboles de grandeur et de vertu. Considérons d'abord le côté utilitaire de ces instruments. Est-ce que la peur qu'ils inspirent retient le bras de l'assassin? Je doute que beaucoup prennent le temps d'y songer au moment de tuer. Et ceux qui préméditent froidement leur coup, est-ce qu'ils ne savent pas qu'ils ont neuf chances sur dix de s'en tirer?[2] Si vous voulez que l'épouvantail de la peine de mort soit efficace, alors il nous faut beaucoup plus de deux ou trois têtes annuelles. Il faut la guillotine automatique: tu as tué, nous te tuons.

Le souhaitez-vous? Chez soi, tranquillement assis, la rigueur est aisée. Mais le plus farouche partisan de la peine de mort, s'il lui échoit[3] le pénible honneur de siéger dans un jury, voyant de près le criminel en question, l'écoutant s'expliquer (ou mentir), commence, je ne dis pas à l'excuser mais à le comprendre. Comment couper le cou à quelqu'un que l'on comprend?

Il est vrai qu'il y a des êtres monstrueux, révoltants. Mais s'il est naturel que vous et moi éprouvions l'impulsion de supprimer la brute infâme, une société tout entière doit-elle céder à la vengeance? Est-ce bien la fonction de

---

[1] l'avilissement: la bassesse, la détérioration.　[2] s'en tirer: *to pull it off*.　[3] s'il lui échoit: s'il lui arrive par hasard.

la justice que de livrer solennellement un homme à la satisfaction de nos instincts? La justice nous concerne tous. Par les jurés, c'est le peuple tout entier qui est présent dans la Cour d'Assises,[4] c'est vous, c'est moi qui condamnons un homme à mourir afin que notre âme retrouve sa sérénité.

---

[4]**la Cour d'Assises**: le tribunal où l'on juge les homicides.

## A. Répétition

Répétez les phrases suivantes en substituant les expressions indiquées. Imitez l'accent et l'intonation de votre professeur.

1. Des millions d'hommes sont morts.
   des milliers / des dizaines de milliers / des centaines et des centaines

2. Ils ont neuf chances sur dix de s'en tirer.
   une chance sur deux / une chance sur cent / cinquante chances sur cent / une chance sur mille

3. Ce n'est pas la fonction de la justice.
   du tribunal / des jurés / des témoins

4. C'est le peuple qui est présent au tribunal.
   le juge / l'accusé / l'avocat

## B. Questions sur le texte

1. Qu'est-il arrivé au cours de la dernière guerre mondiale?

2. Que se passe-t-il dans les pays sous-développés?

3. Pourquoi s'intéresse-t-on à la vie d'un criminel?

4. Quel est le côté utilitaire de l'échafaud?

5. Pourquoi y a-t-il encore des assassins dans les pays où existe la peine de mort?

6. Quel est le principe de la guillotine automatique?

7. Quel sentiment anime les partisans de la guillotine?

8. Que représentent les jurés?

## C. *Exercice*

**Le verbe demander.** Imaginez trois personnes: Pierre, Paul, Jacques. Pierre donne des ordres à Paul et Paul les exécute. Jacques, personnage muet, ne dit rien. Exemples:

PIERRE (à Paul):  Demande à Jacques s'il est pour la peine de mort.

PAUL (à Jacques):  Es-tu pour la peine de mort?

PIERRE (à Paul):  Demande à Jacques de s'intéresser davantage à son travail.

PAUL (à Jacques):  Intéresse-toi davantage à ton travail.

Maintenant, vous êtes Paul, et vous exécutez les ordres suivants. (Attention, pour cet exercice, il faut bien connaître les verbes pronominaux.)

1. PIERRE:  Paul, demande à Jacques **s'il** veut être membre du jury / s'il est pour la peine de mort / s'il est contre la peine de mort / s'il s'intéresse à ces questions

2. PIERRE:  Paul, demande à Jacques **de** se dépêcher / de se lever / de décrire le crime / de poursuivre le criminel

3. PIERRE:  Paul, demande à Jacques **de ne pas** se mettre en colère / de ne pas se battre pour des idées fausses / de ne pas faire d'objections / de ne pas avouer un crime qu'il n'a pas commis

4. PIERRE:  Paul, demande à Jacques **ce que** le jury a décidé / ce que l'assassin a confessé / ce que les témoins ont dit / ce que l'avocat a révélé

5. PIERRE:  Paul, demande à Jacques **ses** idées sur le sujet / son opinion sur la peine de mort / sa décision finale / ses arguments contre cette opinion

## D. *Conversation*

QUESTIONS

1. Quelle est la catastrophe qui vous a le plus frappé récemment? Où, quand, que s'est-il passé, combien de victimes, etc.

2. Quel est l'assassinat politique le plus récent? Racontez-le. Quelles en ont été les conséquences?

VOCABULAIRE À APPRENDRE

Voici des **fléaux** qui sont causés par la nature: les **tremblements de terre**, les **ouragans**, appelés aussi **cyclônes**, les **inondations**. Ces phénomènes **géologiques** ou **météorologiques** favorisent le développement des **microbes**: alors viennent les **épidémies**. De plus, ils bouleversent les **récoltes** et risquent d'être suivis de **famines**.

La **criminalité** semble être aussi l'un des

3. Racontez l'assassinat du Président Lincoln.

4. Trouvez trois attributions importantes des agents de police.

5. Quelle est la différence entre les témoins à charge et les témoins à décharge?

6. Quelles sont les conditions à remplir pour être membre d'un jury?

7. Expliquez la fonction d'un avocat, celle du jury, celle du juge.

8. Qu'arrive-t-il une fois que l'accusé a été reconnu coupable?

fléaux de notre temps. Aujourd'hui ne considérons que les **assassinats**. Les statistiques sont effrayantes.

ʾ Les **gendarmes**, les **agents de police** sont chargés des **arrestations**. On fait ensuite une **enquête**, des **interrogatoires**, et le jour du procès on entend les **témoins à charge** (*prosecution witnesses*) et **à décharge**. Le **jury** rend le **verdict** et le juge prononce la **sentence**. Le **condamné** peut **faire appel** et il arrive qu'il soit **grâcié**.

Autrefois, aux États-Unis, selon les États, on avait le choix entre la **pendaison**, la **chaise électrique** et la **chambre à gaz**. En France, voici bien longtemps qu'on n'a **mis à mort** qui que ce soit. Traditionnellement, c'était les condamnés de **droit commun** qu'on envoyait à la guillotine tandis que les condamnés politiques (les **traîtres** par exemple) **étaient fusillés**: "douze balles dans la peau."

Le tribunal des homicides s'appelle la **Cour d'Assises** et le condamné peut faire appel en **cassation** si les règles de la procédure ont été mal appliquées.

## E. *Controverse*

Sujet du jour: *Pour ou contre la peine de mort.*

## F. *Exposés*

Choisissez un des sujets suivants et présentez-le soit comme exposé oral, soit comme devoir écrit.

1. Racontez l'incendie de San Francisco ou une autre catastrophe historique.

2. Quel est le dernier roman policier que vous avez lu? Racontez-le.

3. Avez-vous pensé aux moyens de réduire les meurtres? D'après vous, que devrait-on faire?

## G. *Comparaison*

Le chroniqueur Joinville raconte la vie de Louis IX, dit Saint Louis (1214–1270), dont l'amour de la justice est resté célèbre.

En été, le roi allait souvent s'asseoir au bois de Vincennes après avoir entendu la messe; il se mettait à côté d'un chêne et il nous faisait asseoir autour de lui et tous ceux qui avaient un sujet de plainte pouvaient venir lui parler, sans être écartés ni par un huissier ni par aucune autre personne. Et alors il demandait lui-même: "Y a-t-il quelqu'un qui ait à se plaindre d'une autre personne?" Et ceux qui avaient des sujets de plainte se levaient. Ensuite, il disait: "Taisez-vous tous, on s'occupera de vous l'un après l'autre." Alors, il appelait mon Seigneur Perron de Fonteines et mon Seigneur Geffroy de Vilette et il disait à l'un d'entre eux: "Donnez la parole à cet homme."

Et quand il voyait quelque chose à corriger dans les paroles de celui qui parlait pour présenter son propre cas, ou dans les paroles de celui qui parlait en faveur d'une autre personne, il le corrigeait lui-même. Une fois, en été, je le vis venir pour soulager son peuple au jardin de Paris. . . . Il fit étendre un tapis autour de lui pour que nous puissions nous asseoir et tous ceux qui avaient des litiges se tenaient debout autour de lui et il les a fait parler de la manière que je viens de vous décrire.

JOINVILLE  (1224–1317)
*La Vie de Saint Louis*

## H. *Thème dirigé*

The passage you have just read mentions neither lawyers, nor juries, nor complicated procedure. It **calls to mind**[1] a picture of a very wise and pious king listening to the complaints of his subjects and **dispensing justice himself.**[2] The **plaintiffs**[3] would come and complain directly to the king, who used to sit under an oak tree. This picture **conjures up**[4] ideas of majesty, simplicity, trust, and virtue. The verdicts are not mentioned, but you can imagine that the king was just, and even indulgent.

However, let's not forget that this took place in the twelfth century, **when**[5] **morals**[6] were not without violence. Capital punishment must **have been a matter of course**[7] and the prisons **can't have been**[8] very comfortable.

1. nous montre

2. rendant lui-même la justice

3. les plaignants

4. évoque

5. alors que

6. les mœurs

7. aller de soi

8. ne devaient pas être

~~~~~~~~~~~~~~~~~~~~~~~~~~~~~~~~~~~~~~~~~~~~~~

# 2. Peine de mort: les "pour"

Je m'attendais à des protestations au sujet de mon article contre la peine de mort, et je les espérais, car il me paraîtrait inquiétant que l'opinion publique ne s'émeuve pas quand on jette sur le tapis une question de cette importance. J'ai reçu aussi des approbations, bien sûr, mais je préfère donner la parole aux contradicteurs.

Madame L. qui se dit contre la peine de mort affirme toutefois la regretter. "Nous n'avons plus le courage d'administrer la peine de mort, dit-elle, parce que nous ne croyons plus à l'exactitude de nos jugements. Aucun crime **ne nous horrifie plus. Nous ne croyons plus a la vertu." Je comprends les raisons de Madame L. Mais il est facile de lui répondre que c'était dans ce même esprit de purification suprême que l'Inquisition envoyait les hommes au bûcher.**

Beaucoup plus nombreux sont ceux qui veulent conserver la peine de mort comme une simple mesure prophylactique. Monsieur D. me reproche d'avoir éludé le côté le plus important de la question. "Je veux parler, dit-il, de la protection des honnêtes gens. Je pense qu'un individu qui a tué pour voler ou à la suite d'un viol recommencera dès qu'il en aura l'occasion. Et un criminel condamné même à perpétuité peut fréquemment s'en tirer avec dix ou vingt ans. Aussitôt libérée, la bête féroce recommencera à voler, violer et tuer la plupart du temps. Si je suis 100 pour 100 pour la peine de mort, c'est pour que les honnêtes gens puissent dormir tranquilles. Morte la bête, mort le venin." Madame M. qui avance le même argument ajoute: "Ou alors, qu'on réforme d'abord la justice: qu'une condamnation à perpétuité soit effective."

J'aperçois dans cette phrase une idée que j'aurais aimé que Madame M. développât un peu. Songerait-elle à une réforme telle que la détention devienne curative? Ne pensez-vous pas que nous entrons dans un temps où la science aura de plus en plus les moyens psychologiques, physiques, chimiques, voire chirurgicaux, de corriger les impulsions criminelles? Cette œuvre-là ne serait-elle pas plus digne d'une société qui se prétend civilisée?

## A. *Répétition*

Répétez les phrases suivantes en substituant les expressions indiquées. Imitez l'accent et l'intonation de votre professeur.

1. Je m'attendais à des protestations.*
   approbations / contradictions / discussions / questions
2. Je m'attendais à ce que vous protestiez.
   approuviez / contredisiez / discutiez / posiez des questions
3. Je donne la parole aux contradicteurs.
   à mon voisin de gauche / à ma voisine de droite / à mon professeur / à un spécialiste de la question
4. Ce que je vous reproche, c'est d'avoir éludé cette question.
   adopté ce point de vue / tiré cette conclusion / laissé tomber cette affaire.

## B. *Questions sur le texte*

1. Qu'est-ce qui est arrivé quand J. Duché a souhaité l'abolition de la peine de mort?
2. À qui préfère-t-il donner la parole aujourd'hui?
3. Quel est le point de vue de Madame L.?
4. Qu'est-ce que Monsieur D. reproche à l'auteur?
5. Pourquoi Monsieur D. est-il 100 pour 100 en faveur de la peine de mort?
6. Pourquoi ne peut-on pas compter sur les "condamnations à perpétuité"?
7. Finalement, quelle serait la plus souhaitable des réformes?

## C. *Exercice*

Vous êtes le juge, voici le crime, prononcez la sentence: ou bien, "à la guillotine," ou bien, "un an de prison," ou bien "acquitté."

---

*Presque tous les mots qui se terminent en *ion* sont identiques aux mots anglais correspondants et sont féminins.

1. Cet horrible individu m'a arraché mon sac.

2. Louis XVI est un tyran: il subjugue le peuple. Qu'il paye de sa tête!

3. Paul a cassé le bras d'un bandit qui l'attaquait.

4. Cette fille a volé un bracelet de diamants dans un magasin.

5. Cet homme est entré chez moi la nuit et m'a menacé de son révolver.

6. Sans témoins on n'a pas prouvé la culpabilité de cet homme.

7. Étant la femme de Louis XVI, Marie-Antoinette est aussi coupable que lui.

8. Robespierre a fait guillotiner tous les aristocrates français. Ce n'est plus un gouvernement, c'est la Terreur!

## D. *Conversation*

### QUESTIONS

1. Connaissez-vous des gens qui ont été cambriolés? Que leur a-t-on pris? Quelle a été leur réaction?

2. Comment se protéger contre les cambriolages?

3. Que savez-vous des pirates de l'air? Comment se protéger contre ces malfaiteurs?

4. Personnellement, quels sont les criminels qui vous horrifient le plus?

5. Avez-vous jamais eu une amende à payer (à la bibliothèque, à la police des automobiles . . .)? Qu'aviez-vous fait?

6. Dans votre école, comment empêche-t-on les étudiants de tricher aux examens?

7. Y a-t-il eu un scandale récent à votre école? Comment les coupables ont-ils été punis? Comment fonctionne le système judiciaire?

### VOCABULAIRE À APPRENDRE

**On a beau** être horrifié par certains crimes, quand on **fait partie** d'une société civilisée, on ne peut pas **appliquer des principes** de vengeance.

Il existe des **malfaiteurs**, des **voyous**, des **crapules**, des **escrocs**, des **bandits**, des **gangsters**, sans compter les **détraqués**, les **fous** et les **sadiques**. Tout ce joli monde **vole, cambriole, étrangle, assassine, viole**, etc. N'oublions pas non plus les **pirates de l'air**, les **saboteurs** et les **terroristes**.

Les honnêtes gens qui ont la **conscience tranquille** devraient pouvoir **dormir en paix** (on dit aussi **dormir du sommeil du juste**). Si tous les criminels, même ceux qui ont **prémédité leur coup** bénéficient de **circonstances atténuantes**, la **sécurité publique** est bien compromise.

Mais alors, quel châtiment infliger? la **potence**? la **prison**? les **amendes**? Le **coupable** peut bénéficier d'un **sursis** mais en cas de **récidive** il devra **purger sa peine**, c'est-à-dire **subir sa condamnation**.

Dans les écoles, pour les élèves qui ont **enfreint le règlement**, il existe des **Conseils de discipline**: professeurs, étudiants, parents, en font partie. Les sentences vont de la **réprimande** au **renvoi**, en passant par l'**avertissement** et la **suspension**.

## E. *Controverse*

Sujet du jour:  *Pour ou contre l'euthanasie.*

Croyez-vous qu'avec son consentement on devrait pouvoir "tuer" ou laisser mourir un malade incurable?

## F. *Exposés*

Choisissez un des sujets suivants et présentez-le soit comme exposé oral, soit comme devoir écrit.

1. Qui est responsable des crimes des jeunes délinquants?
2. Quelle législation proposez-vous pour résoudre le problème de la drogue? Que faire des intoxiqués (*drug addicts*)?
3. L'avortement libre. Imaginez un dialogue entre les *pour* et les *contre*.

## G. *Comparaison*

Quel est le point de vue présenté par le passage suivant en ce qui concerne la peine de mort? Comparez-le avec celui de J. Duché.

La charrette sort de la cour, et débouche dans la multitude. Le peuple se rue,[1] et se tait d'abord. La charrette avance, au milieu des gendarmes à pied et à cheval, dans la double haie[2] des gardes nationaux.

La Reine[3] est pâle; le sang tache ses pommettes et injecte ses yeux, ses cils sont raides et immobiles, sa tête droite, et son regard se promène, indifférent, sur les gardes nationaux en haie, sur les visages aux fenêtres, sur les flammes tricolores, sur les inscriptions des maisons.

Devant Saint-Roch,[4] la charrette fait une station, au milieu des huées et des hurlements. Mille injures se lèvent des degrés de l'église comme une seule injure, saluant d'ordures cette Reine qui va mourir. Elle pourtant, sereine et majestueuse, pardonnait aux injures en ne les entendant pas. La charrette enfin repart, accompagnée de clameurs qui courent devant elle. . . .

---

[1]**se ruer:** *to rush.*   [2]**la haie:** *line, row.*   [3]Marie-Antoinette qui fut Reine de France de 1775 à 1793.   [4]Eglise de Paris.

Il était midi. La guillotine et le peuple s'impatientaient d'attendre, quand la charrette arriva sur la place de la Révolution.[5] La veuve de Louis XVI descendit pour mourir où était mort son mari. La mère de Louis XVII[6] tourna un moment les yeux du côté des Tuileries, et devint plus pâle qu'elle n'avait été jusqu'alors. Puis la Reine de France monta à l'échafaud, et se précipita à la mort. . . .

EDMOND ET JULES DE GONCOURT (1822–1896), (1830–1870)
*Histoire de Marie-Antoinette*

---

[5]La place de la Révolution s'appelle aujourd'hui la place de la Concorde.   [6]Le fils de Louis XVI et de Marie-Antoinette mourut à la prison du Temple à Paris dans des conditions mystérieuses alors qu'il était encore enfant.

## H. *Thème dirigé*

Marie Antoinette was the daughter of Francis I, Emperor of Austria, and Empress Maria Theresa. Born in Vienna in 1755, she married Louis XVI, the future king of France, in 1770 when she was fifteen. **She soon became**[1] unpopular because of her **pride**[2] and **extravagance.**[3] She never understood the **plight of the people,**[4] who **often went hungry.**[5]

When the Revolution began in 1789, **she urged**[6] the king to resist the reforms proposed by the popular assembly. **The people become exasperated and more and more violent, and Louis XVI was put to death**[7] on January 21, 1793.

The ten-month period between September 1793 and July 1794 **was called**[8] the Reign of Terror. The Comité de Salut Public **led by**[9] Robespierre sent Marie Antoinette to the guillotine on October 16, 1793, then more and more **people**[10] — **fourteen hundred**[11] in June and July alone, **mostly**[12] aristocrats. It ended only when Robespierre himself **was sent**[13] to the scaffold on July 27, 1794.

1. bientôt, elle s'est rendue

2. orgueil

3. sa prodigalité

4. la condition du peuple

5. souffrait souvent de la faim

6. elle a poussé

7. le peuple exaspéré et de plus en plus violent mit à mort Louis XVI

8. on appelle

9. dirigé par

10. gens

11. 1400 personnes

12. presque tous

13. fut envoyé

# 3. L'innocence accusée

Madame Becquet, habitant Gravelines, demande justice ... à la justice qui l'a mise en prison pour une escroquerie qu'elle n'avait pas commise. Quand elle en est sortie avec un *non-lieu*,[1] "J'ai cru, dit-elle que ma vie allait recommencer comme avant, que j'étais enfin sortie du cauchemar, qu'on allait me plaindre. Mais non. Toute la ville me montrait du doigt.[2] Mes amis s'écartaient sur mon passage, les conversations cessaient brusquement. On n'a plus accepté mon fils au collège privé où je l'avais placé. Mon magasin (une confiserie) était désert. Plus un seul client. Alors, j'ai tout laissé là. Je me suis enfermée dans ma douleur et j'ai décidé d'assigner le Garde des Sceaux[3] en dommages et intérêts."[4]

Je n'ai pas l'honneur de connaître Mme Becquet ni aucun des habitants de Gravelines, mais cette histoire ne devrait laisser personne indifférent: la justice est l'affaire de chaque citoyen — et, plus platement, chacun de nous peut se trouver dans la situation de l'innocent accusé.

Les erreurs judiciaires ne sont pas si fréquentes, et il y a beaucoup moins d'honnêtes gens en prison que de crapules en liberté. Toutefois, on n'a jamais trop de garanties contre ce risque-là. Chez nous, un juge d'instruction[5] dispose d'un pouvoir quasi souverain dans le cadre de l'affaire dont il est chargé: il peut convoquer, interroger, inculper, rechercher, faire amener et incarcérer qui bon lui semble. Ses ordonnances, il est vrai, peuvent être

---

[1]**non-lieu**: ordonnance du juge d'instruction (voir note 5) déclarant qu'il n'y a pas lieu de poursuivre l'accusé en justice.  [2]**montrer du doigt**: se moquer publiquement.  [3]**le Garde des Sceaux**: ministre de la Justice.  [4]**dommages et intérêts**: indemnité due à quelqu'un pour compenser un préjudice causé.  [5]**le juge d'instruction**: celui qui est chargé de constituer le dossier de l'accusé, et de décider s'il devra venir devant la justice pour se défendre au cours d'un procès.

annulées sur appel, par la chambre d'accusation. Mais en attendant, l'innocent aura bel et bien fait son séjour à l'ombre.

Et c'est alors que la psychologie des foules, renversant la situation, ajoute son injustice à l'autre. L'innocent accusé s'attendait à de la compassion: il trouve la suspicion. Les voisins ne s'élèvent pas contre l'injustice commise: ils en prennent le relais.[6] Avez-vous remarqué que le dicton "il n'y a pas de fumée sans feu" ne joue jamais dans le sens favorable? Que le feu en question n'est jamais supposé être celui dont brûlent les saintes âmes mais toujours celui du diable?

---

[6]**le relais:** *relay.* Ils continuent l'injustice.

## A. *Répétition*

Répétez les phrases suivantes en substituant les expressions indiquées. Imitez l'accent et l'intonation de votre professeur.

1. Je me fie à ces gens-là.
   à Madame Becquet / au juge d'instruction / au Garde des Sceaux / aux habitants de Gravelines

2. Je me méfie de la malveillance.
   de la suspicion / de la bêtise / de l'égoisme / de l'hypocrisie

3. Je ne m'habitue pas à la méchanceté.
   à l'injustice / aux préjugés / aux malveillants / à l'hypocrisie.

4. Je viens me plaindre du juge d'instruction.
   du Garde des Sceaux / des habitants de Graveline / de Madame Becquet

## B. *Questions sur le texte*

1. Pourquoi a-t-on mis Mme Becquet en prison?

2. Quels changements a-t-elle trouvés à sa sortie de prison?

3. Quelle décision a-t-elle prise?

4. Pourquoi l'histoire de Mme Becquet ne devrait-elle laisser personne indifférent?

5. Quels sont les pouvoirs du juge d'instruction?

6. Comment la psychologie des foules intervient-elle?

7. Quel dicton l'auteur cite-t-il?

8. Dans quel sens emploie-t-on toujours ce dicton?

## C. *Exercice*

Apportez des solutions aux problèmes suivants en remplissant les "blancs."

1. PROBLÈME:   On vient de m'accuser injustement d'un crime que je n'ai pas commis!

   RÉPONSE:   **Vous n'avez qu'à** porter plainte auprès de ____ / demander conseil à ____ / essayer de ____ / engager un ____ / vous défendre en ____ /

2. PROBLÈME:   J'habite seul et j'ai une peur terrible des cambrioleurs!

   RÉPONSE:   **Vous devriez** faire attention à ____ / vous procurer ____ / vous munir de ____ / faire installer ____

3. PROBLÈME:   Depuis que j'ai été condamné injustement mes voisins ne me parlent plus!

   RÉPONSE:   **Avez-vous essayé de** persuader les gens de ____ / affirmer que ____ / faire observer à ____ que ____ / démontrer que ____ / donner l'exemple de ____ /

4. PROBLÈME:   Je voudrais aider à la réhabilitation de ce jeune homme qui sort de prison.

   RÉPONSE:   **Et pourquoi pas** gagner sa confiance en ____ / faire preuve d'indulgence envers ____ / le corriger de ____ / l'entourer de ____ / et finalement l'habituer à ____

## D. *Conversation*

QUESTIONS

1. Croyez-vous qu'on puisse agir sur le cerveau d'un criminel? D'après ce que vous avez lu, la prison est-elle efficace? Quels dangers présente-t-elle?

2. Quelles modifications proposez-vous au système des prisons? Citez-en trois.

3. Pourquoi y a-t-il plus de crimes aujourd'hui par rapport à la population qu'il y a vingt ans?

4. Avec les jeunes délinquants, faut-il faire preuve d'indulgence ou de sévérité? Pourquoi?

VOCABULAIRE À APPRENDRE

Aujourd'hui, parlons de la **réhabilitation** des **délinquants**. Les **garanties juridiques relèvent de** la personne humaine sur quoi est fondée notre civilisation. C'est pourquoi on critique souvent le système des prisons. On voudrait que la prison devienne **curative**.

En somme, il faudrait **découvrir les causes** des actions criminelles. **Avez-vous foi** en la psychologie? (ATTENTION, il faut prononcer le *p* initial.)

Il faudrait **supprimer** les causes du mal, **lutter contre** la pauvreté, **se débarrasser des taudis, exercer un certain contrôle sur** les **quartiers mal famés, s'occuper des** jeunes.

Voici la liste des vertus: (1) **vertus cardi-**

5. Parmi les vertus citées dans la colonne de droite quelle est celle que vous trouvez la plus désirable pour vous-même et pour la société? Pourquoi?

6. Parmi les sept péchés capitaux, quel est celui que l'on doit le plus redouter? Expliquez pourquoi. Pour lequel avez-vous le plus d'indulgence? Justifiez cette indulgence.

nales: la justice, la prudence, la tempérance, la force; (2) **vertus théologales:** la foi, l'espérance, la charité.

Voici la liste des **sept péchés capitaux:** l'orgueil, l'avarice, l'envie, la gourmandise, la luxure, la colère, la paresse.

## E. *Controverse*

SUJET DU JOUR: ***Pour ou contre la censure des livres et des films.***

Les *pour* exigeront que l'on censure la violence et la pornographie. Les *contre* soutiendront la liberté absolue.

## F. *Exposés*

Choisissez un des sujets suivants et présentez-le soit comme exposé oral, soit comme devoir écrit.

1. Quel est votre idéal de justice?

2. Avez-vous jamais été accusé d'une faute que vous n'aviez pas commise? Laquelle? Racontez le châtiment et vos réactions.

3. Racontez un crime célèbre.

## G. *Comparaison*

Comparez le passage suivant avec l'histoire de Mme Becquet.

MAÎTRE JACQUES[1] (à part): Voici justement ce qu'il me faut pour me venger de notre intendant.[2] Depuis qu'il est entré céans, il est le favori, on n'écoute que ses conseils; et j'ai aussi sur le cœur[3] les coups de bâton de tantôt.

HARPAGON[4]: Qu'as-tu à ruminer?

LE COMMISSAIRE[5] (à Harpagon): Laissez-le faire. Il se prépare à vous contenter, et je vous ai bien dit qu'il était honnête homme.

---

[1]le cuisinier de la maison. [2]L'intendant, qui s'appelle Valère, est un jeune homme très bien qui est chargé de l'administration des affaires d'Harpagon. Il voudrait épouser la fille de celui-ci. [3]**avoir sur le cœur:** *to resent.* [4]un bourgeois très riche et très avare. [5]le représentant de la police.

MAÎTRE JACQUES:   Monsieur, si vous voulez que je vous dise les choses, je
crois que c'est Monsieur votre cher intendant qui a fait le coup.

HARPAGON:   Valère?

MAÎTRE JACQUES:   Oui.

HARPAGON:   Lui qui me paraît si fidèle?

MAÎTRE JACQUES:   Lui-même. Je crois que c'est lui qui vous a dérobé.

HARPAGON:   Et sur quoi le crois-tu?

MAÎTRE JACQUES:   Sur quoi?

HARPAGON:   Oui.

MAÎTRE JACQUES:   Je le crois . . . sur ce que je le crois.

LE COMMISSAIRE:   Mais il est nécessaire de dire les indices que vous avez.

HARPAGON:   L'as-tu vu rôder autour du lieu où j'avais mis mon argent?

MAÎTRE JACQUES:   Oui, vraiment. Où était-il votre argent?

HARPAGON:   Dans le jardin.

MAÎTRE JACQUES:   Justement. Je l'ai vu rôder dans le jardin. Et dans quoi
est-ce que cet argent était?

HARPAGON:   Dans une cassette.

MAÎTRE JACQUES:   Voilà l'affaire. Je lui ai vu[6] une cassette.

HARPAGON:   Et cette cassette, comment est-elle faite? Je verrai bien si c'est
la mienne.

MAÎTRE JACQUES:   Comment elle est faite?

HARPAGON:   Oui.

MAÎTRE JACQUES:   Elle est faite . . . . Elle est faite comme une cassette.

LE COMMISSAIRE:   Cela s'entend. Mais dépeignez-la un peu pour voir.

MAÎTRE JACQUES:   C'est une grande cassette.

HARPAGON:   Celle qu'on m'a volée est petite.

MAÎTRE JACQUES:   Eh! oui, elle est petite, si on le veut prendre par là, mais je
l'appelle grande pour ce qu'elle contient.

LE COMMISSAIRE:   Et de quelle couleur est-elle?

MAÎTRE JACQUES:   Elle est de couleur. . . . Là, d'une certaine couleur. . . . Ne
sauriez-vous m'aider à dire?

HARPAGON:   Euh?

MAÎTRE JACQUES:   N'est-elle pas rouge?

HARPAGON:   Non, grise.

MAÎTRE JACQUES:   Eh! oui, gris-rouge; c'est ce que je voulais dire.

HARPAGON:   Il n'y a point de doute. C'est elle assurément. Écrivez, Monsieur, écrivez sa déposition. Ciel! à qui désormais se fier! Il ne faut plus
jurer de rien; et je crois après cela que je suis homme à me voler moi-même.

MAÎTRE JACQUES (à Harpagon):   Monsieur, voici votre intendant qui revient.
Ne lui allez pas dire, au moins, que c'est moi qui vous ai découvert cela.

MOLIÈRE  (1622–1673)
*L'Avare*

---

[6]**je lui ai vu**: je l'ai vu avec.

## H. *Thème dirigé*

Maître Jacques, Harpagon's cook, is angry with[1] Valère, the intendant of the house. So, in order to **get even**[2] he accuses Valère of a crime he has not committed. Harpagon is **easy to convince**[3] — in fact, he is **carried away by**[4] his passion **for**[5] money. He could believe anything. He suspects everybody, **to the point of saying**[6] "Heavens! Whom can one trust these days! I am now ready to believe I could rob my own self." The commissioner asks for some coherent testimony: Where was the money hidden? What was the color of the cash box? Obviously, Maître Jacques is lying but Harpagon believes him **in spite of everything.**[7] Valère comes back and there is no doubt that **he is in for it.**[8] Trust Molière, though! Valère **will get out of trouble**[9] thanks to the **author's talent as a playwright.**[10]

1. contre

2. se venger

3. ne demande qu'à le croire

4. emporté par

5. de

6. jusqu'à dire

7. malgré tout

8. il va avoir des ennuis

9. s'en tirera

10. grâce au talent de l'auteur (on n'a pas besoin de préciser: tout le monde sait que Molière a un talent de dramaturge)

# V LES DÉPLACEMENTS

1. **Pauvres touristes !**

2. **Une soirée à Delphes**

3. **Les accidents**

J.P. Pairreault/Magnum

''Tout le malheur des hommes vient d'une seule chose, qui est de ne savoir pas demeurer en repos, dans une chambre.''
PASCAL

# V LES DÉPLACEMENTS

## 1. Pauvres touristes!

Environ 70% des citadins[1] partent en vacances; la plupart le font en juillet ou en août; cela représente une migration d'une vingtaine de millions de personnes. Ajoutons-y soixante millions d'Européens qui descendent du Nord vers les pays du soleil. Et les villageois et campagnards qui bougent comme les autres, cela doit dépasser les cent millions de migrateurs saisonniers. Cela ne vous fait pas peur?

En tout cas, cela ne fait pas peur à tout le monde. Il doit même y avoir là une sorte d'ivresse des grands nombres.[2] J'entends souvent déplorer la promiscuité[3] des grandes H.L.M.[4] Il faut croire que leurs habitants aiment la promiscuité puisqu'ils s'en vont la recréer dans les stations balnéaires.

Prenez les caravaniers.[5] On pourrait croire qu'un homme qui s'est offert une maison roulante appartient au genre individualiste. Avec une bouteille de propane,[6] une réserve d'eau, un petit réfrigérateur et une lampe (s'il est insensible au charme des bougies), voilà un être autonome, libre d'arrêter sa maison dans une clairière, au sommet d'une colline ou au bord d'une rivière avec, de préférence, l'autorisation du propriétaire. Mais non, nous n'y sommes pas du tout.[7] Les caravaniers vont s'agglutiner dans des camps. On y trouve quelques avantages, bien sûr, tels que branchements d'eau et d'électricité, boutiques d'alimentation[8] . . . et des voisins porte à porte, des transistors et l'horizon d'autres roulottes. Admettons que les commodités paraissent

---

[1]**le citadin:** l'habitant d'une ville.  [2]**l'ivresse des grands nombres:** tendance irraisonnée à se joindre à des groupes.  [3]proximité exagérée (pas forcément sexuelle).  [4]**H.L.M.:** abréviation de "habitation à loyer modéré". Les H.L.M. sont de grands immeubles, tous construits sur le même modèle et peu chers.  [5]**le caravanier:** personne qui va en vacances dans une caravane (*trailer*).  [6]**le propane:** gaz qui sert à faire la cuisine.  [7]**nous n'y sommes pas du tout:** nous nous trompons complètement.  [8]**boutique d'alimentation:** petite épicerie.

plus précieuses que les inconvénients. Mais que dire des pique-niqueurs qui s'installent au bord d'une route nationale pour savourer leur tranche de jambon dans le bruit des passages, le nez à la hauteur des pots d'échappement[9] et des tourbillons de poussière? Pourquoi ne s'écartent-ils pas, ne serait-ce que de cinquante mètres, dans un bois? Ont ils l'ouïe et l'odorat atrophiés? Ont-ils besoin du bruit de leurs semblables? Sont-ils intoxiqués par l'agitation citadine?

Tout se passe comme si le citadin mécanisé, bousculé, tympanisé[10] redoutait de se retrouver dans le silence et la solitude. Comme s'il avait peur de s'y retrouver lui-même, et de s'y découvrir vidé de sa substance.

---

[9] **le pot d'échappement:** tuyau par lequel sort la fumée des automobiles.     [10] **tympanisé:** assourdi par trop de bruit; **le tympan:** *eardrum.*

## A. *Répétition*

*Petite remarque préliminaire.* Chez beaucoup de Français, l'idée de vacances s'est mise à coincider avec l'idée de **déplacement.** On **s'en va,** on **circule,** on **bouge.** C'est une question de "standing" (*status*). Plutôt que de dire "quand prenez-vous vos vacances?" on dira volontiers: "quand partez-vous?"

Répétez les phrases suivantes en substituant les expressions indiquées. Imitez l'accent et l'intonation de votre professeur.

1. Cette année, nous serons partis cinq semaines.
   du 3 au 26 / tout le mois d'août / seulement quinze jours

2. Cette année, nous allons faire les châteaux de la Loire.
   l'Espagne / la Yougoslavie / la Scandinavie / les lacs italiens

3. Installons-nous ici pour voir passer les voitures.
   roulottes / caravanes / camions / bateaux

4. Je ne veux pas me faire dépasser par toutes les voitures!
   une Citroën / une bicyclette / un cheval / une brouette

## B. *Questions sur le texte*

1. Quelle est la proportion des citadins qui partent en vacances?

2. À quelle époque les départs sont-ils les plus nombreux?

3. Où les Européens du Nord se dirigent-ils?

4. Qu'est-ce qu'on entend souvent déplorer?

5. Qu'est-ce qui indique que les citadins aiment la promiscuité?

6. À quel genre les caravaniers devraient-ils appartenir?

7. Quelle liberté possède un caravanier?

8. Quels sont les avantages des camps?

9. Quels sont les inconvénients des camps?

10. Pourquoi les pique-niqueurs ne s'écartent-ils pas de la route?

11. Quelle conclusion l'auteur semble-t-il tirer de ce passage?

## C. Exercice

**La définition.** Apprenez la précision en sachant relier le particulier au général. Pour cela, étudiez l'art de la définition.

1. un citadin:   C'est un **habitant** d'une cité.
   un campagnard:
   un montagnard:
   un villageois:

2. une station balnéaire:   C'est un **endroit** aménagé pour les vacances.
   une clairière:
   une université:
   une cour de récréation:

3. une caravane:   C'est un **véhicule** qu'on attache derrière une auto.
   une charrette:
   une bicyclette:
   un tricycle:

4. un caravanier:   C'est le **propriétaire** d'une caravane.
   un automobiliste:
   un châtelain:
   un restaurateur:

5. un mètre:   C'est une **mesure** de longueur.
   un litre:
   un gramme:
   un m²:
   un m³:

## D. *Conversation*

QUESTIONS

1. Citez trois avantages des voyages organisés par des agences.

2. Citez trois avantages qu'il y a à voyager seul.

3. Avez-vous passé vos dernières vacances en famille ou avec des amis? Racontez ces vacances.

4. S'il faut choisir, préférez-vous un hôtel où on dort bien ou un hôtel où on mange bien? Donnez vos raisons.

5. Citez trois avantages et trois inconvénients des piqueniques.

6. Citez trois règles que le parfait campeur doit observer.

7. Avez-vous déjà campé? Décrivez votre matériel, vos compagnons, vos déplacements, vos aventures.

8. Avez-vous déjà fait de l'auto-stop? Donnez trois conseils à quelqu'un qui va faire de l'auto-stop.

VOCABULAIRE À APPRENDRE

Bien des gens voyagent **en groupe**. Alors, ils **s'adressent** à une agence et tout est **prévu**, tout est **loué d'avance**, pas besoin de réfléchir. De plus, on a des compagnons tout trouvés. Souvent, on bénéficie de prix spéciaux, les **prix de groupe**. Autrefois, avec ces prix-là, il fallait **se contenter d'un** confort relatif, voyager dans des **cars**, c'est-à-dire des autobus plus ou moins confortables, **descendre dans** des hôtels de quatrième catégorie. Aujourd'hui, les agences logent leurs clients dans des **hôtels de luxe** qui appartiennent souvent aux Compagnies d'aviation.

Mais un individualiste aime **être seul avec ses pensées**, et quelquefois **mener une vie d'ermite**. Il se **munit d'une carte**, va à **l'aventure**, **communie avec la nature**, assiste au **lever du soleil**.

Un individualiste choisit son **itinéraire** lui-même et il peut changer de projet tout au long du **parcours**. Il peut prendre l'avion, le train, ou **faire de l'auto-stop**.

Le campeur vit souvent dans un **village de toile**. Que fera-t-il une fois qu'il aura **planté sa tente**? Fera-t-il **jaillir une étincelle en frottant deux morceaux de silex**? Au contraire, aura-t-il un **matériel** de camping perfectionné?

Quand vous voyagez, il vous arrive sûrement d'emporter un **casse-croûte**. En quoi consiste-t-il? Les **fourmis** ne vous ont jamais dérangé, ni les **moustiques**, ni le **lierre vénéneux**?

Certaines personnes trouvent particulièrement **gênants** les transistors des autres **vacanciers**, leurs odeurs de cuisine, leur **linge** qui sèche **en plein air**.

Que pensez-vous des gens qui laissent derrière eux **papiers gras, bouteilles vides, ordures** de toutes sorte, cigarettes **mal éteintes**? Pourtant bien des gens préfèrent **subir** tous les inconvénients des parcs à campeurs plutôt que de **se morfondre** dans une solitude qui les déprime.

## E. *Controverse*

Sujet du jour:    *Que feriez-vous avec six semaines de vacances?*

Nous vous donnons à choisir ou bien le tour de France à bicyclette, ou bien le tour du monde dans des hôtels de luxe. Justifiez votre choix.

## F. *Exposés*

Choisissez un des sujets suivants et présentez-le soit comme exposé oral, soit comme devoir écrit.

1. Faites une description du touriste typique.

2. Vous êtes guide touristique. Faites un discours à un touriste pour lui expliquer les points d'intérêt de votre ville.

3. Avez-vous peur de la solitude? Pourquoi?

## G. *Comparaison*

Comparez ce que dit J. Duché avec ce que disait Pascal il y a plus de trois siècles.

Quand je m'y suis mis quelquefois à considérer les diverses agitations des hommes et les périls et les peines où ils s'exposent, dans la cour,[1] dans la guerre, d'où naissent tant de querelles, de passions, d'entreprises hardies et souvent mauvaises, etc., j'ai dit souvent que tout le malheur des hommes vient d'une seule chose, qui est de ne savoir pas demeurer en repos, dans une chambre. Un homme qui a assez de bien pour vivre, s'il savait demeurer chez soi avec plaisir, n'en sortirait pas pour aller sur la mer ou au siège d'une place.[2] On n'achètera une charge[3] à l'armée si cher, que parce qu'on trouverait insupportable de ne bouger de la ville; et on ne recherche les conversations et les divertissements des jeux que parce qu'on ne peut demeurer chez soi avec plaisir.

BLAISE PASCAL (1623–1662)
*Pensée N° 269*

———

[1]la cour royale.    [2]une place forte (*stronghold*).    [3]**une charge:** *commission.*

## H. *Thème dirigé*

Modern man **has to**[1] move. He **has to**[2] change residence often. **He is very anxious to**[3] travel during his vacation. If he cannot **afford**[4] luxury hotels, he buys a trailer and goes camping, or else he hitchhikes. He needs new **surroundings,**[5] but he also needs **other people.**[6] If he leaves a large city, he must go **and**[7] find another large group of people and he often comes back more tired **than when he left.**[8]

According to Pascal, "All the misfortunes of mankind come from one thing only, the inability to remain quietly in a room." **This has become**[9] one of Pascal's better known statements. How do you explain its **appeal**?[10]

1. est obligé de

2. il lui faut

3. il tient beaucoup à

4. se permettre

5. endroits

6. les autres

7. (ne traduisez pas *and*)

8. qu'au départ

9. c'est

10. attraction

# V LES DÉPLACEMENTS

## 2. Une soirée à Delphes[1]

ἀνῢῦ

Sur les gradins du théâtre de Delphes, nous avions lié conversation avec des étudiants américains qui étaient là pour apprendre le grec et trouvaient agréable de travailler leur vocabulaire en un lieu qui avait entendu clamer les malheurs d'Oreste.[2] Ils nous avaient donné l'adresse d'une de ces tavernes que les touristes ignorent et qui n'en ont que plus de charme. Le soir venu, nous la cherchions et ne la trouvions pas. Nous entrâmes dans une boutique pour nous renseigner. "C'est à cinquante mètres," nous dit le marchand. Il nous conduit, nous installe, nous recommande au patron, nous prie de l'excuser car il doit aller fermer sa boutique, mais il va revenir, car c'est là qu'il dîne. Nous attaquions les hors-d'œuvre lorsqu'il revint, accompagné de sa femme. Je leur offris à boire. Assis à notre table, il s'inquiéta du plat que nous désirions manger, nous donna de judicieux conseils, et, tout en buvant, commanda pour eux et pour nous. Et il nous raconta sa vie: son père possédait cent cinquante oliviers et des troupeaux de mouton que, dans son enfance, il menait dans la montagne; il avait, lui, le magasin de tapis, lainages, colifichets et souvenirs que nous avions vu, plus[3] une boulangerie. Il était marié depuis six mois, sa femme attendait un enfant, etc. · ·

L'heure tournait[4] cependant. Je demandai l'addition. Le patron refusa de me la donner: c'était notre marchand-poète qui nous avait invités. Je l'emmenai alors dans une autre taverne où je savais que, parfois, des Grecs dansaient. Deux garçons, en effet, dansaient le *sirtaki* entre les tables, au rythme d'un bouzouki joué par un don Juan de village[5] qu'entouraient trois ou quatre Suédoises béates d'admiration.

---

[1]**Delphes:** ville de l'ancienne Grèce.   [2]**Oreste:** héros de la tragédie de Sophocle.   [3]**plus:** et aussi.   [4]**l'heure tournait:** le temps passait.   [5]**don Juan de village:** beau jeune homme aimé des filles de son village.

Le lendemain, nous allâmes rendre visite à notre ami Andréas (c'était le nom du marchand). Andréas nous offrit du café ainsi que la coutume l'exige; et comme nous avions l'imprudence de lui demander où l'on pouvait trouver de ces délicieuses pâtisseries turques nommées *baklavas*, il sauta dans sa voiture malgré nos protestations et nous en rapporta. Nous ne pouvions quitter sa boutique sans rien lui acheter. Il se récria:[6] c'était gênant, nous étions des amis, comment pourrait-il me dire un prix? (On sait qu'un prix marqué n'est qu'une base de départ et que le marchandage est un rite quasiment[7] sacré.) Il n'avait pas envie de me vendre quoi que ce fût, je n'avais pas non plus tellement envie d'acheter. Enfin j'avisai un chandail qui ne me plaisait qu'à moitié et dont je n'avais nul besoin; il consentit à dire un prix; je marchandai un peu, par devoir, pour sacrifier au rite; et je ne le payai que soixante drachmes de plus qu'il ne valait. Ce n'était pas pour lui une brillante affaire. Pour nous, ce n'était pas payer cher le simple bonheur d'un soir à Delphes.

---

[6]**se récrier:** protester.    [7]**quasiment:** presque.

## A. *Répétition*

Répétez les phrases suivantes en substituant les expressions indiquées. Imitez l'accent et l'intonation de votre professeur.

1. Voulez-vous que je vous raconte mon voyage au Canada?
   mon séjour en Suisse / ma traversée de l'océan / mon escalade du Mont Blanc / ma croisière en Méditerranée

2. Je vais vous communiquer mes impressions sur les Espagnols.
   New-Yorkais / Africains / Asiatiques

3. Savez-vous ce qui m'est arrivé à Paris?
   en Tunisie / à Londres / au Portugal / en Chine

4. Avez-vous jamais assisté à une course de taureaux?
   la grand'messe à Notre Dame / un coucher de soleil sur la Mer Noire

## B. *Questions sur le texte*

1. Où les étudiants américains apprenaient-ils leur vocabulaire?

2. Quel service ont-ils rendu aux touristes français?

3. Comment le patron de la boutique a-t-il aidé les touristes?

4. Racontez la vie de ce boutiquier.

5. Comment tout le monde a-t-il fini la soirée?

6. Quel autre service le boutiquier a-t-il rendu aux touristes?

7. Pourquoi ne voulait-il rien leur vendre?

8. Finalement, à quel rite ont-ils sacrifié tout de même?

## C. *Exercice*

Suite de l'étude des définitions.

1. un piéton:   C'est une **personne** qui va à pied.
   un automobiliste:
   un cycliste:
   un cavalier:

2. un garage:   C'est un **abri** pour les voitures.
   un hôtel:
   un motel:
   une écurie:

3. un boulanger:   C'est un **commerçant** qui vend du pain.
   un boucher:
   un pharmacien:
   un pâtissier:

4. un restaurant:   C'est un **établissement** où l'on vend à manger.
   une pharmacie:
   un grand magasin:
   un café:

5. un autobus:   C'est un **moyen de transport** urbain.
   un avion:
   un bateau:
   une automobile:

## D. *Conversation*

| QUESTIONS | VOCABULAIRE À APPRENDRE |
|---|---|
| 1. Qu'est-ce qu'il est bon de consulter avant d'entreprendre un voyage? | Vous désirez voyager à l'étranger? Alors, consultez des **brochures,** des **dépliants,** et si vous voulez voir la France, **retenez** bien vos places. Il y a tant de touristes l'été que vous risqueriez de coucher **à la belle étoile.** |
| 2. Pourquoi est-il très important | |

de retenir d'avance des places d'avion et des chambres d'hôtel?

3. Êtes-vous déjà allé dans un pays étranger? Qu'est-ce qui vous a le plus manqué?

4. Parmi les réflexions ci-contre, laquelle vous paraît la plus vraie? Illustrez votre opinion avec une anecdote.

5. Avez-vous discuté avec des étudiants étrangers? Quelles remarques font-ils sur votre pays? Qu'est-ce qui leur plaît le plus? Qu'est-ce qui leur manque?

Lorsqu'on arrive en pays étranger, on éprouve parfois une sorte de **choc culturel**. On est **dépaysé**. La cuisine surprend, les habitudes aussi.

Voici la litanie des reproches des Américains à la France:

a. Les **douaniers** sont **grincheux**.
b. Tout est trop cher.
c. Tout est sale.
d. La cuisine nous a rendus malades.
e. Il pleut et **on s'enrhume**.
f. Les gens refusent de nous parler anglais.
g. Nous n'avons pas pu faire la connaissance des indigènes.
h. Impossible de trouver un verre d'eau glacée, des œufs au bacon, etc. Le Coca Cola est **hors de prix**.

En contrepartie, voici ce que les touristes français reprochent aux États-Unis:

a. Les douaniers sont grincheux.
b. Tout est trop cher.
c. Tout est sale.
d. La cuisine des restaurants est infecte.
e. La climatisation des immeubles nous a enrhumés.
f. Les gens refusent de nous parler français.
g. Nous n'avons pas pu faire la connaissance des indigènes.
h. Il n'y a pas d'endroits où l'on puisse marcher ou s'asseoir tranquillement, pas de jardins publics, pas de cafés, etc.

En France, la campagne est ravissante et vous n'allez jamais très loin sans rencontrer la montagne ou la mer.

### VOCABULAIRE POUR LA MER

la falaise, les galets, la dune, le sable, l'épave, les lames, les requins, le delta, les coquillages, l'embouchure du fleuve, la marée montante ou descendante

6. Racontez des vacances passées à la mer en vous servant du plus grand nombre possible des mots ci-contre.

7. Racontez, ou imaginez des vacances à la montagne en vous servant du plus grand nombre possible des mots ci-contre.

### VOCABULAIRE POUR LA MONTAGNE

la vallée, la crête, la chaîne, le plateau, le pic, le massif, le torrent, les rochers, les pentes escarpées, le racourci, la grotte, le versant nord, le versant sud, la rivière souterraine, les stalagtites, les stalagmites

## E. *Controverse*

SUJET DU JOUR: *Est-ce une bonne idée d'épouser un étranger?*

Si vous êtes *pour*, trouvez au moins trois raisons qui rendent un tel mariage plus intéressant. Si vous êtes *contre*, trouvez au moins trois raisons de mésentente possible.

## F. *Exposés*

Choisissez un des sujets suivants et présentez-le soit comme exposé oral, soit comme devoir écrit.

1. Racontez votre plus lointain voyage. Donnez le plus de détails possibles en vous servant des mots appris dans la leçon.

2. Êtes-vous chauvin? Trouvez-vous que votre patrie surpasse les autres? À quels points de vue? Pourriez-vous vous expatrier? Pourquoi pas?

3. Puisque nous parlons de chauvinisme, quelle réputation ont les habitants de votre État? Et puisqu'on a toujours tendance à généraliser, quelle réputation ont (en bien ou en mal) les gens du Nord? ceux du Sud? les gens de New York? les Californiens? les Texans? les gens du Mississippi?

## G. *Comparaison*

Vous qui vivez à l'heure des avions supersoniques, que pensez-vous du passage suivant écrit il y a deux siècles.

Ce fut le 15 octobre [1783] qu'à l'endroit dont je viens de parler, devant une foule prodigieuse, un homme s'éleva en l'air pour la première fois. Ce fut monsieur Pilâtre de Rozier, physicien qui en mérita l'honneur par le zèle qu'il montra toujours dans cette découverte. Le 17, monsieur de Rozier monte de nouveau, mais cette fois, avec un réchaud pour fabriquer du gaz et il se relève d'un arbre par lui-même. Enfin, le 19 novembre, un dimanche, par beau temps clair, devant plus de deux mille âmes, monsieur de Rozier s'élève quatre fois de suite, les deux dernières fois avec un compagnon. Ainsi, deux et trois hommes se tinrent en l'air à au moins cent pieds de hauteur, retenus par des cordes. La machine pesait 1000 livres,[1] la galerie[2] 500; le tout avait 70 pieds de hauteur sur 45 de largeur. Remplie de gaz en cinq minutes, cette machine obéissait à la volonté de l'homme. Deux fois, monsieur de Rozier frise la terre et se relève en faisant du gaz. Ainsi, pas de risque quand on descend. Voilà une réussite complète: deux ou trois hommes se soutenant à volonté dans l'air, chose jusque là absolument impossible!

LE DUC DE CROŸ (1718–1784)
*Journal inédit*

_____

[1] **une livre:** demi-kilogram.    [2] **la galerie:** *basket carrying passengers.*

## H. *Thème dirigé*

Today, you take a plane without even thinking about it. Two centuries ago, scientific discoveries **were bringing**[1] mankind into the modern era. The famous Montgolfier brothers were inventing the first balloons, with could be directed with warm air produced during the **ascent**.[2] This was **a far cry**[3] from the Wright brothers' experiments in the sand dunes of North Carolina, and **still farther**[4] from the **space travels**[5] of today and the **walks**[6] on the moon!

However, let's not forget **how dangerous**[7] these first **air travels**[8] were. Our hero, monsieur de Rozier, **was killed**[9] during an ascent in 1785, two years after the story above was written.

1. faisaient entrer

2. l'ascension

3. nous voici bien loin

4. encore plus loin

5. voyages interplanétaires

6. promenades

7. le danger de

8. voyages aériens

9. se tua

# V LES DÉPLACEMENTS

# 3. Les accidents

— Donnez-nous des autoroutes pour notre argent, disent les automobilistes, il n'y aura plus d'accidents! Nos ingénieurs des Ponts et Chaussées ont trop longtemps cru que notre réseau routier, qui était le plus beau du monde sous Louis XV, était encore bon pour nos automobiles. Mais si cela nous autorise à dire que nos nationales sont désuètes,[1] qu'elles sont embouteillées[2] certains jours et à certaines heures et qu'elles sont dangereuses, cela n'autorise pas à dire qu'elles tuent: ce sont toujours les hommes qui se tuent, et qui tuent leurs semblables.

Il y a près de ma maison de campagne un virage mal dessiné qui a fait quatre accidents mortels en un mois. Je suis arrivé au moment où le quatrième venait de se produire: une Citroën gisait[3] sur le toit, applatie comme une crêpe, et un cadavre en travers de la route. Le conducteur avait doublé à grande allure[4] à l'entrée du virage. Si l'ingénieur des Ponts et Chaussées est un assassin, dites-moi donc pourquoi c'est cet homme-là qu'il a tué? Le lendemain, — c'était la série noire[5] — deux kilomètres plus loin à un carrefour, je vis une voiture prise en écharpe[6] par une autre qui avait brûlé le stop. Depuis lors, je klaxonne et je freine à ce carrefour en dépit du panneau "passage protégé".

C'est dimanche prochain l'ouverture de la chasse. L'ouverture sera-t-elle meilleure que l'an dernier? Nul ne peut prévoir combien de perdreaux seront tués: mais combien de chasseurs se tueront sur la route du retour, les statistiques permettent de l'annoncer avec une précision très satisfaisante, du moins

---

[1]**désuet:** *obsolete.*  [2]**embouteillé:** *jammed.*  [3]**gisait** (du verbe **gésir**): était couchée. On inscrit sur une tombe: "ci-gît" (*here lies*).  [4]**à grande allure:** *very fast.*  [5]**série noire:** une suite d'événements malheureux.  [6]**prise en écharpe:** heurtée de coté.

pour les statisticiens. Le hasard laisse-t-il au gibier une chance qu'il refuse aux hommes ?

## A. *Répétition*

Le verbe **faire** est un "passe-partout". N'hésitez pas à vous en servir. Pour ceci, répondez aux questions suivantes d'après les indications données. *Faites* des phrases complètes.

1. Cette année, où **ferez-vous** l'ouverture de la chasse ?
   (en Sologne)
2. Combien d'accidents ce virage a-t-il **faits** ?
   (quatre accidents)
3. À qui faut-il **faire une demande** pour **se faire** pilote ?
   (à la compagnie d'aviation)
4. Est-il permis de **faire de la vitesse** dans les quartiers d'habitation ?
   (il est abolument défendu)
5. Vaut-il mieux **faire envie** que **faire pitié** ?
   (il vaut mieux . . . )
6. A-t-on raison de **faire confiance** aux automobilistes ?
   (on devrait . . . à ceux qui ont leur permis.)
7. Combien les automobilistes **font-ils** de morts par an ?
   (douze mille)

## B. *Questions sur le texte*

1. Comment les automobilistes espèrent-ils éviter les accidents ?
2. Comment les ingénieurs des Ponts et Chaussées se trompent-ils ?
3. Pourquoi ne faut-il pas dire que ce sont les routes qui tuent ?
4. Pourquoi y a-t-il tant d'accidents près de la maison de campagne de l'auteur ?
5. Qu'est-ce qui est arrivé à une Citroën ?
6. Comment l'accident a-t-il eu lieu ?
7. Pourquoi aurait-on tort de dire que c'est l'ingénieur des Ponts et Chaussées qui est un assassin ?
8. Que fait l'auteur quand il arrive à un carrefour dangereux ?

9. Quelle est l'une des conséquences de l'ouverture de la chasse?

10. Qu'est-ce que les statistiques permettent de prévoir?

11. Mais qu'est-ce qu'elles ne permettent pas de prévoir?

## C. *Exercice*

**Auto-École.** Quel dommage que nous n'ayons pas en français un joli mot comme *back seat driver*! Tous les **donneurs d'avis, rabâcheurs de conseils, radoteurs** de toutes sortes, nous les appelons des **casse-pieds**. Quelles situations ont pu provoquer les conseils suivants d'un casse-pied assis derrière vous?

EXEMPLE: Freinez fort! (un chien traverse la rue)

1. Dépassez-le!

2. Klaxonnez, voyons!

3. Ralentissez!

4. Doublez-la!

5. Arrêtez, arrêtez!

6. Accélérez!

## D. *Conversation*

QUESTIONS

1. Que faut-il faire avant de passer son permis de conduire?

2. Que faut-il faire avant de s'aventurer sur la chaussée?

3. Dans quels pays tient-on sa gauche en conduisant?

4. À quoi sert un rétroviseur?

5. Donnez trois conseils de prudence à un débutant.

6. Quelles sont les trois principales causes des accidents?

7. D'après les statistiques, quels sont les conducteurs les plus dangereux?

8. À quoi servent les ceintures de sécurité? Quels accidents préviennent-elles?

VOCABULAIRE À APPRENDRE

Comment conduire une automobile? Il faut s'inscrire dans une **auto-école**, étudier son **code** (livre où se trouvent toutes les règles de la circulation), puis **passer son permis**. Ensuite, après avoir fait son **plein d'essence** et **vérifié ses pneus**, on peut **s'aventurer** sur la **chaussée**. Il faut toujours **tenir sa droite**, faire attention aux **sens uniques** et aux **sens interdits**, regarder dans le **rétroviseur**, ne pas **stationner** n'importe où et toujours se montrer **prudent**.

Pour éviter les accidents, observez la **priorité** à droite, la **signalisation** aux **carrefours**, les **feux rouges**. Attention aux **tournants** dangereux, aux **côtes** sans visibilité, aux routes **glissantes**.

Méfiez-vous des conducteurs qui ont **bu**, de ceux qui **font preuve** d'inattention, de ceux qui ont trop de **confiance en eux**, de ceux qui

9. Que se passe-t-il si vous enfreignez les règlements de la circulation?

10. Cela vous est-il déjà arrivé de récolter une amende? Qu'aviez-vous fait?

sont **grisés par la vitesse,** de ceux dont la voiture est **mal équipée.**

Il ne faut pas **enfreindre** les règlements. Ceux qui les enfreignent sont en **contravention.** Ils trouvent souvent un papier entre l'**essuie-glace** et le **pare-brise** de leur voiture. C'est un **procès-verbal** qu'on appelle **p.v.** Il faut alors payer une **amende.** Ne stationnez jamais en **double-file** qu'on appelle aussi **deuxième position** (*double park*).

## E. *Controverse*

Sujet du jour: *Le meilleur moyen de locomotion, c'est la bicyclette.*

Êtes-vous *pour* ou *contre* la bicyclette? Si vous êtes *pour*, vantez ses agréments. Si vous êtes *contre*, proposez un meilleur moyen de locomotion.

## F. *Exposés*

Choisissez un des sujets suivants et présentez-le soit comme exposé oral, soit comme devoir écrit.

1. Vous êtes vendeur de voitures d'occasion. Vous essayez de vendre une vieille horreur à votre professeur en en faisant une description alléchante.

2. Avez-vous déjà été la victime ou la cause d'un accident d'auto? Décrivez-en les circonstances.

3. Un agent vous attend près de votre voiture qui se trouve en deuxième position. Que vous dit-il? Quelles excuses lui offrez-vous?

## G. *Comparaison*

Voici le récit d'un accident qui a eu lieu près de Paris au dix-septième siècle. Comparez l'attitude du responsable avec celle de la victime.

L'archevêque de Reims revenait fort vite de Saint-Germain, c'était comme un tourbillon: il croit bien être grand seigneur; mais ses gens[1] le croient encore plus que lui. Ils passaient au travers de Nanterre, tra, tra, tra; ils rencontrent un homme à cheval, gare gare;[2] ce pauvre homme se veut ranger;[3] son cheval ne veut pas; et enfin le carrosse et les six chevaux ren-

---

[1] **ses gens:** ses domestiques.　[2] **gare:** *beware.*　[3] **se veut ranger:** veut se ranger: *wants to step aside.*

versent cul par-dessus tête le pauvre homme et le cheval, et passent par-dessus, et si bien par-dessus que le carrosse en fut versé et renversé; en même temps l'homme et le cheval, au lieu de s'amuser[4] à être roués et estropiés[5] se relèvent, remontent l'un sur l'autre, et s'enfuient et courent encore, pendant que le laquais de l'archevêque et le cocher, et l'archevêque même se mettent à crier: "Arrête, arrête ce coquin,[6] qu'on lui donne cent coups." L'archevêque, en racontant ceci disait: "Si j'avais tenu ce maraud-là[7] je lui aurais rompu les bras et coupé les oreilles."

MADAME DE SÉVIGNÉ   (1626–1696)
*Lettres à sa fille, Madame de Grignan*

---

[4]**au lieu de s'amuser à**: *instead of hanging around.*   [5]**roués et estropiés**: *run over and crippled.*   [6]**coquin**: *rogue.*   [7]**maraud**: *scoundrel.*

## H. *Thème dirigé*

Madame de Sévigné who lived in Paris at the time of Louis XIV **kept very close to**[1] her daughter, who lived in the South of France, by writing her **hundreds of**[2] letters which have been preserved, and in which it is interesting to discover the **mores**[3] of the time.

This passage **is taken from**[4] one of her most famous letters. The accident she describes could very well take place today. The Archbishop of Reims **would ride**[5] in a car and the poor man on a bicycle. But there the resemblance **would end**.[6] The police would come, **each party**[7] would be polite, show his **identification**,[8] and indicate the name of his insurance company. The poor man might even **sue**[9] and **collect**[10] money for the **damage to**[11] himself and to his bicycle.

1. restait très proche de

2. des centaines de

3. les mœurs

4. vient de

5. serait

6. s'arrêterait

7. chacun

8. pièces d'identité

9. poursuivre

10. toucher

11. les dommages causés à

# VI LA BEAUTÉ

1. Le "beau" sexe

2. Le refus des formes

3. Beaucoup de bruit pour rien

Erich Hartmann/Magnum

"Il n'y a pas d'idéal de beauté féminine."
J. DUCHÉ

# VI LA BEAUTÉ

## 1. Le "beau" sexe

Que le corps paraisse différent selon les décrets de la mode, rien de plus naturel ou plutôt rien de plus compréhensible que cet artifice.[1] Mais qu'en effet il change, voilà qui est plus étonnant. Personne ne contestera, toutefois, que les seins et les hanches ne sont plus ce qu'ils étaient en 1890. On peut remonter loin dans le temps: les peintres et les sculpteurs nous livrent l'idéal de beauté dont rêvait une époque — et par là nous pourrions, si nous étions assez fins psychologues, comprendre un chevalier des croisades ou un bourgeois de Louis XIV.

Ne trouvez-vous pas bien remarquable que votre corps change, Mesdames, mais pas le nôtre? L'athlète idéal est immuable, le canon de Polyclète[2] est toujours valable, et les David ou les Saint Sébastien ressemblent comme des frères au Discobole.[3] Donc le corps idéal de l'homme n'a pas changé, quand l'idéal de beauté féminine variait au fil de l'histoire. L'explication en est simple: c'est qu'il n'y a pas d'idéal de beauté féminine. Ne vous fâchez pas, Mesdames: il y a un idéal de séduction. Et la séduction est le produit de l'imagination des hommes. Mais quand je dis les *hommes*, je l'entends au sens d'espèce: les deux sexes collaborent étroitement en ce domaine, et tel qui croit commander pourrait bien être téléguidé par l'autre. La preuve: c'est justement celui qui ne relève d'aucun canon indiscutable qui a eu l'astuce[4] de se faire nommer le "*beau*" sexe. Là dessus, rêvez si le cœur vous en dit.[5] Pourquoi dans le temps de Saint Louis,[6] les femmes avaient-elles les épaules étroites, la taille haute, les hanches longues et le ventre

---

[1]**artifice:** *trick*. [2]Le statuaire grec Polyclète a défini les proportions idéales du corps de l'homme. [3]L'auteur donne des exemples de statues représentant des hommes aux proportions parfaites d'après le canon de Polyclète. [4]**l'astuce:** *cunning*. [5]**si le cœur vous en dit:** si vous en avez envie. [6]**Saint Louis:** Louis IX, roi de France de 1226 à 1270.

bombé? Était-ce leur opulence bourgeoise qui portait les Vénitiens et les Flamands à aimer les femmes plantureuses?[7] Était-ce la renaissance du goût antique qui, au seizième siècle, peupla de nymphes le Val de Loire? N'y avait-il pas une secrète relation entre la sécheresse libertine du dix-huitième siècle et la tendresse potelée des corps féminins? Pourquoi ces corps semblent-ils dépérir quand les cœurs romantiques déclarent de grandes passions? N'auraient-ils pas dû s'épanouir sous cette pluie de larmes? Et quand au dix-neuvième siècle l'industriel fait la loi, les femmes gonflent, ballons par devant, montgolfière[8] par derrière.

Enfin, après un ou deux massacres mondiaux, la femme conquiert la liberté de ses mouvements, y compris les mouvements de gymnastique, elle retrouve l'équilibre naturel qu'elle semblait avoir perdu depuis l'Antiquité, elle tend vers cette beauté intemporelle[9] qui était, Mesdames, notre privilège.

## A. Répétition

Voici quelques expressions avec **cœur**. Savez-vous les employer? Répétez les exemples en faisant les substitutions indiquées.

1. Rêvez si **le cœur vous en dit**. (vous en avez envie)
   dormez / chantez / dansez / jouez

2. Je l'ai écouté **le cœur battant**. (avec émotion)
   entendu / regardé / admiré / contemplé

3. Je l'ai regardé partir **le cœur gros**. (avec tristesse)
   quitté / conduit à la gare / mené à l'aéroport

4. En avion, j'ai toujours **mal au cœur**. (des nausées)
   le matin / en voiture / quand je suis assis derrière

5. Paul a **le cœur sur la main**. (est généreux)
   mon camarade de chambre / mon professeur d'histoire / le père de ma fiancée

6. La mariée est **jolie comme un cœur**. (charmante)
   cette nouvelle actrice / Miss Amérique / la petite blonde qui est assise à côté de moi

## B. Questions sur le texte

1. Le corps féminin paraît-il différent selon les époques ou change-t-il vraiment?

---

[7]**plantureux:** *buxom.*   [8]**La montgolfière:** ballon nommé pour ses inventeurs, les frères Montgolfier (voir p. 88).   [9]**intemporel:** qui n'est pas affecté par le passage du temps.

2. Chez les femmes, où ce changement se manifeste-t-il surtout?

3. Que pourrions-nous faire si nous étions assez fins psychologues?

4. Pourquoi David, Saint Sébastien et le Discobole se ressemblent-ils comme des frères?

5. Comment J. Duché explique-t-il que l'idéal de beauté féminine ait varié au cours de l'histoire?

6. Décrivez les femmes au temps de Saint Louis.

7. Qu'est-ce qui portait les Flamands et les Vénitiens à aimer les femmes plantureuses?

8. Quel a été l'effet de la renaissance du goût antique au seizième siècle? Et celui des romantiques? Et celui des industriels de la fin du dix-neuvième siècle?

9. De quels massacres mondiaux l'auteur veut-il parler?

10. Qu'est-ce que les femmes ont conquis au prix de ces massacres?

## C. *Exercice*

Chaque étudiant à tour de rôle lira l'une des phrases suivantes en s'adressant à un autre étudiant qui répondra "Veux-tu que je t'aide à . . . " et suggérera une solution d'après le vocabulaire opposé. (Attention, l'ordre des solutions ne correspond pas à l'ordre des situations.)

**Veux-tu que je t'aide à . . .**

1. Je suis trop maigre.

2. Je suis trop gros.

3. J'ai froid.

4. Je ne sais pas transformer les *inches* en centimètres.

5. Je ne sais pas transformer les *pounds* en kilogrammes.

6. Tout est trop cher.

7. Cette robe est trop longue.

8. Il n'y a plus de pli à mon pantalon.

9. J'ai mal au cœur.

10. Je deviens chauve (*bald*).

a. multiplier par 5/11

b. multiplier par 2,54

c. chercher des soldes (*sales*)

d. trouver un manteau d'hiver

e. le repasser

f. dénicher un bon restaurant

g. acheter une perruque

h. suivre ton régime

i. la racourcir

j. téléphoner au médecin

## D. *Conversation*

QUESTIONS

1. Combien pesez-vous et combien mesurez-vous? (système métrique, s.v.p.)

2. Quel est votre signalement? taille, poids, yeux, cheveux, nez, signes particuliers.

3. Comment êtes-vous habillé aujourd'hui?

4. Quels bijoux portez-vous?

5. Cette année, qu'est-ce qui est à la mode?

6. Décrivez le dernier vêtement que vous avez acheté.

7. Le directeur d'une école a-t-il le droit d'exiger que les élèves s'habillent d'une certaine façon? Peut-il décider de ce qui est inacceptable? Précisez.

8. Est-ce une bonne idée d'acheter des vêtements en solde (*on sale*)?

VOCABULAIRE À APPRENDRE

Si un homme **mesure** 1,80 m (un mètre quatre vingt) il est bon qu'il **pèse** entre 70 et 80 kilogrammes.

Une femme qui mesure 1,65 m pèsera environ 55 kilos. On convient généralement que 85 cm de **tour de hanches** et de **tour de poitrine** et 60 cm de **tour de taille** font une jolie **ligne**. Si vous achetez des **chaussures**, le marchand vous demandera "combien **chaussez-vous?**" Vous lui indiquerez votre **pointure**: peut-être du 39 pour une femme et du 44 pour un homme. On dit aussi la **pointure** pour parler de la **taille** des **gants**.

Aujourd'hui, les **couturiers** ne sont plus les dictateurs incontestés de la **mode** et chacun s'habille plus ou moins comme il veut. Les hommes de même que les femmes mettent des **pantalons**, des **chemises**, des **tricots** et **chandails**, des **chaussures**, des **sandales**, des **bottes** et des **imperméables**. Toutefois, les **jupes**, les **collants** (*panty hose*), et la plupart des **bijoux** sont réservés aux femmes.

Les deux sexes utilisent des **produits de beauté** comme de **l'eau de cologne** et des **crèmes** de toutes sortes. Mais le **maquillage** (ou **cosmétiques**) est plutôt pour les femmes. Qui est-ce qui met du **fond de teint**, du **rouge à lèvres**, du **vernis à ongles**, des **faux-cils**, de la **laque pour cheveux**?

À propos de **cheveux**, on peut avoir les cheveux **plats**, **frisés**, **ondulés**, **bouclés** ou **bouffants**; avoir une **raie**, une **frange**; on peut porter un **postiche** ou une **perruque**; on peut même être **chauve**.

Et vous, les hommes d'aujourd'hui, portez-vous la **barbe**, la **moustache**, le **bouc**, les **favoris**? Êtes-vous **hirsutes** ou **bien peignés**? Êtes-vous **barbus** ou **rasés de près**? Vous êtes-vous jamais fait **tondre**?

## E. *Controverse*

SUJET DU JOUR: ***On est obligé de suivre la mode.***

Si vous êtes d'accord, dites pourquoi. Si vous ne suivez pas la mode, prouvez-le.

## F. *Exposés*

Choisissez un des sujets suivants et présentez-le soit comme exposé oral, soit comme devoir écrit.

1. Peut-on comprendre la psychologie d'une personne d'après son vêtement. Donnez des exemples.

2. A-t-on le droit de tuer des animaux pour porter leur fourrure? Pensez aux lapins, aux visons, aux phoques, etc.

3. Connaissez-vous des régimes alimentaires à la mode? Quels en sont les avantages et les inconvénients? Faut-il compter les calories, supprimer tel ou tel aliment, consommer au contraire tel ou tel produit? Le régime que vous suivez à votre université vous paraît-il répondre aux exigences de la beauté et de la bonne santé?

## G. *Comparaison*

Y a-t-il beaucoup de différence entre ce que disait Montesquieu au début du dix-huitième siècle et ce qui se passe aujourd'hui dans les grandes villes?

Je trouve les caprices de la mode chez les Français étonnants. Ils ont oublié comment ils étaient habillés cet été, ils ignorent encore plus comment ils le seront cet hiver: mais surtout on ne saurait croire combien il en coûte à un mari pour mettre sa femme à la mode.

Que me servirait de te faire une description exacte de leur habillement et de leur parure? Une mode nouvelle viendrait détruire tout mon ouvrage, comme celui de leurs ouvriers, et avant que tu eusses reçu ma lettre, tout serait changé [. . .]

Quelquefois les coiffures montent insensiblement, et une révolution les fait descendre tout à coup. Il a été un temps que leur hauteur immense mettait le visage d'une femme au milieu d'elle-même; dans un autre, c'était les pieds qui occupaient cette place: les talons faisaient un piédestal qui les tenait en l'air. Qui pourrait le croire? Les architectes ont été souvent obligés de hausser, de baisser, et d'élargir leurs portes, selon que les parures des femmes exigeaient d'eux ce changement; et les règles de leur art ont été asservies à ces caprices. On voit quelquefois sur un visage une quantité prodigieuse de mouches,[1] et elles disparaissent toutes le lendemain. Autrefois, les femmes avaient de la taille et des dents; aujourd'hui il n'en est pas question.[2] Dans cette changeante nation, quoi qu'en disent les mauvais plaisants, les filles se trouvent autrement faites que leurs mères.

MONTESQUIEU (1689–1755)
*Lettres persanes*

---

[1]**mouche:** ici, *beauty spot (a stick-on patch).*    [2]**pas question:** *no way.*

## H. *Thème dirigé*

Montesquieu used the **device**[1] of an exchange of letters between two foreigners in order to describe the world in which he was living. **In this way**[2] it was easy to observe and to criticize France and the French at **a time when**[3] the fear of **being censored**[4] was always present.

The above letter **is about**[5] fashion. If you have seen paintings of the time, **you must have**[6] noticed the high heels — for men and women—, the furs, **silk and satin,**[7] the **lace**[8] **and ribbons.**[9] **Both sexes**[10] wore wigs. Coats, capes, and dresses **took**[11] yards and yards of the richest **material.**[12]

**Keeping up with the fashion is still a must in France,**[13] and people **who don't**[14] are **laughed at.**[15] Most women hate to be seen in last year's dress and most men try to buy the pants, shirts, and shoes that are "in" today. Of course the clothing industry is among the most prosperous in the country.

1. le moyen

2. ainsi

3. à un moment où

4. la censure

5. (Dans . . .) il s'agit de

6. vous avez dû

7. la soie et le satin

8. les dentelles

9. les rubans

10. les hommes comme les femmes

11. exigeaient

12. tissu

13. la mode en France est encore très tyranique

14. qui ne la suivent pas

15. on se moque de

# VI LA BEAUTÉ

## 2. Le refus des formes

La laideur est à la mode. C'est tout de même bizarre . . . et significatif. N'y aurait-il pas là un signe tangible de la crise de notre civilisation? Il y a un snobisme de la laideur: s'écrier devant un objet, une robe, un tableau agressivement laids que c'est d'une beauté sublime, ne peut être que le fait d'un esprit suprêmement sophistiqué.[1] Ce snobisme-là trouve ses meilleures recrues parmi des bourgeois angoissés à l'idée qu'ils pourraient manquer le train.[2]

L'imbécillité aussi est à la mode: certains spectacles actuels dans les théâtres parisiens ne laissent pas de doute à ce sujet. Mais là, le plus admirable n'est pas que les bourgeois gobent[3] ça, c'est que des critiques s'évertuent à trouver quelque chose dans la poubelle des lieux communs.[4] Cela, c'est le snobisme intellectuel, qui ne date pas d'aujourd'hui.

Il faudrait mettre aussi à jour les motivations profondes des philosophies en vogue — je songe au structuralisme — et de l'art contemporain, dans la peinture, la sculpture, la musique: autant de directions vers la forme à l'état pur — avec le risque très présent du formalisme. Étrange paradoxe! En apparence seulement: refus des formes et formalisme sont les deux faces d'une seule figure qui refuse la figure humaine.

Il faudrait bien qu'un refus si radical débouche sur l'alternative: l'être ou le néant. Considérant que la vie est une force formidable qui a traversé bien d'autres épreuves, je parie pour elle[5] Mais dans quelle forme? J'aurais aimé rester assez longtemps sur cette terre pour le savoir. La seule chose dont

---

[1]**sophistiqué:** *affected (like the sophists).* [2]**manquer le train:** rester en arrière, se faire dé-passer. [3]**gober:** avaler, accepter. [4]**lieux communs:** *platitudes.* [5]*I'm betting on it,* i.e., *life.*

je sois certain, c'est qu'il n'y aura pas d'homme nouveau sans forme, ce qui signifie aussi: sans les formes d'une civilité. Car s'il n'y a pas de civilité, il n'y aura pas de société, il n'y aura que des chiens dévorants se disputant les restes d'une civilisation.

## A. *Répétition*

Imaginez que vous êtes un snob, pas très connaisseur, dans un musée. Répétez les phrases suivantes en substituant les mots soulignés.

1. *Que dire devant un paysage:*
   Moi, voyez-vous, j'adore ces tons lumineux.
   subtiles / chauds et dorés / sourds et fondus

2. *Que dire devant le portrait d'une dame:*
   Moi, je trouve qu'il est très ressemblant.
   il la vieillit / il la grossit / il la flatte un peu / il la rajeunit de dix ans

3. *Que dire devant une nature morte:*
   Voilà un effet de perspective vraiment intéressant.
   lumière / contraste / choc

4. *Que dire de l'artiste (n'oubliez pas qu'il est peut-être à la portée de votre voix):*
   Ce qui me plaît chez cet artiste, c'est son goût du détail.
   son originalité / son sens des couleurs / son coup de crayon / sa sincérité

## B. *Questions sur le texte*

1. Qu'est-ce que l'auteur trouve de bizarre aujourd'hui?
2. Que disent les snobs devant la laideur agressive?
3. Que peut-on dire de certains spectacles aujourd'hui?
4. Quel est le rôle des bourgeois et des critiques?
5. Quel est le danger du refus des formes et du formalisme dans l'art?
6. Quelle est l'alternative?
7. Sans les formes d'une civilité, où va notre civilisation?

## C. *Exercice*

Passez du comparatif au superlatif.

EXEMPLE: Ce tableau est plus beau que tous les autres.
C'est le plus beau de tous.

1. Cette exposition est plus originale que toutes les autres.

2. Ces photos sont plus belles que toutes les autres.

3. Ce musée était plus intéressant que tous les autres.

4. Cette exposition sera plus réussie que toutes les autres.

5. Ces critiques sont plus sévères que tous les autres.

## D. *Conversation*

QUESTIONS

1. Quel est le matériel employé par les peintres?

2. Aujourd'hui, quelle technique originale les artistes emploient-ils?

3. Qui est votre peintre préféré et pourquoi?

4. Apportez la reproduction d'un tableau que vous aimez et faites-en une description critique à la classe.

5. Pourquoi appelle-t-on Cézanne le père de la peinture moderne?

6. Pourquoi Monet est-il considéré comme le premier des impressionnistes?

7. Quel est le dernier musée que vous avez visité? Racontez cette visite.

VOCABULAIRE À APPRENDRE

Le matériel traditionnel des peintres comprend des **toiles**, des **pinceaux**, des **tubes** de couleur, une **palette** pour **mélanger** les couleurs et un **chevalet**.

Traditionnellement, les peintres font des **paysages**, des **portraits**, des **natures mortes**. Avec l'avénement de la peinture **abstraite**, les sujets et les techniques ont changé; **collages** d'objets divers, **projections** de **sable**, de **gravier**, etc.

Les peintres français sont admirés dans le monde entier. Vous connaissez sûrement Cézanne, devenu le "père de la peinture moderne" lorsqu'il **mit en pratique** sa théorie que "la réflexion modifie la vision." Et puis Monet, bien sûr, car ce fut du titre de son tableau intitulé *Impression, soleil levant* (1874) que vint le nom de l'école *impressionniste* dont il est le représentant le plus typique. Et puis tant d'autres!

Le musée le plus connu est le Louvre. Ancienne résidence des rois de France à Paris, il est devenu musée après la Révolution. On y trouve une des plus riches collections d'**œuvres d'art** du monde. Il **abrite** par exemple la *Vénus de Milo* et la *Joconde*, que l'on appelle en anglais la *Mona Lisa*.

## E. *Controverse*

SUJET DU JOUR: *Ce qu'on peut dire de plus stupide devant un tableau c'est: "qu'est-ce que cela représente?"*

1. Oui. L'art n'a rien à voir avec l'expression de ce qu'il est convenu d'appeler "la réalité." Pourquoi pas tout photographier?

2. Non. L'art abstrait est décadent et de plus, c'est un attrape-nigaud (*fraud, hoax, "put-on"*).

## F. *Exposés*

Choisissez un des sujets suivants et présentez-le soit comme exposé oral, soit comme devoir écrit.

1. Vous possédez un superbe Picasso, alors qu'en faites-vous? Discutez chacune des quatre solutions suivantes:
   a. Vous l'accrochez dans votre chambre.
   b. Vous l'enfermez dans un coffre pour le protéger des voleurs.
   c. Vous le vendez immédiatement pour profiter tout de suite de l'argent.
   d. Vous l'offrez au musée de votre université.

2. Documentez-vous sur la vie d'un de vos peintres préférés et racontez-la de la façon la plus dramatique possible.

3. Préférez-vous accrocher chez vous une reproduction d'un peintre connu ou bien au contraire le tableau qu'un ami a peint pour vous? Donnez vos raisons avec des exemples.

## G. *Comparaison*

Pensez-vous que J. Duché est d'accord avec l'idée de la beauté présentée par Gauguin dans le passage suivant? Quelle idée exprime-t-il? Et vous, êtes-vous d'accord?

Pour bien m'initier au caractère si particulier d'un visage tahitien, à tout ce charme d'un sourire maori,[1] je désirais depuis longtemps faire le portrait d'une de mes voisines, une femme de pure extraction tahitienne.

Je profitai, pour le lui demander, d'un jour qu'elle s'était enhardie jusqu'à venir voir dans ma case[2] des photographies de tableaux. . . . Pendant qu'elle examinait très curieusement quelques tableaux religieux des Primitifs italiens, j'essayai d'esquisser[3] son portrait, m'efforçant surtout de fixer ce sourire énigmatique. Elle fit une moue[4] désagréable, prononça d'un ton presque courroucé:[5] *Aita* (non) et se sauva.

---

[1]Les maoris sont les indigènes de la Nouvelle Zélande.  [2]**la case:** *cabin*.  [3]**esquisser:** *to sketch*.  [4]**la moue:** *pout*.  [5]**courroucé:** fâché.

Une heure après, elle était là de nouveau, parée d'une belle robe, une fleur à l'oreille. Elle était peu jolie, en somme, selon les règles européennes de l'esthétique. Mais elle était belle. Tous ses traits offraient une harmonie raphaélique dans la rencontre des courbes, et sa bouche avait été modelée par un sculpteur qui parle toutes les langues de la pensée et du baiser, de la joie et de la souffrance. Je travaillai en hâte et avec passion.

**PAUL GAUGUIN (1858–1903)**
*Mémoires*

## H. *Thème dirigé*

Are Tahitian women pretty? No, **said**[1] Gauguin. **Not**[2] according to European rules of aesthetics. But they are beautiful because their features show the same curvaceous harmony as is found in the paintings of Raphael.[3] Gauguin wanted to **paint the portrait**[4] of a Tahitian woman and he was struck by her mouth which expressed joy, suffering, thoughts, love. **Such truly human beauty!**[5]

J. Duché complains that today **there is**[6] a dehumanization of art, **as shown by**[7] the cult of ugliness or by a **rejection**[8] of forms which, paradoxically, **leads to**[9] a formalist philosophy that he disapproves of.

1. conclut
2. elles ne le sont pas
3. (traduisez cette phrase comme dans le texte)
4. faire le portrait
5. une beauté si humaine
6. il existe
7. qui se manifeste par
8. refus
9. conduit à

# 3. Beaucoup de bruit pour rien

Un musicien japonais, Toru Takemitsu, qui est joué à Paris cette semaine au Théâtre de la Ville a déclaré: "Je voudrais atteindre à un son aussi intense que le silence." N'étant pas très versé en ces choses, je ne sais pas trop comment il faut entendre ce son. Je suppose que Toru Takemitsu n'a pas voulu parler d'un ultra-son, que l'oreille humaine ne peut percevoir: je pense donc que je dois comprendre que ce musicien cherche un son qui soit le silence. Mais quand je dis "comprendre", je me vante.[1]

Dans la pièce de Pinter *C'était hier*, qui est représentée au Théâtre Montparnasse, presque la moitié du premier acte est faite de silences. La littérature place l'essentiel entre les lignes: le sens profond est celui qui n'est pas dit.

Des peintres, enfin, poussent l'abstraction jusqu'au refus de toute forme. Yves Klein, Fontana peignent des toiles monochromes. Malévitch peint un carré blanc sur fond blanc. Et le nom qu'il a trouvé pour qualifier son entreprise donne la mesure de son ambition: le suprématisme.

Que signifie cette recherche du silence? Il serait facile de s'en débarrasser en disant qu'il ne s'agit là que de décadents sophistiqués.[2] Et ce ne serait pas inexact. Mais ce genre d'ambition se manifeste toujours dans des civilisations à bout de souffle[3] quand elles n'ont plus le goût ni la force d'empoigner le monde extérieur et de le reconstruire en esprit.

Si l'on pense que la fonction de l'art est d'établir la communication entre le visible et l'invisible, puis entre la vision de l'artiste et l'œil du public (pour m'en tenir à la peinture), il est clair que cette esthétique est la négation absolue, l'impasse.[4] Et qu'il y a en elle un mépris des autres assez déplaisant.

---

[1]**se vanter:** *to brag.*   [2]**sophistiqué:** *affected.*   [3]**à bout de souffle:** *dying.*   [4]**l'impasse:** *blind alley, dead end.*

Ses tenants[5] ne doivent pas être si assurés de leur vérité. Sinon, éprouveraient-ils le besoin de la soutenir[6] d'une espèce de terrorisme verbal? Et pourquoi tant de bruit pour vanter le silence? Ils auront beau dire: ils ne persuaderont pas leur public de trouver un plaisir pervers à se cogner la tête contre le mur de l'impasse.

---

[5]**tenants:** *advocates.* [6]**soutenir:** *to support.*

## A. Répétition

Répétez les phrases suivantes en substituant les mots soulignés. Imitez l'accent et l'intonation de votre professeur.

1. Voilà les musiciens qui accordent (*tune*) leurs instruments.
   hautbois / violons / violoncelles

2. Ah! ce Tchaikovski, quel génie!
   Berlioz / Debussy / Ravel / Stravinski

3. Il a une technique infaillible mais il manque de brio.
   force / sensibilité / originalité

4. Il montre une grande sensibilité mais il fait quelques fausses notes.
   il manque d'expérience / il interprète mal Mozart / il massacre Chopin

## B. Questions sur le texte

1. Qu'est-ce qu'un musicien japonnais a déclaré récemment?
2. Où se place l'essentiel dans la pièce de Pinter *C'était hier*?
3. Qu'est-ce qui inquiète l'auteur au sujet de notre civilisation?
4. Quelle devrait être la fonction de l'art?
5. Qu'est-ce qui indique que les tenants de l'esthétique du silence ne sont pas très assurés de leur vérité?
6. Le grand public s'intéresse-t-il à ces recherches?

## C. Exercice

Nous allons vous faire des remarques. Répondez-y en disant soit "Oh! quel dommage" soit "Oh! quelle chance."

1. Ce musicien a massacré Chopin.
2. Le concert annoncé vient d'être supprimé.

3. Voici deux billets que j'ai achetés pour aller à l'Opéra avec vous.

4. Tous les après-midi on va donner des concerts de musique populaire.

5. Cette chanteuse a fait des fausses notes toute la soirée.

## D. *Conversation*

QUESTIONS

1. Quels sont aujourd'hui les trois chanteurs populaires les plus connus? Décrivez leurs qualités respectives.

2. Quels sont les avantages des magnétophones sur les tourne-disques?

3. Quel genre de musique préférez-vous? Expliquez pourquoi.

4. Quel est le dernier disque que vous avez acheté? Pourquoi l'avez-vous choisi?

5. Jouez-vous d'un instrument? Étudiez-vous souvent? (ATTENTION, *to practice* ne se dit pas "pratiquer" mais "étudier".)

VOCABULAIRE À APPRENDRE

L'industrie du **disque** marche merveilleusement bien. Parmi les jeunes, les disques s'appellent des "**tubes**." Les idoles de la jeunesse **enregistrent** des quantités de disques chaque année avec plus ou moins de succès. Chacun possède son **tourne-disque** et très souvent aussi son **magnétophone**. Les **mélomanes** plus **évolués** ont des stéréos compliqués avec des **hauts parleurs** très sensibles. Ils écoutent de la **musique de chambre** et prennent des précautions infinies pour éviter que l'**aiguille raye** le disque.

L'opéra a aussi beaucoup d'**adeptes** et sans doute, Mozart est le **compositeur** le plus **prisé**.

Pour être musicien, il ne suffit pas d'avoir du **goût** pour la musique mais encore faut-il avoir des **dons**. Il faut avoir de l'**oreille**, du **doigté** et pour chanter, **de la voix** et **la voix juste**.

Savez-vous décrire les instruments de musique? L'**archet** du violon, le **clavier** du piano, l'**embouchure** de la trompette, les **baguettes** du tambour, etc.

## E. *Controverse*

SUJET DU JOUR: ***Devrait-on forcer un enfant à faire de la musique?***

Quelle est votre expérience personnelle? Vos parents ont-ils insisté pour que vous fassiez du piano quand vous étiez enfant et vous en ont-ils dégoûté? Au contraire, trouvez-vous qu'ils n'ont pas assez insisté et regrettez-vous leur mollesse?

Les *pour* soutiendront la thèse d'après laquelle on doit insister: l'enfant remerciera plus tard ses parents. Les *contre* soutiendront que si l'enfant est musicien il viendra de lui-même à la musique sans qu'il soit nécessaire de le forcer.

## F. *Exposés*

Choisissez un des sujets suivants et présentez-le soit comme exposé oral, soit comme devoir écrit.

1. Parlez du dernier concert auquel vous avez assisté. Avec qui étiez-vous? Décrivez les musiciens, la salle, l'exécution des morceaux, ce que vous avez fait à l'entracte. Y a-t-il eu des rappels (*encores*)? Que disaient les gens en sortant?

2. Racontez l'histoire du jazz.

3. Aimez-vous danser? Quelles danses en particulier? Pourquoi dansez-vous? Faites-vous de la dance classique? Aimez-vous les ballets classiques? modernes?

## G. *Comparaison*

Croyez-vous, comme l'a dit Debussy, qu'il y a "un divorce entre la Beauté et la vulgarité de la foule"?

Saint Petersbourg, 5 décembre 1913

. . . Le régime de répétitions[1] forcées me rend abominablement nerveux. Rien ne me fatigue davantage que de ne pouvoir communiquer directement avec l'orchestre. Mon traducteur est un M. Zetlin que j'ai connu dans le temps[2] chez la princesse de Cistria. Il est gentil et "debussyste" intransigeant. Un autre, M. Forter, un Français qui a eu des malheurs,[3] se partage avec Zetlin le soin de répandre ma parole . . . C'est à celui qui[4] en attrapera le plus, et voilà maintenant qu'ils sont jaloux l'un de l'autre.

*La Mer* est absolument au point.[5] Je t'assure que c'est du beau travail. J'ai décidé que l'on ne jouerait pas *Printemps* dans ce programme; il apporterait une fausse couleur, et il ne pouvait être question que le public puisse se rendre compte si j'avais, ou non, fait des progrès.[6]

Le matériel des *Nocturnes* est rempli de fautes. J'ai travaillé hier soir, jusqu'à deux heures du matin avec le copiste de Koussevitsky[7] pour tâcher de le mettre en état. Ce sont les petites misères du métier; il faut les supporter sans grogner.

CLAUDE DEBUSSY (1862–1918)
*Lettres à sa femme Emma*

---

[1]**répétition:** *rehearsal.*   [2]**dans le temps:** il y a quelque temps.   [3]**le malheur:** *bad luck, misfortune.*   [4]**c'est à celui qui:** *each one tries.*   [5]**au point:** *in fine shape.*   [6]*Le Printemps* fut écrit en 1886 mais réorchestré en 1908; le public russe n'ayant pas entendu la première version ne pourrait pas, en effet, faire de comparaison.   [7]célèbre chef d'orchestre russe.

## H. *Thème dirigé*

**Debussy did not enjoy being a conductor.**[1] He had **agreed**[2] to go to Russia only because he needed money. There, he directed several of his works, particularly *La Mer*. **While he was away,**[3] he wrote many letters to his wife, telling her **how much he missed her.**[4]

Debussy's ideas about music can be found mainly in the **columns**[5] he wrote for different newspapers. In *La Revue Blanche*, for instance, he **wrote about**[6] Wagner, **saying**[7] that he had never been tempted to imitate him: "I am looking for **another kind of dramatic impact.**"[8] He wrote many articles for *Gil Blas* in which he mentioned "the eternal divorce between beauty and the vulgarity of the masses."[9]

1. le rôle de chef d'orchestre déplaisait à Debussy

2. accepté

3. pendant son absence

4. combien elle lui manquait

5. chroniques

6. il parlait de

7. et disait

8. une autre force dramatique

9. des foules

# VII LES DISTRACTIONS

1. **Les Français et la lecture**

2. **Les jeunes et la télévision**

3. **Faites du sport**

"Gutemberg mit le savoir en conserve."
J. DUCHÉ

~~~~~~~~~~~~~~~~~~~~~~~~~~~~~~~~~~~~~~~

# 1. Les Français et la lecture

J'ai souvent entendu soutenir que la radio et la télévision développaient le goût de la lecture. On citait à l'appui[1] certaines émissions[2] littéraires au lendemain desquelles les gens se précipitaient chez les libraires; ou le développement des éditions de poche qui touchent une masse nouvelle. Qu'en est-il exactement?

Ne nous laissons pas impressionner par les tirages[3] de certains "poches" ni par les quatre ou cinq succès de librairie annuels, ni par les livres proposés par correspondance dont la vente ne cesse de croître. Que sept Français sur dix n'achètent jamais un livre et que plus d'un Français sur deux n'en lisent jamais un, voici qui est impressionnant.

Ce n'est pas qu'ils soient analphabètes;[4] ce n'est pas que le livre coûte cher; alors pourquoi les Français lisent-ils si modestement? Je sais bien qu'ils disent: on n'a pas le temps, Et pourquoi ne l'a-t-on pas, ce temps? Parce que la télévision le prend. C'est tellement plus reposant de regarder des images! L'acte de lire, qui contient sa récompense, exige un effort d'isolement, de réflexion, une rentrée en soi-même dont, pendant des millénaires, seuls quelques clercs[5] furent capables. Les autres recevaient leurs informations ou leurs émotions par la parole — celle des hérauts[6] ou des tambours de ville,[7] des prédicateurs[8] ou des bateleurs.[9]

Là-dessus, Gutenberg mit le savoir en conserve. Imprimé, stocké, distribué, le savoir était universel et impérissable. Mais ce merveilleux instru-

---

[1]**à l'appui**: pour soutenir; *in support (of the argument)*. [2]**émission**: *broadcast*. [3]**tirage**: *printing*. [4]**analphabète**: *illiterate*. [5]**clerc**: personne instruite (archaïque). [6]**le héraut**: *herald*. [7]**tambour de ville**: crieur public qui annonçait les messages après un roulement de tambour. [8]**prédicateur**: *preacher*. [9]**bateleur**: acrobate des places publiques.

ment fabriqua des hommes de plus en plus cérébralisés.[10] Ainsi, l'imprimerie qui était apparue comme le moyen de communiquer la pensée au plus grand nombre se rétrécit à l'usage de quelques clercs sophistiqués. Il semble que les écrivains d'aujourd'hui soient des aristocrates pessimistes, bien assurés que "les autres" sont des idiots.

Je pense, tout au contraire, que l'intelligence, le désir de réfléchir et de comprendre, s'ils ne sont certes pas universels, sont assez largement répandus qu'ils se rencontrent dans tous les milieux; et que, pour un écrivain, établir la communication avec ces esprits est un devoir et un bonheur.

---

[10]**cérébralisé**: dont les activités sont uniquement localisées dans le cerveau (*brain*).

## A. *Répétition*

Répétez les phrases suivantes en substituant les expressions indiquées. Imitez l'accent et l'intonation de votre professeur.

1. Ne nous laissons pas impressionner par les gros tirages.
   les pessimistes / la publicité / les écrivains d'aujourd'hui
2. Ce n'est pas qu'ils soient idiots.
   stupides / ignorants / analphabètes
3. C'est tellement plus reposant de regarder des images.
   regarder la télévision / lire des bandes dessinées / aller au cinéma
4. Ce roman m'a ému jusqu'aux larmes.
   cette nouvelle / ce film / cette pièce de théâtre

## B. *Questions sur le texte*

1. Qu'est-ce qu'on entend dire pour défendre la télévision?
2. En réalité, quelle est la proportion des Français qui n'achètent jamais un livre?
3. Et combien n'en lisent jamais un?
4. Pourquoi préfère-t-on la télévision?
5. Jusqu'à l'invention de l'imprimerie, comment le peuple recevait-il ses informations?
6. Comment, au début, l'imprimerie est-elle apparue?
7. Malheureusement, qu'est-ce qui s'est passé?
8. Quel devrait être le devoir et le bonheur d'un écrivain?

## C. *Exercice*

Apprenez à vous servir de **plaire** au lieu de **aimer.**

EXEMPLE: J'ai beaucoup aimé votre dernier roman.
Votre dernier roman m'a beaucoup plu.

1. J'aime beaucoup votre dernier livre.
2. Ma mère aime beaucoup votre dernier livre.
3. Ma mère a beaucoup aimé votre dernière pièce de théâtre.
4. Je crois qu'elle aimera cela.
5. Je crois qu'elle aimera beaucoup votre ami.
6. Je crois qu'elle aimait beaucoup votre ami.
7. Mon père aimait beaucoup vos livres.
8. Je ne crois pas que Pierre aime Suzanne.

## D. *Conversation*

QUESTIONS

1. Quelle est la différence entre les romans et les nouvelles?
2. Quelle est la différence entre la fiction et les documents?
3. Autrefois, comment distinguait-on la prose des vers?
4. En France, quels sont les livres qui se vendent le mieux? Et chez vous?
5. Quel est le dernier livre que vous avez lu? Dans quelle catégorie le placez-vous?
6. Quelles sont les revues que vous avez le plus de plaisir à lire et pourquoi?
7. Il existe des cours destinés à augmenter la rapidité de lecture. En avez-vous suivi? Qu'y avez-vous appris?

VOCABULAIRE À APPRENDRE

Avec notre manie de classifier, nous faisons la distinction entre les **romans** (longs) et les **nouvelles** (courtes); la **fiction** (ouvrage d'imagination) et le **document** (ouvrage d'information). Et puis vous avez les livres **classiques** et la littérature **populaire.** Autrefois, on distinguait sans peine la **prose** des **vers.** Aujourd'hui, c'est plus difficile. La prose est poétique et les vers ne **riment** plus!

En France, ce sont les **romans policiers** qui se vendent le mieux. Les romans de la *Série Noire*, publiés par Gallimard et dont beaucoup sont **traduits** de l'anglais ont un **succès fou.** La **science fiction**, la pornographie, les sciences **occultes**, etc. sont **représentées** dans les librairies des gares et des aéroports.

Ce qui se vend très bien aussi, ce sont les **revues** consacrées à la mode, aux sports, à l'actualité politique et aux **faits divers.**

Il y a bien des façons de lire: il y a des gens qui **dévorent** livre après livre, sans cesse "**le nez dans un bouquin.**" Il y en a d'autres qui **se délectent** à analyser le style et les pensées d'un **ouvrage** et qui le **savourent** à petites **doses.**

## E. *Controverse*

Sᴜᴊᴇᴛ ᴅᴜ ᴊᴏᴜʀ:  *Est-il possible de filmer un roman?*

Les *oui* soutiendront que l'histoire gagne toujours à être filmée, car les images parlent davantage. Les *non* y verront plutôt un sacrilège.

## F. *Exposés*

Choisissez un des sujets suivants et présentez-le soit comme exposé oral, soit comme devoir écrit.

1. Décrivez la bibliothèque de votre université: les salles de lecture, les rayons (*stacks*), le personnel, etc.
2. Quels sont les trois livres que vous emporteriez sur une île déserte? Pourquoi?
3. Qui est-ce qui vous a appris à lire? Quand, comment, où?

## G. *Comparaison*

Les deux textes de cette leçon s'élèvent contre le pédantisme. Expliquez comment.

L'étude des textes ne peut jamais être assez recommandée; c'est le chemin le plus court, le plus sûr et le plus agréable pour tout genre d'érudition. Ayez les choses de la première main; puisez à la source; maniez, remaniez le texte, apprenez-le de mémoire, citez-le dans les occasions, songez surtout à en pénétrer le sens dans toute son étendue et dans ses circonstances;[1] conciliez[2] un auteur original, ajustez[3] ses principes, tirez vous-même les conclusions . . . . Achevez ainsi de vous convaincre, par cette méthode d'étudier, que c'est la paresse des hommes qui a encouragé le pédantisme[4] à grossir plutôt qu'à enrichir les bibliothèques, à faire périr le texte sous le poids des commentaires; et qu'elle a en cela agi contre soi-même et contre ses plus chers intérêts en multipliant les lectures, les recherches et le travail qu'elle cherchait à éviter.

**LA BRUYÈRE (1645–1696)**
*Les Caractères*

---

[1]**circonstances:** détails.   [2]**conciliez:** faites accorder entre elles les pensées de l'auteur.
[3]**ajustez:** mettez en lumière.   [4]**le pédantisme:** ici, les ouvrages de critique littéraire.

## H. *Thème dirigé*

J. Duché denounces the pedantry **found in**[1] snobbish and pessimistic writers who write only for **affected**[2] readers. La Bruyère, three centuries **earlier**[3] **denounced**[4] critics who **were destroying**[5] **original writing**[6] under the weight of their commentaries.

Between the difficult author and the erudite critic, where do you place the **translator**?[7] **How accurate will he be**?[8] **How skillful**?[9]

For you, French students, the message is clear: learn the language, read the text yourself and form your own opinion. **Down with**[10] secondary sources.

1. chez

2. sophistiqués

3. auparavant

4. dénonçait

5. faisaient périr

6. les textes

7. traducteur

8. quelle sera son exactitude

9. son habileté

10. à bas

~~~~~~~~~~~~~~~~~~~~~~~~~~~~~~~~~~~~~~~~

# 2. Les jeunes et la télévision

La télévision? Une catastrophe familiale. La télévision? Pour les enfants, c'est merveilleux. La télévision? Ils passent leur vie devant le poste, complètement abrutis. La télévision? Cela leur ouvre l'esprit. La télévision est donc le meilleur et le pire.

Comme j'ai une certaine facilité à tourner le bouton, la télévision ne me pose pas de problèmes personnels, mais je conçois qu'elle puisse en poser dans les familles où il y a de jeunes enfants. C'est pourquoi je crois utile de faire écho à un petit livre intitulé *Les jeunes et la télévision* (Éditions Fleurus), où Mme Elisabeth Gerin, par ses fonctions de conseillère psychologique, a interrogé beaucoup de parents. Elle cite des réponses: "Avec la télévision, on a la paix; devant le poste, ils sont tranquilles." "J'attends, pour aller faire mes achats, le début d'une émission.[1] N'importe laquelle. Et je sors tranquillement. Mes enfants (cinq et huit ans) s'installent devant le poste et ne bougent plus." On comprend aisément les raisons de ces mères. Elles n'en sont pas moins une démission.[2] L'auteur cite des cas précis, donne des conseils pratiques.

Qu'il soit nécessaire de choisir une émission, et que cela soit difficile, cette anecdote en est la preuve. "Moi, je n'aurai pas d'enfants," a déclaré avec autorité Sylviane, dix ans. Ses parents l'ont regardée stupéfaits et ont été longs à se rappeler que Sylviane avait suivi à leurs côtés l'émission "Faire face" et que Sylviane avait été bouleversée, sans bien comprendre, par le désespoir d'une jeune femme au cours d'une visite prénatale.[3] M. et Mme C. ne supposaient pas qu'une émission généreuse et bien réalisée pourrait

---

[1]**émission:** le programme est l'ensemble des émissions. [2]**démission:** renoncement. [3]**visite prénatale:** visite faite au médecin par une future mère avant la naissance de son bébé.

impressionner à ce point leur petite fille. Aujourd'hui, leur fils Paul leur présente son carnet de notes. La note en composition de maths[4] (depuis longtemps sa bête noire[5]) est bien meilleure que d'ordinaire. Enchanté, M. C. félicite son fils. "Il faut bien que je fasse des progrès en maths si je veux devenir médecin!" Il avait décidé de soigner[6] les autres en entendant parler les médecins pendant la même émission.

Cette ambivalence se retrouve sur tous les plans. Avec la télévision on ne lit plus; mais elle rassemble tout le monde le soir, à la maison. Il n'y a plus de conversation; mais les émissions apportent des sujets à commenter. Elle enferme chacun chez soi; mais les images sont l'occasion d'émotions partagées.

Entre parents et enfants, peut-être le bon usage de la télévision commence-t-il dans le choix en commun des programmes pour s'achever dans un échange de réflexions. Par quoi elle aiderait beaucoup les parents à connaître leurs enfants.

---

[4]**composition de maths:** *math test.*    [5]**la bête noire:** ce qu'on déteste et craint le plus.
[6]**soigner:** *to care for, cure.*

## A. *Répétition*

Étudions quelques conjonctions. Répétez les exemples en faisant les substitutions indiquées.

*Conjonctions avec l'indicatif*

1. **Depuis que** nous avons la télévision, personne chez nous ne lit plus.
   ne parle plus / ne va plus au cinéma / ne se couche plus avant minuit

2. **Chaque fois** que je regarde la télévision, je m'endors.
   je m'assoupis / je me sens coupable / j'ai mal à la tête

3. **Pendant que** les enfants regardent la télévision, ils sont sages.
   ils nous laissent la paix / ils ne font pas de bruit / ils ne cassent rien

*Conjonctions avec le subjonctif*

4. **Avant que** nous achetions la télévision vous pourrez attendre longtemps.
   vous serez obligé de nous prêter de l'argent / de longues années s'écouleront / il faudra que les programmes s'améliorent

5. Penchez-vous un peu à gauche **pour que** je puisse voir l'écran.
   regarder la publicité / voir le film / distinguer les acteurs

6. Je ne mets jamais la télévision **sans qu'**il se fâche.
   s'endorme / s'assoupisse / s'en aille / fasse des réflexions désagréables

## B. *Questions sur le texte*

1. Qu'est ce qui amène l'auteur à dire que la télévision est à la fois le meilleur et le pire?

2. Pourquoi Mme Gerin a-t-elle interrogé beaucoup de parents?

3. Quelles sont les conclusions de son livre?

4. Quelle a été la réaction de Sylviane à l'émission "Faire face"?

5. De quoi parlait cette émission?

6. Quelle a été au contraire la réaction du frère de la fillette?

7. Quels sont les autres aspects de l'ambivalence de la télévision?

8. D'après l'auteur, comment doit-on utiliser la télévision?

## C. *Exercice*

Distinguez **à cause de** employé avec un nom de **parce que** employé avec un verbe. Remplacez l'un par l'autre dans les phrases suivantes. Attention, il faudra changer un peu la phrase!

EXEMPLE: Il a de mauvaises notes à cause de sa longue maladie.
Il a de mauvaises notes parce qu'il est malade depuis longtemps.

Il a de mauvaises notes à cause de la télévision.
Il a de mauvaises notes parce qu'il regarde trop souvent la télévision.

1. Il a de mauvaises notes à cause du tennis.

2. . . . . à cause des livres policiers.

3. . . . . à cause de ses nombreux voyages.

4. . . . . à cause de la sévérité de ses professeurs.

5. . . . . à cause de son amour passionné de la musique.

6. . . . . à cause de sa trop longue absence.

## D. *Conversation*

| QUESTIONS | VOCABULAIRE À APPRENDRE |
|---|---|
| 1. Citez trois avantages de la télévision. | Les **informations** sont très suivies à la télévision. Vous pouvez les écouter à 13 heures, à 20 heures et à 23 heures. On vous donne les **actualités** régionales, les **nouvelles** du jour avec commentaires appropriés et naturellement, la **météo**. |
| 2. Citez trois dangers de la télévision. | |
| 3. Quel est le premier programme | |

de télévision que vous vous rappelez avoir suivi régulièrement avec intérêt? L'influence de ce programme a-t-elle été bonne ou mauvaise? Pourquoi?

4. Décrivez le programme favori des enfants d'aujourd'hui. Et celui des adultes.

5. Voici un jeu: Chaque étudiant devra avoir choisi une réclame à la mode aujourd'hui. Présentez-la en français et laissez la classe deviner de quoi il s'agit.

Autrement, vous avez des **films**, des **émissions-jeu**, des cours pour les étudiants (Télé-bac, par exemple) et souvent des émissions de **variétés**.

La télévision française qui, longtemps, a été **régie** par l'État est maintenant gérée par plusieurs sociétés privées concurrentes. Comme aux États-Unis, on y fait de la **publicité** avec toutefois une certaine différence. Les **réclames** n'interrompent pas les programmes. Vous n'êtes jamais interrompu à l'instant le plus passionnant pour entendre les **louanges** d'une **marque de savon**, d'une **lame de rasoir** d'un **produit d'entretien des parquets**. Toute la publicité a lieu avant le film, même si celui-ci dure deux heures.

Les **téléspectateurs s'abonnent** souvent à des revues qui donnent les horaires et programmes des émissions et qui les critiquent.

## E. *Controverse*

Sujet du jour: *La télévision est-elle un bienfait ou une catastrophe?*

## F. *Exposés*

Choisissez un des sujets suivants et présentez-le soit comme exposé oral, soit comme devoir écrit.

1. Télévision ou cinéma: avantages et inconvénients respectifs.

2. Quels sont les acteurs, animateurs, personnalités de la télévision à la mode en ce moment? Expliquez les raisons de leur vogue.

3. Faites un rapport sur la violence à la télévision et ses conséquences.

## G. *Comparaison*

Comparez l'opinion de Rousseau sur "le comédien" avec la popularité dont jouissent les acteurs aujourd'hui.

Qu'est-ce que le talent du comédien?[1] L'art de se contrefaire,[2] de revêtir[3] un autre caractère que le sien, de paraître différent de ce qu'on est, de se passionner de sang-froid,[4] de dire autre chose que ce qu'on pense aussi

---

[1] **le comédien:** *actor.* [2] **se contrefaire:** *to disguise oneself.* [3] **revêtir:** *to assume, take on.* [4] **de sang-froid:** *in cold blood.*

naturellement que si on le pensait réellement, et d'oublier enfin sa propre place à force de prendre celle d'autrui. Qu'est-ce que la profession du comédien? Un métier par lequel il se donne en représentation pour de l'argent, se soumet à l'ignominie et aux affronts qu'on achète le droit de lui faire, et met publiquement sa personne en vente. J'adjure tout homme sincère de dire s'il ne sent pas au fond de son âme qu'il y a dans ce trafic de soi-même quelque chose de servile et de bas.

Vous autres philosophes qui vous prétendez si fort au-dessus des préjugés, ne mourriez-vous pas tous de honte si, lâchement travestis en rois, il vous fallait aller faire aux yeux du public un rôle différent du vôtre, et exposer vos majestés aux huées[5] de la populace?[6] Quel est donc, au fond, l'esprit que le comédien reçoit de son état? Un mélange de bassesse,[7] de fausseté, de ridicule orgueil, et d'indigne avilissement,[8] qui le rend propre à toutes sortes de personnages, hors[9] le plus noble de tous, celui d'homme qu'il abandonne.

JEAN-JACQUES ROUSSEAU (1712–1778)
*Lettre à d'Alembert sur les spectacles*

---

[5]**les huées:** *booing.*     [6]**la populace:** *the mob.*     [7]**la bassesse:** *vileness.*     [8]**l'avilissement:** *debasement.*     [9]**hors:** *outside of, except.*

## H. *Thème dirigé*

**Around**[1] the middle of the eighteenth century, the famous philosopher d'Alembert, who had written the article about Geneva in the *Encyclopédie*, was encouraging the **Genovese people**[2] to establish a theater in their city. Geneva was then under the influence of Protestant puritanism; the theater was considered immoral, and **to be an actor was supposed to lead**[3] to eternal damnation.

**At that time**[4] Rousseau was developing his theory that civilization is the cause of evil and decadence in societies, and **he wrote**[5] d'Alembert the famous letter from which you have just read an excerpt.

When **you read more of it,**[6] you will notice that **even though**[7] he was against the theater in general and against Molière's plays in particular, Rousseau **nevertheless**[8] encouraged dancing **among**[9] young people. Strange, isn't it?

1. vers

2. genevois

3. le travail de comédien devait le conduire

4. c'est alors que

5. il écrivit (mettez le passé simple qui donne plus d'élégance à la narration)

6. quand vous en lirez davantage (n'oubliez pas le futur après *quand*)

7. bien que

8. néanmoins

9. chez

# 3. Faites du sport

J'ai suivi, l'autre soir, à la télévision, la confrontation du ministre de l'Éducation Nationale et de quatre journalistes, avec une grande attention et un faible espoir.

Le ministre a découvert que dans un lycée et dans un C.E.S.[1] de la région des Alpes, les classes dont les élèves faisaient du sport régulièrement donnaient des résultats scolaires infiniment supérieurs. On n'en croit pas ses oreilles! Voilà plus de vingt ans que la démonstration avait été faite au lycée de Vanves. En mars 1968, Monsieur Peyrefitte, alors ministre de l'Éducation Nationale, m'avait dit qu'il avait décidé de créer, à la rentrée[2] de la même année, dans cent lycées pilotes, le tiers-temps[3] sportif.

Pourquoi ce projet est-il tombé dans les oubliettes?[4] Parce qu'il faut former les instituteurs à la pédagogie physique. Je veux bien que certains, un peu rouillés par l'âge aient des difficultés. Mais au train[5] où nous allons les élèves du secondaire n'auront pas avant l'an 2000 leurs cinq heures d'éducation physique et de sport par semaine. Il faudrait tripler le nombre des professeurs de gymnastique (pour le nombre actuel d'élèves), c'est-à-dire qu'il en faudrait, j'imagine, cinq fois plus dans vingt ans.

Alors là, je demande: Qu'est-ce qui empêche les professeurs de maths, de lettres, etc. de faire du sport avec leurs élèves, s'ils ne sont pas manchots?[6] J'ai été professeur-assistant dans une grammar-school près de Birmingham, l'équivalent, en Angleterre, d'un lycée. Pour cinq cent élèves, il n'y avait

---

[1]**C.E.S.:** Collège d'enseignement secondaire, correspondant au *junior high*.   [2]**la rentrée:** le premier jour de classes après les vacances.   [3]**le tiers-temps:** un tiers (1/3) du temps passé à l'école serait consacré aux sports.   [4]**les oubliettes:** prison souterraine où on enfermait autrefois les prisonniers pour toujours: on les y oubliait.   [5]**au train:** *at the rate.*   [6]**manchot:** à qui il manque un bras.

qu'un prof de gym, mais tous les professeurs valides et pas trop vieux jouaient au rugby ou au cricket, etc. Et je vous jure qu'ils étaient aimés et respectés dans leurs classes. Et vous, les parents, craindriez-vous que les études de vos enfants n'en souffrent, quand le contraire est démontré? Nous sommes tous coupables de mal aimer notre corps.

Quand nos athlètes rapportent des Jeux Olympiques d'hiver ou d'été plus de vestes[7] que de médailles, quand notre équipe de rugby est battue, la France prend le deuil.[8] Et il suffit que quelques champions triomphent pour que des millions de Français se croient sportifs. Nous avons oublié que le sport n'est pas un porte-drapeau[9] mais un jeu, une joie, une santé.

---

[7] **une veste:** une défaite (aux sports ou en politique).    [8] **prendre le deuil:** *go into mourning.*
[9] **porte-drapeau:** ici, la démonstration d'une supériorité nationale.

## A. *Répétition*

Répétez les phrases suivantes en substituant les mots soulignés. Imitez l'accent et l'intonation de votre professeur.

1. Donnez-nous des stades et nous triompherons aux Jeux Olympiques.
   des courts de tennis / des piscines / des terrains de sport

2. Il faudrait tripler le nombre des professeurs.
   doubler / réduire / décupler / multiplier par vingt

3. Le médecin m'a recommandé de faire du sport.
   faire de la marche / faire du tennis / faire de la course à pied

4. Allons tous applaudir notre équipe de rugby!
   nos coureurs cyclistes / nos champions triomphants / les nageurs de l'équipe de France

## B. *Questions sur le texte*

1. Quel programme y avait-il hier soir à la télévision?
2. Quelle découverte le ministre de l'Éducation Nationale a-t-il faite?
3. Pourquoi J. Duché dit-il qu'on n'en croit pas ses oreilles?
4. Pourquoi le projet du tiers-temps sportif est-il tombé dans les oubliettes?
5. D'après l'auteur, qui est-ce qui devrait aider les professeurs d'éducation physique?
6. Comment devrions-nous imiter l'Angleterre?

7. Pourquoi les parents ne devraient-ils pas craindre que les études de leurs enfants en souffrent?

8. Qu'arrive-t-il trop souvent aux athlètes français?

9. Alors quelle est la réaction de la France entière?

10. Au contraire, quelle conclusion les Français tirent-ils des rares succès de leurs athlètes?

## C. *Exercice*

Adressez-vous à des athlètes d'après les instructions données.

EXEMPLE: Dites à cet athlète de s'entraîner.
Entraînez-vous.

1. Dites à ces joueurs de tennis de
   a. maigrir
   b. se procurer de meilleures balles
   c. se faire inscrire au club
   d. ne pas se servir des courts quand il a plu
   e. ne pas mettre de chaussures à semelles dures.

2. Demandez à ce nageur
   a. quel est son record
   b. où il s'entraîne
   c. s'il s'entraîne tous les jours
   d. quand il a commencé à nager
   e. ce qu'il emploie comme lotion solaire

3. Demandez à ce champion de ski
   a. depuis quand il fait du ski
   b. de vous signer un autographe
   c. de se laisser photographier
   d. s'il accepterait de donner des leçons
   e. s'il s'habitue à la publicité

## D. *Conversation*

| QUESTIONS | VOCABULAIRE À APPRENDRE |
|---|---|
| 1. Citez au moins trois jouets de plein air. | Quand est-ce qu'un **jeu** devient un **sport** et quand est-ce qu'un sport devient de la **compétition**? |
| 2. Quels accessoires de sport possédez-vous? | Les **ballons, tricycles, cordes à sauter, balançoires** sont des **jouets**. Mais quand vous |

3. Considérez-vous, comme tant de Français, qu'une automobile est un accessoire de sport ou bien, à votre avis, n'est ce qu'un moyen de transport?

4. Quelle importance les sports d'équipe ont-ils dans votre université?

5. Êtes-vous membre d'une équipe? Laquelle? Racontez le dernier match que vous avez gagné.

6. Faites-vous de l'exercice régulièrement? Quoi par exemple? Quelle a été votre performance la plus sensationnelle?

7. Est-ce un honneur d'être animateur (*cheer-leader*)? Quels sont les avantages et les inconvénients de cette fonction?

vous servez de **skis**, d'**accessoires** de golf, d'une **raquette** de tennis, d'un **bateau à voile**, alors c'est que vous faites du sport. Quand on introduit des spectateurs, on commence à parler de compétition.

Aux États-Unis, les sports d'**équipe** sont très **prisés:** Des milliers de spectateurs assis sur les **gradins** assistent à des matchs de football (ce qu'on joue à l'étranger s'appelle *soccer* aux États-Unis).

Certains sports sont connus seulement dans un pays ou deux, comme le baseball qui est particulier aux E.U. et au Japon, le cricket à l'Angleterre, la **pétanque** (sorte de jeu de boules) au sud de la France. Par contre, tout le monde aime le basketball, le tennis, la **natation**. La **course** de bicyclette a la réputation d'être un sport populaire tandis que l'**équitation** serait plus aristocratique.

Assistez-vous souvent à un match? Les **entraîneurs** et les **arbitres** sont des personnages importants. Des **animateurs** et **animatrices** encouragent la foule à **pousser des hurlements**.

## E. *Controverse*

SUJET DU JOUR: *Les sports devraient être obligatoires à l'université pour toute personne bien portante.*

Trouvez au moins trois raisons *pour* ou trois raisons *contre*.

## F. *Exposés*

Choisissez un des sujets suivants et présentez-le soit comme exposé oral, soit comme devoir écrit.

1. Avez-vous appris un certain sport récemment? Racontez vos efforts, vos premiers pas, vos succès s'il y en a.

2. Quels cours de gymnastique avez-vous suivis à l'école ou suivez-vous maintenant? Au point de vue médical, quels sont les bienfaits de ces cours?

3. Faites le compte-rendu d'un match de football ou de basketball dans le style journalistique. (Imaginez que votre équipe a remporté un succès

éclatant ou au contraire, que vous avez été battus "à plate couture.")
Vous pouvez vous inspirer du compte-rendu du journal local.

## G. *Comparaison*

Les sports recommandés par Rousseau dans le passage suivant auraient-ils
du succès aujourd'hui, deux siècles plus tard?

Plantez au milieu d'une place un piquet[1] couronné de fleurs, rassemblez-y
le peuple, et vous aurez une fête. Faites mieux encore: donnez les spectateurs
en spectacle; rendez-les acteurs eux-mêmes; faites que chacun se voie et
s'aime dans les autres, afin que tous soient mieux unis. Je n'ai pas besoin de
renvoyer aux jeux des anciens Grecs: il en est de plus modernes, il en est
d'existant encore, et je les trouve précisément parmi nous. Nous avons tous
les ans des revues,[2] des prix[3] publics, des rois de l'arquebuse,[4] du canon,[5]
de la navigation.[6] On ne peut trop multiplier des établissements[7] si utiles et
si agréables, on ne peut trop avoir de semblables rois. Pourquoi ne ferions-
nous pas, pour nous rendre dispos[8] et robustes, ce que nous faisons pour
nous exercer aux armes? La République[9] a-t-elle moins besoin d'ouvriers[10]
que de soldats? Pourquoi, sur le modèle des prix militaires, ne fondrions-
nous pas d'autres prix de gymnastique pour divers exercices du corps?
Pourquoi n'animerions-nous pas nos bateliers[11] par des joutes[12] sur le lac?[13]
Y aurait-il au monde un plus brillant spectacle que de voir sur ce vaste et
superbe bassin des centaines de bateaux élégamment équipés partir à la fois
au signal donné, pour aller enlever un drapeau arboré[14] au but,[15] puis servir
de cortège[16] au vainqueur revenant recevoir le prix mérité?

JEAN-JACQUES ROUSSEAU (1717–1778)
*Lettre à d'Alembert sur les spectacles*

---

[1]**piquet**: *pole*.  [2]**revues**: défilés (*parades*).  [3]**prix**: *award*.  [4]**roi de l'arquebuse**: *champion
of musketry*.  [5]**canon**: *gun shooting*.  [6]**navigation**: *boating*.  [7]**établissements**: *nominations*.
[8]**dispos**: *fit*.  [9]la République de Genève où demeurait Rousseau.  [10]**ouvriers**: ici, ceux qui
travaillent pour la gloire de la République.  [11]**bateliers**: *boatmen*.  [12]**joutes**: *tournaments,
jousts*.  [13]le lac Léman, dit lac de Genève.  [14]**arboré**: *hoisted*.  [15]**le but**: *goal*.  [16]**servir
de cortège**: *form a procession*.

## H. *Thème dirigé*

If Rousseau **were to**[1] come back today,
what would he think of the violence that
children can watch on television? **And what
about**[2] the violence and pornography that
we can see **at neighborhood theatres**?[3]

1. devait

2. et que dire de

3. aux cinémas de quartier

**Maybe**[4] he would like televised sports, **though.**[5] All those nice young people **competing at**[6] basketball, tennis, golf. Today there are **water tournaments,**[7] **parades,**[8] **award ceremonies.**[9] Moreover, what is better for the soul than a Saturday afternoon at the football **stadium**?[10]

Rousseau mentioned the ancient Greeks. Well, we have the Olympic games with their **pageantry,**[11] symbolizing a **healthy**[12] spirit of competition and fraternity. As Rousseau would have said: "Where in all the world is there a more brilliant spectacle?"

4. peut-être (à mettre après le verbe)

5. pourtant (à mettre au début de la phrase)

6. disputant des matchs de

7. jeux nautiques

8. défilés

9. distributions de prix

10. le stade

11. fastes (*m.pl.*)

12. salutaire

# VIII L'ÉCONOMIE

1. **Le travail, c'est la santé?**

2. **Payer par chèque**

3. **Les collectionneurs**

NOUS NE SOMMES PAS DES POUPÉES!

"Les femmes ont bien le droit d'exercer un métier si elles y trouvent une satisfaction personnelle."
J. DUCHÉ

# VIII L'ÉCONOMIE

## 1. Le travail, c'est la santé?

Les femmes qui travaillent font des dépressions nerveuses. Les médecins du travail,[1] réunis à Lille[2] en leurs "journées nationales", ont constaté le fait. Les hommes, eux aussi, ont leurs faiblesses, mais pas les mêmes: ils sont plus exposés à l'ulcère de l'estomac ou à l'infarctus. Chez les femmes, ce sont les nerfs qui craquent. Faut-il s'en étonner, quand on sait qu'une mère de famille qui exerce un métier, après ses huit heures d'usine, de bureau ou de magasin, doit encore aller au ravitaillement, s'occuper du dîner, de la vaisselle, et s'il lui reste un moment, de ses enfants et de son mari. Ajoutez à cela pour Paris, une heure, deux heures, parfois trois heures de trajets quotidiens: un tiers de ces modernes esclaves avouent ne pas pouvoir dormir huit heures par nuit.

On comprend que les femmes chargées d'enfants — c'est-à-dire celles qui ont le plus besoin de gagner de l'argent — soient les moins nombreuses à le faire: la main-d'œuvre féminine se recrute surtout chez les moins de vingt-cinq ans et les plus de quarante ans. Malgré ce lourd handicap, un tiers de la main-d'œuvre est féminine.

Quelles solutions? La femme au foyer? 85 % des femmes qui exercent un métier déclarent le faire par nécessité économique. Les médecins du travail ont souhaité:

— que les patrons se souviennent davantage des conditions de travail, du confort, de l'hygiène de leur établissement;

— que les femmes puissent prendre une semaine de vacances d'hiver;

— le repos complet du samedi;

— et une "pause gymnastique" quotidienne qui détende leurs nerfs.

---

[1]Les médecins du travail s'occupent de la santé des travailleurs des entreprises. Ils sont appointés par les employeurs.   [2]**Lille**: ville industrielle du nord de la France.

133

Tout cela me paraît excellent, mais ne va pas aux causes du mal. D'abord, que de temps perdu dans les transports! Le temps ne peut être économisé que par l'abondance des logements qui permettrait de choisir son lieu de résidence près de son lieu de travail. Il faudrait aussi une accélération énorme des autobus, le métro étant déjà saturé. Surtout, je demande la journée continue[3] à l'école comme à l'usine: le repas de midi qu'elles ne peuvent éviter de préparer contribue tant au surmenage des femmes. Enfin, un travail à mi-temps[4] bien conçu permettrait dans certains cas de récupérer et de garder dans le circuit économique ces femmes de vingt-cinq à quarante ans, les plus productives, et qui ont le plus besoin de travailler. Inutile de souligner[5] ce que tous et toutes y gagneraient sur le plan humain.

---

[3] **la journée continue:** on travaillerait de 9$^h$ à 17$^h$ avec une demi-heure seulement pour déjeuner. À présent, sauf dans les grands magasins de Paris où on veut attirer la clientèle étrangère, tout ferme entre midi et deux heures. On déjeune longuement et copieusement, mais qui est-ce qui fait la cuisine? [4] **mi-temps:** *part time.* [5] **inutile de souligner:** cela va sans dire.

## A. *Répétition*

Répétez les phrases suivantes en substituant les expressions indiquées. Imitez l'accent et l'intonation de votre professeur.

1. Docteur, j'ai mal aux dents depuis trois jours.
   au foie / à l'estomac / à l'épaule / au côté droit

2. Docteur, j'ai des douleurs très désagréables au côté gauche.
   dans le dos / à la jambe droite / dans la région du foie

3. Il ne me reste pas une minute pour me détendre.
   faire un peu d'exercice / faire la sieste / prendre du repos

4. Il m'est absolument impossible de dormir huit heures par nuit.
   vivre sans travailler / me reposer le samedi / me détendre les nerfs / suivre un régime pour maigrir

## B. *Questions sur le texte*

1. Quel fait les médecins du travail ont-ils constaté?

2. Chez les hommes, quelles sont les maladies les plus fréquentes? Et chez les femmes?

3. Pourquoi les femmes sont-elles si fatiguées?

4. Dans quelle catégorie de femmes la main d'œuvre se recrute-t-elle?

5. Citez les quatre souhaits des médecins du travail.

6. Comment éviter de perdre du temps dans les transports?

7. Quel est l'avantage de la journée continue?

8. Quel est l'avantage du travail à mi-temps?

## C. *Exercice*

Nous allons vous donner les symptômes et vous ferez le diagnostic en disant ou bien: "deux cachets d'aspirine dans un grand verre d'eau," ou bien: "à l'hôpital tout de suite."

1. Docteur, j'ai mal à la tête.

2. La victime de cet accident a perdu beaucoup de sang.

3. Le dentiste m'a arraché mes quatre dents de sagesse.

4. Dans ma chambre, il y a un gros éléphant blanc.

5. Cette dame qui attend un bébé a des contractions toutes les deux minutes.

6. Je viens de passer trois examens en vingt-quatre heures.

## D. *Conversation*

QUESTIONS

1. Quels sont les signes de la dépression nerveuse?

2. Pourquoi les femmes qui travaillent font-elles des dépressions?

3. Qu'est-ce qui cause les rhumes de cerveau? Les maux de tête?

4. Qu'est-ce qui cause l'obésité? Comment l'éviter?

VOCABULAIRE À APPRENDRE

La dépression nerveuse est un des dangers de notre époque. Vous sentez-vous **déprimé, exaspéré, "à plat"** ou **"survolté"**? Faites-vous des complexes? Comment? Vous êtes irritable, vous **envoyez promener** tout le monde? Peut-être êtes-vous même un peu **détraqué**! C'est que vous êtes **surmené** par trop d'activité et **tiraillé** par des **pressions** contradictoires.

Vous plaignez-vous de ne pas aller très bien? Vous avez peut-être un **rhume de cerveau**, une **angine** (*throat infection*) et de la **fièvre**. Auriez-vous par hasard **mal au cœur** (des **nausées**), **mal au ventre**, mal à la tête?

Vous êtes-vous **cassé la jambe, foulé la cheville**? Vous sentez-vous faible, fatigué,

5. Quels sont les effets de l'abus de l'alcool, de la nicotine et des drogues en général?

6. Racontez l'une de vos dernières maladies.

7. Si vous avez été opéré, voici l'occasion de raconter votre opération.

8. Que faut-il faire pour garder de bonnes dents? Pourquoi redoute-t-on d'aller chez le dentiste? Avez-vous quelque anecdote au sujet d'une visite mémorable chez le dentiste?

nerveux? Alors vous consultez un médecin, il vous fait une **ordonnance**, il vous **soigne** et vous **guérissez**.

Vous avez peut-être été opéré. On vous a **radiographié** et fait des **analyses**. On vous a **endormi** et un **chirurgien** vous a donné quelque **coups de bistouri**. On vous a **recousu** et vous voilà avec une **cicatrice**. Vous avez dû **saigner** un peu, ou beaucoup; on vous a fait une **transfusion**, des **piqures**, puis les infirmières vous ont **dorloté** et vous voilà **guéri**.

En ce qui concerne les maladies d'enfant, avez-vous eu la **coqueluche**, la **rougeole**, la **varicelle**, la **rubéole**, les **oreillons**, la **scarlatine**? Probablement pas puisqu'on **vaccine** contre ces maladies-là.

Quant aux dents, elles ont tendance à **se carier** et il faut les **plomber**, quelquefois en **arracher** quelques-unes. Comme le dentiste vous fait une petite **anesthésie** locale, vous n'avez aucune raison de redouter la **fraise** ou la **pince**. Vous avez commencé par perdre vos **dents de lait**. D'autres ont **repoussé: incisives, canines, molaires**, et en dernier lieu les **dents de sagesse**.

## E. *Controverse*

Sujet du jour: *Tout marche le mieux du monde dans le système médical aux États-Unis.*

Les *pour* penseront aux belles découvertes de la science. Les *contre* mentionneront le prix qu'il faut les payer.

## F. *Exposés*

Choisissez un des sujets suivants et présentez-le soit comme exposé oral, soit comme devoir écrit.

1. Que savez-vous de Pasteur? Renseignez-vous sur sa vie, ses expériences, ses découvertes, les conséquences de celles-ci.

2. Avez-vous lu *Le Malade imaginaire* de Molière? Racontez cette pièce.

3. Si vous avez fait un séjour à l'hôpital, racontez la journée typique d'un malade: le régime, les consultations, les visites, etc.

## G. *Comparaison*

Dans le passage suivant, Balzac fait le portrait d'une femme qui travaille, la servante Nanon. Elle n'est jamais malade malgré "le régime sévère de la maison." Comment diffère-t-elle des femmes d'aujourd'hui et de leurs "dépressions nerveuses"?

Nanon faisait tout: elle faisait la cuisine, elle faisait les buées,[1] elle allait laver le linge à la Loire, le rapportait sur ses épaules; elle se levait au jour, se couchait tard; faisait à manger à tous les vendangeurs[2] pendant les récoltes, surveillait les halleboteurs;[3] défendait, comme un chien fidèle, le bien de son maître; enfin, pleine d'une confiance aveugle en lui, elle obéissait sans murmure à ses fantaisies les plus saugrenues.

Lors de la fameuse année 1811, dont la récolte[4] coûta des peines inouïes, après vingt ans de service, Grandet résolut de donner sa vieille montre à Nanon, seul présent qu'elle reçut jamais de lui. Quoiqu'il lui abandonnât ses vieux souliers (elle pouvait les mettre), il est impossible de considérer le profit trimestriel des souliers de Grandet comme un cadeau, tant ils étaient usés. La nécessité rendit cette pauvre fille si avare que Grandet avait fini par l'aimer comme on aime un chien, et Nanon s'était laissé mettre au cou un collier garni de pointes[5] dont les piqûres ne la piquaient plus. Si Grandet coupait le pain avec un peu trop de parcimonie, elle ne s'en plaignait pas; elle participait gaiement aux profits hygiéniques que procurait le régime sévère de la maison, où jamais personne n'était malade.

HONORÉ DE BALZAC (1799–1850)
*Eugénie Grandet*

---

[1]*she boiled the sheets (old-fashioned way to wash them).*    [2]**vendangeurs:** les gens qui cueillent les raisins.    [3]**halleboteurs:** ceux qui portent les raisins au pressoir (*wine-press*).    [4]**la récolte:** ici, la vendange des raisins.    [5]**un collier garni de pointes:** *a training collar.*

## H. *Thème dirigé*

Nanon **never got sick**.[1] Madame Grandet **did**[2] and **actually**[3] died **at a rather early age**.[4] But she was not **of such a robust constitution**[5] and Père Goriot was too miserly to send for a doctor anyway.

Are women who work more **prone**[6] to nervous breakdown than men in the same **position**?[7] Yes, if they must also come home

1. n'était jamais malade
2. si
3. même
4. assez jeune
5. aussi robuste
6. sujettes
7. emploi

and do the cooking and the house work. **On the other hand,**[8] women rarely hold the same positions as men. So how can one compare? Here is one fact **brought to light**[9] by statistics, though: women, **as a whole,**[10] **outlive men by seven years.**[11]

8. toutefois

9. mis en lumière

10. en général

11. vivent sept ans de plus que les hommes

# Payer par chèque

es statistiques du tourisme révèlent que les étrangers ne font que passer
chez nous (en moyenne quarante-huit heures, je crois). À quoi il est une
réponse rassurante: la France est un pays de transit, une plate-forme, un
carrefour, il est normal que les touristes la traversent. Oui. Mais ne serait-ce
pas encore mieux s'ils s'y attardaient, retenus par le charme fameux de la
vie en France? Or, il semble indéniable que les étrangers sont de moins en
moins sensibles à notre charme. Pour dire les choses plus crûment, ils auraient
tendance à nous trouver déplaisants.

Les commerçants que je connais sont fort obligeants, gais, charmants et
la grandeur d'âme des fournisseurs est étonnante dès qu'ils vous connaissent.
À la campagne, les artisans des divers corps de métier attendent des mois
pour vous présenter leur note. Le Français a donc de grandes réserves de
confiance mais il ne l'accorde pas à qui il ne connaît pas.

Cela tient, me semble-t-il, à la méfiance générale du Français devant tout
"étranger" et à sa méfiance particulière pour certaines formes modernes de
la vie. Un de mes amis obligé de faire un voyage un lundi, jour de fermeture
de sa banque, eut besoin d'essence près de Montargis. Le pompiste préféra
lui faire cadeau de cinq litres en dépannage[1] plutôt que d'accepter un chèque
"d'un homme qu'il ne connaissait pas".

Cependant, l'émission de chèques sans provision[2] est punie. Le Français
moyen serait-il donc présumé escroc? Cette suspicion où nous sommes tenus
ne coûte-t-elle pas très cher à l'industrie? Plutôt que cette méfiance, la confiance ne serait-elle pas rentable?[3]

---

[1]**le dépannage**: la remise en état de marche.   [2]**chèque sans provision**: un chèque écrit alors
qu'on n'a pas en banque l'argent pour le couvrir.   [3]**rentable**: ce qui rapporte un bénéfice.

## A. *Répétition*

Répétez les phrases suivantes en substituant les expressions indiquées. Imitez l'accent et l'intonation de votre professeur.

1. Les statistique révèlent que les touristes ne font que passer.
   ils restent en moyenne 48 heures / ils nous trouvent déplaisants / ils ne sont pas sensibles à notre charme

2. Cela tient à la méfiance générale.
   aux complications de la vie moderne / à l'émission de chèques sans provision

3. Le Français moyen serait-il donc présumé escroc?
   le touriste en panne / le voyageur de bonne foi / l'étranger en visite

4. La confiance ne serait-elle pas rentable?
   La prudence / le sourire commercial / l'hospitalité

## B. *Questions sur le texte*

1. Que révèlent les statistiques du tourisme?

2. Pourquoi est-il normal que les touristes traversent la France?

3. Qu'est-ce qui serait préférable à cette brève traversée?

4. De qui et de quoi les Français se méfient-ils?

5. Racontez l'histoire du pompiste de Montargis.

6. Qu'est-ce qui coûte cher à l'industrie?

## C. *Exercice*

**Sachez contredire.** Si vous voulez contredire quelqu'un, ne vous bornez pas à mettre ce qu'il vient de vous dire à la forme négative. Au contraire, soyez positif et répondez à rebours. Si quelqu'un vous dit:

EXEMPLE:         Les étrangers restent longtemps en France.
RÉPONSE BANALE: Non, les étrangers ne restent pas longtemps en France.
BONNE RÉPONSE:   Non, les étrangers ne font qu'y passer.

Voici une liste d'affirmations. Vous allez affirmer le contraire en employant d'autres mots. Faites d'abord la réponse banale (pour rire), puis faites la bonne réponse. (ATTENTION, l'ordre des réponses suggérées ne suit pas l'ordre des affirmations.)

| | |
|---|---|
| 1. Sa banque était fermée. | a. considérée avec indulgence |
| 2. Le pompiste lui a fait cadeau de cinq litres d'essence. | b. toléré |
| 3. L'émission de chèques sans provision est sévèrement punie. | c. se précipitent |
| 4. Ce procédé doit être critiqué. | d. faire cadeau |
| 5. Ce papier a l'air illégal. | e. fait payer |
| 6. Cette habitude est tout à fait normale. | f. fais confiance aux |
| 7. Il faut lui faire payer cette réparation. | g. petitesse d'esprit |
| 8. Voici une mesure qui fait marcher le commerce. | h. sympathiques |
| 9. Je me méfie des gens que je ne connais pas. | i. bizarre |
| 10. Les étrangers nous trouvent déplaisants. | j. règlementaire |
| 11. Les artisans attendent des mois pour présenter leur note. | k. ouverte |
| 12. Ces gens montrent beaucoup de grandeur d'âme. | l. entrâve |

## D. *Conversation*

QUESTIONS

VOCABULAIRE À APPRENDRE

1. Quelles sont les trois solutions auxquelles on peut recourir si on est fauché?

Si vous n'avez plus d'argent, vous pouvez dire que vous êtes **fauché**. Vous avez alors trois solutions. Ou bien, **privez-vous** de ce qui vous fait envie; ou encore, cherchez un emploi **lucratif** et **empochez** votre salaire; ou enfin, **empruntez** ce dont vous avez besoin. Dans ce dernier cas, **adressez-vous** à un ami ou écrivez à vos parents pour les **taper**.

2. À laquelle avez-vous recours le plus souvent?

Il est bon de **se faire ouvrir un compte en banque**. On y **dépose** de l'argent et on **tire** des chèques. On est obligé d'**approvisionner** son compte de temps en temps. On fait des **dépôts** et des **retraits**. On peut aussi **placer** son argent et il **rapporte** des intérêts, pourvu que les **placements** soient judicieux. N'oubliez pas que dans les banques, vous pouvez acheter des **chèques de voyage, faire de la monnaie**, obtenir des **devises** étrangères.

3. Citez au moins trois services rendus régulièrement par les banques.

4. Citez au moins cinq devises étrangères.

En France, vous entendrez parler de la

5. Qu'est-ce que c'est que la caisse d'épargne? Comment en retire-t-on son argent?

6. Citez au moins quatre services rendus par les postes.

7. Que faut-il faire pour téléphoner à New-York si on est à la poste?

8. Que se passe-t-il si on fait un chèque sans provision?

**caisse d'épargne**. C'est un service offert par les postes. On peut y placer son argent et recevoir un intérêt assez élevé. On le retire en présentant son **livret** de caisse d'épargne.

À propos des postes, elles ont en France des rôles multiples. Cela explique pourquoi elles sont si souvent **bondées** (remplies de clients). En effet, les postes, télégraphes, téléphones dépendent du même ministère et vous pouvez aller au même **bureau** pour acheter des **timbres, téléphoner**, envoyer un **télégramme**, envoyer un **mandat** (*money order*), etc.

Si, de Paris, vous voulez appeler New-York et que vous n'ayez pas le téléphone chez vous, allez à la poste, demandez au **préposé** au téléphone de vous **faire le numéro**. Ensuite, vous passez à la **cabine téléphonique** et vous **n'avez qu'à** parler.

## E. *Controverse*

SUJET DU JOUR: *Il vaut mieux être avare que dépensier.*

Les *pour*: vous êtes avare. Vous "économisez des bouts de chandelles," d'après une expression consacrée. Dites quelles économies vous faites et défendez votre mode de vie.
Les *contre*: vous êtes dépensier. "Un vrai panier percé," toujours d'après une expression consacrée. Justifiez votre façon de vivre.

## F. *Exposés*

Choisissez un des sujets suivants et présentez-le soit comme exposé oral, soit comme devoir écrit.

1. Vous est-il déjà arrivé de faire une réclamation — dans un magasin — où l'on a profité de votre ignorance ou de votre candeur? Avez-vous protesté, réclamé votre argent, renvoyé un plat dans un restaurant? Racontez.

2. À propos du téléphone, avez-vous quelque anecdote intéressante? Avez-vous été l'auteur ou la victime d'une farce téléphonique? Avez-vous reçu des coups de téléphone mystérieux? Racontez.

3. Pour les économistes distingués: le système monétaire aux États-Unis, de l'origine à nos jours.

## G. *Comparaison*

Est-il vrai que la plupart des Américains sont comme M. Clinker dont nous parle Stendhal dans le passage suivant?

6 Janvier 1829

Je viens de montrer Rome à un jeune Anglais de mes amis qui arrive de Calcutta, où il a passé six ans. . . . Il m'a présenté à M. Clinker; c'est un Américain fort riche qui a débarqué il y a huit jours avec sa femme et son fils. Il habite Savannah et vient voir l'Europe pendant un an. C'est un homme de quarante-cinq ans, de beaucoup de finesse, et qui ne manque pas d'un certain esprit pour les choses sérieuses.

Depuis trois jours que je le connais, M. Clinker ne m'a pas posé une seule question étrangère à l'argent. Comment augmente-t-on sa fortune ici? Quand on a des capitaux inutiles dans l'industrie qu'on a entreprise, quelle est la manière la plus sûre de les placer? Toute cette conversation avait lieu en présence des plus beaux monuments de Rome. L'Américain a tout examiné avec ce genre d'attention qu'il eût donnée à une lettre de change[1] qu'on lui aurait offerte en paiement; du reste il n'a absolument senti la beauté de rien. . . . Enfin, de la conversation de ce riche Américain il n'est jamais sorti que ces deux paroles de sentiment: *"How cheap! How dear!"* — "Combien cela est bon marché! Combien cela est cher!"

STENDHAL  (1783–1842)
*Promenades dans Rome*

————

[1] **lettre de change:** *a check to be cashed at a certain date.*

## H. *Thème dirigé*

While visiting Rome for the first time **in**[1] his life, Mr. Clinker **asked**[2] many interesting questions: How does one get rich here? What does one do with extra money? What is the best way to invest one's capital? Then, if he had to give his opinion on anything, it would be: How cheap! How dear!

*Dear*? But don't Americans use the word *expensive* rather than *dear* when they mean that something costs too much money?

**Let me**[3] reassure you immediately. Stendhal had not yet gone to Rome when he wrote *Promenades dans Rome*. The **so-called**[4] diary is a **work**[5] of fiction. He never met an American named Clinker, and, of course, Americans **never speak or act**[6] like that **character**.[7] The French **don't either**.[8]

1. de
2. pose
3. que je
4. soi-disant
5. ouvrage
6. ne parlent ni n'agissent jamais
7. personnage
8. non plus

# 3. Les collectionneurs

Il y a quelques années, des milliers de porte-clefs[1] publicitaires furent lancés sur le marché et devinrent en quelques semaines l'objet de la convoitise de milliers de collectionneurs. Le porte-clefs devint la folie du jour. Quelle est donc cette folie qui porte l'homme à collectionner?

La collection, disait Philippe Jullian dans son livre *Les Collectionneurs*[2] "est une passion qui lève les barrières de l'âge, du sexe et de la société, qui peut occuper entièrement les esprits les plus profonds comme les plus superficiels." Le monde des collectionneurs est immense: "il y a les enfants, les impulsifs, les cupides, les capricieux, les savants, les entêtés, les poètes, les marchands, les martyrs, les prophètes. . . ." Il décrit les collectionneurs de timbres, de coquillages, de vignettes de camembert, de pièces de monnaie, de boîtes d'allumettes. Toujours selon Philippe Jullian, les billes[3] proposent, dès l'âge de cinq ou six ans, ces grands ressorts de la vie de société: envie et compétition. Avec les timbres-poste, on passe de l'âge du troc[4] à l'âge de la bourse,[5] d'une société primitive à une société capitaliste: la spéculation a remplacé le jeu. Le petit philatéliste[6] penché sur ses albums est déjà un comptable et chaque lycée a ses requins[7] des timbres qui grugent[8] les débutants. Les familles encouragent cette collection car, disent-elles, elle aide à connaître la géographie, mais au fond parce qu'elle encourage l'épargne et la cautèle.[9]

Cependant, la "série" est grosse de vices secrets. Elle est une obsession. "Que de maladies de foie[10] vers la cinquantaine, parce qu'enfant on a acheté

---

[1] **le porte-clefs:** *key-ring*.  [2] Flammarion, Paris 1968.  [3] **billes:** *marbles*.  [4] **le troc:** *swap, barter*.  [5] **la bourse:** *stock market*.  [6] **le philatéliste:** collectionneur de timbres.  [7] **le requin:** *shark*.  [8] **gruger:** *to exploit*.  [9] **la cautèle:** *cunning*.  [10] Les Français accusent leur foie de leur causer toutes sortes d'ennuis. Les Américains victimes des mêmes symptômes accusent leur estomac ou des allergies.

des tablettes[11] jusqu'à ce qu'on trouve le ptéodactyle qui complètera la série des animaux préhistoriques! À huit ans, j'exigeais que ma famille se gorgeât de pâtes insipides dont chaque paquet portait l'image d'un avion. Cet infantilisme peut se prolonger jusqu'à la mort, et des vieillards en sont encore à échanger les avions des nouilles contre les mammouths des chocolats." Mais quel triomphe, quel réconfort, dans la réussite! "Une série complète est comme un mur bien lisse qui entoure, protège le collectionneur, sur lequel il peut monter et se moquer du monde."

---

[11] **la tablette:** barre de chocolat.

## A. *Répétition*

Répétez les phrases suivantes en substituant les expressions indiquées. Imitez l'accent et l'intonation de votre professeur.

1. Collectionner des tableaux, c'est la folie du jour.
   porte-clefs / meubles anciens / assiettes de porcelaine

2. Est-ce que vous auriez des coquillages à échanger contre les miens?
   vignettes / objets d'art / papillons

3. Je me passionne pour ma collection de porte-clefs
   estampes japonnaises / animaux préhistoriques / vignettes de camemberts

4. Des vieillards en sont encore à échanger des timbres.
   les avions des nouilles / les mammouths des chocolats

## B. *Questions sur le texte*

1. Un jour, les Français sont devenus collectionneurs de porte-clefs. Pourquoi?

2. Dans quelles catégories de gens trouve-t-on les collectionneurs?

3. Pourquoi les familles encouragent-elles les collections de timbres chez leurs enfants?

4. Quels défauts J. Duché détecte-t-il chez les jeunes collectionneurs?

5. À quoi est-on conduit par la collection d'une série?

6. Quel exemple personnel Philippe Jullian donne-t-il?

7. Qu'est-ce qu'on éprouve quand on obtient enfin une série complète?

## C. *Exercice*

Révision des pronoms possessifs. Remplacez les noms par des pronoms possessifs.

MODÈLE: Donne-moi ton porte-clef, je te donnerai mon porte-clef.
Donne-moi le tien, je te donnerai le mien.

1. Donne-moi tes timbres, je te donnerai mes timbres.
2. Porte ma valise, je porterai ta valise.
3. Elle leur a prêté sa voiture, ils lui ont prêté leur voiture.
4. Je vous montrerai mes objets d'art, vous me montrerez vos objets d'art.
5. Je vous ferai voir nos estampes japonaises, vous me ferez voir vos estampes japonaises.
6. Il nous a parlé de son pays. Ces gens-là nous ont parlé de leur pays.

## D. *Conversation*

QUESTIONS

1. Parmi les étudiants de cette classe, qui est-ce qui collectionne les timbres. Répondez à chacune des cinq questions ci-contre.

2. Un jour, vous avez sûrement commencé une collection. Décrivez-la.

3. Si vous avez cessé de vous intéresser à votre collection, dites pourquoi.

4. Les musées exposent des collections de valeur. Y a-t-il un musée dans votre université? Décrivez-le. Sinon, décrivez le dernier musée que vous avez vu.

5. Un magasin expose aussi une sorte d'énorme collection. Décrivez un "grand magasin" que vous connaissez bien, celui

VOCABULAIRE À APPRENDRE

Vous avez sans doute collectionné des timbres, et **quoiqu'en dise** M. Duché, c'est un **passe-temps** inoffensif. Vous **adonnez**-vous encore à ce passe-temps? Disposez-vous vos timbres dans des **albums** ou les gardez-vous dans des **boîtes**? Collectionnez-vous les timbres neufs et aussi les timbres **oblitérés**? Dans ce cas, le **tampon** de la poste doit être clair et sans **bavures**. Vous bornez-vous aux timbres d'un seul pays? Quels sont les pays qui **émettent** les plus jolis timbres et ceux qui ont le plus de **valeur**?

Plutôt que des porte-clefs, les commerçants américains donnent des **timbres-prime**. Il est évident que les **cadeaux-réclame** attirent les clients et font **marcher le commerce**.

Dans les boutiques, vous avez plus de temps pour **bavarder** avec les commerçants qui les **tiennent** et pour faire votre **choix** d'après leurs suggestions. Mais certaines personnes préfèrent l'**anonymat** des grands magasins. Entrons aux Nouvelles Galeries. À votre gauche, vous avez le **rayon d'alimen-**

qui se trouve le plus près de votre université, par exemple. Parlez de la disposition des rayons et de ce qu'on y trouve.

6. Fréquentez-vous de petites boutiques du genre *College Shop*? Décrivez celle où vous trouvez le mieux ce que vous voulez.

7. Pouvez-vous expliquer pourquoi les hommes semblent moins attirés par les musées et par les magasins que les femmes?

8. Quelle est la dernière chose que vous avez achetée au "prix unique"? En avez-vous été content? Pourquoi?

tation, à droite la **mercerie** et les **articles pour cadeaux**. Tout au fond, se trouvent les **articles de ménage**. Au premier **rayon**, vous avez la **confection** (*ready-to-wear clothes*), qu'on appelle surtout aujourd'hui, le **prêt à porter**. Tout à côté, il y a les **tissus**, la **lingerie**. Au second, vous trouverez **tout pour l'ameublement**.

Au rayon alimentation, les **boîtes de conserve** sont **entassées** les unes sur les autres. Les **produits surgelés** sont à gauche près de la **crèmerie**. En face, c'est le rayon boucherie et charcuterie. Au centre, la pâtisserie et les **plats préparés** pour les ménagères pressées.

Les "prix uniques" (*dime stores*) sont des endroits très amusants. On peut y **faire de bonnes affaires**, mais il faut s'attendre aussi à y trouver de la **camelote** (produits d'assez mauvaise qualité).

## E. *Controverse*

SUJET DU JOUR : *En ce qui concerne les biens de ce monde, faut-il les épargner, les accumuler et les collectionner? Au contraire, faut-il les dédaigner, les dépenser ou les distribuer?*

Pensez à votre point de vue personnel, mais afin d'élever le débat, les "économistes distingués" nous diront ce qu'ils pensent préférable pour l'économie nationale.

## F. *Exposés*

Choisissez un des sujets suivants et présentez-le soit comme exposé oral, soit comme devoir écrit.

1. Vous avez peut-être accompagné votre mère chez des antiquaires. Décrivez ces magasins d'antiquité et dites si vous vous plaisez dans ces endroits-là.

2. Votre père vous demande des explications au sujet de vos notes (*bills*) qu'il est obligé de payer à la fin du mois. Il y en a pour $200 en notes diverses et il exige des explications. Expliquez ce que vous avez acheté et pourquoi vous en aviez absolument besoin.

3. Connaissez-vous quelqu'un qui collectionne quelque chose de très drôle? Décrivez cette personne et sa collection.

## G. *Comparaison*

Le personnage du passage suivant fait une collection intéressante. Quelles différences y a-t-il entre une collection d'oiseaux et une collection de timbres? Et quelles ressemblances?

Diphile commence par un oiseau et finit par mille: sa maison n'en est pas égayée, mais empestée;[1] la cour, la salle, l'escalier, le vestibule, les chambres, le cabinet, tout est volière.[2] Ce n'est plus un ramage,[3] c'est un vacarme;[4] les vents d'automne et les eaux dans leurs plus grandes crues[5] ne font pas un bruit si perçant et si aigu; on ne s'entend non plus parler les uns aux autres que dans ces chambres où il faut attendre, pour faire le compliment d'entrée, que les petits chiens aient aboyé.

Ce n'est plus pour Diphile un agréable amusement, c'est une affaire laborieuse, et à laquelle à peine il peut suffire. Il passe des jours, ces jours qui échappent et ne reviennent plus, à verser du grain et à nettoyer des ordures. Il donne pension[6] à un homme qui n'a point d'autre ministère[7] que de siffler des serins au flageolet[8] et de faire couver des canaris. Il est vrai que ce qu'il dépense d'un côté, il l'épargne de l'autre car ses enfants sont sans maîtres et sans éducation. Il se renferme[9] le soir fatigué de son propre plaisir, sans pouvoir jouir du moindre repos que ses oiseaux ne reposent, et que ce petit peuple, qu'il n'aime que parce qu'il chante, ne cesse de chanter. Il retrouve ses oiseaux dans son sommeil: lui-même il est oiseau, il est huppé,[10] il gazouille,[11] il perche;[12] il rêve la nuit qu'il mue[13] ou qu'il couve.

LA BRUYÈRE (1645–1696)
*Les Caractères*

---

[1]**empestée:** elle sent mauvais.   [2]**une volière:** une grande cage dans laquelle on élève des oiseaux.   [3]**le ramage:** le chant des oiseaux.   [4]**un vacarme:** un grand bruit.   [5]**une crue:** *flood.*   [6]**il donne pension:** il paie un salaire.   [7]**un ministère:** *duty.*   [8]**siffler . . . au flageolet:** *to whistle for finches with a whistle.*   [9]**il se renferme:** *he retires.*   [10]**il est huppé:** *he wears a tuft.*   [11]**il gazouille:** *he chirps.*   [12]**il perche:** *he roosts.*   [13]**il mue:** *he is moulting.*

## H. *Thème dirigé*

La Bruyère was a **Paris lawyer**[1] who became the **private tutor**[2] of **a young relative**[3] of the king. He lived **in the house of the Condés**[4] where he had the **opportunity**[5] of observing the friends of the family. He wrote a huge collection of "portraits" describing these people, **stressing**[6] their **main**[7] faults and their **idiosyncrasies.**[8]

In today's portrait, we see Diphile who starts out with one bird and ends up with a thousand. The noise is terrible, the work **endless,**[9] **not to mention**[10] the filth. **As for**[11] the cost, it is huge. But Diphile prefers to **save on**[12] his children's education and he hires a man for the birds rather than a tutor for the children.

Do you know anybody with such an obsession?

1. un avocat de Paris

2. le précepteur

3. un jeune parent*

4. chez les Condé (pas de *s* au pluriel des noms propres)

5. l'occasion

6. soulignant

7. principaux

8. manies

9. sans fin

10. sans parler de

11. quant à

12. lésiner sur

---

*Le mot "parent" employé avec l'article indéfini (un, des) veut dire *relative;* employé avec l'adjectif possessif pluriel (mes, tes, ses, nos, vos, leurs) "parents" veut dire *mother and father.*

# IX L'ACTUALITÉ

1. La presse

2. Un toit à soi

3. Consommateurs, méfiez-vous !

Cartier Bresson/Magnum

"JOURNAUX: ne pouvoir s'en passer, mais tonner contre."
FLAUBERT

# IX  L'ACTUALITÉ

## 1. La presse*

Pendant dix jours, chassant dans les marais d'Irlande, je n'ai pas écouté une information de la radio ni de la télévision, je n'ai pas regardé un journal. Les vacances, pour moi, ce n'est pas seulement oublier le travail et les soucis, c'est aussi se couper des affaires du monde.

Je m'en suis trouvé nettoyé. Le nettoyage par le vide. À mon retour, un joli tas de papier m'attendait, constitué par une cinquantaine de journaux et une dizaine de revues. De quoi faire le plein d'informations. Mais comme les plus fraîches dataient de la veille, le tout alla au feu.

Les informations nous assiègent et notre forteresse intérieure se laisse prendre, s'y laisse prendre chaque jour. Bulletins d'informations d'heure en heure, journal télévisé, quotidien du matin, quotidien du soir, hebdomadaires, magazines, nous baignons dans "l'actualité" et j'en connais plus d'un qui, extrait de ce bain-là, penserait périr d'asphyxie comme un poisson hors de l'eau.

C'est entendu, les hommes des divers continents sont devenus solidaires. La dialectique Moscou-Pekin, les problèmes des Américains, ceux du Tiers-Monde, nous concernent directement. Il n'est donc pas inutile que nous soyons tenus informés de la marche du monde. Mais est-ce cela que nous attendons? Est-ce cette nécessité qui jette des millions d'auditeurs, de télé-spectateurs et de lecteurs sur le sensationnel du jour? Est-ce l'exaltation de nous sentir des membres actifs de la grande société humaine? Est-ce la peur que quelque nouvel Hitler ne déclenche l'apocalypse? Ou bien est-ce la curiosité portée à l'état pur? Savoir pour savoir, n'importe quoi, mais

---

*TRÈS IMPORTANT: *Avant d'étudier cette leçon, allez chercher le journal d'aujourd'hui (ou d'hier) imprimé dans votre ville.*

quelque chose de nouveau? Ou bien encore, n'est-ce qu'un réflexe con-
ditionné qui nous fait saliver devant notre pâtée de papier?

## A. *Répétition*

Répétez les phrases suivantes en substituant les expressions indiquées. Imitez
l'accent et l'intonation de votre professeur.

1. Ne me dérangez pas pendant les nouvelles!
   les informations / le journal télévisé / les actualités

2. Vous devriez prendre un abonnement à un journal.
   un journal du soir / une revue / une revue hebdomadaire

3. Il faut absolument se tenir au courant de la politique.
   des faits divers / de la chronique financière / des nouvelles sportives

4. Voici une revue qui paraît le dimanche.
   le lundi / tous les lundis / tous les quinze jours / une fois par mois

## B. *Questions sur le texte*

1. Pourquoi J. Duché s'est-il passé d'informations pendant dix jours?

2. Qu'est-ce qui l'attendait à son retour?

3. Quel a été son premier soin en rentrant?

4. Quels sont les différents moyens d'information qui sont à notre disposition
   chaque jour?

5. Quelles explications l'auteur donne-t-il à cette avidité de savoir?

## C. *Exercice*

Accentuez les phrases suivantes à l'aide de pronoms relatifs.

MODÈLES:  La malhonnêteté m'indigne.
          Ce qui m'indigne, c'est la malhonnêteté.

          J'admire son courage.
          Ce que j'admire, c'est son courage.

          Il a peur de voyager.
          Ce dont il a peur, c'est de voyager.

1. Sa confiance me plaît.

2. Votre méfiance m'étonne.

3. J'admire votre patience.

4. Ce journal l'intéresse.

5. Sa collection de timbres le passionne.

6. Il a peur de se faire voler.

7. Il se méfie des chèques sans provision.

8. Nous voulons quinze jours de vacances.

9. Nous avons besoin de repos.

10. Le bruit les fatigue.

## D. *Conversation*

QUESTIONS

1. Quels sont les trois plus grands titres du journal que vous venez d'acheter?

2. À votre avis, quelle est la nouvelle la plus sensationnelle aujourd'hui?

3. La Bourse est-elle en hausse ou en baisse?

4. Quel est le bulletin météorologique?

5. Y a-t-il des annonces de mariage ou de décès? Choisissez-en une et faites-nous en part.

VOCABULAIRE À APPRENDRE

Nous allons vous décrire trois journaux typiques de Paris.

Si vous étiez Français, vous seriez peut-être **abonné** au **Figaro**. C'est un journal sérieux qui a plus de cent cinquante ans. **En première page,** (qu'on appelle aussi "**la une**") se trouvent les **grands titres,** appelés encore **manchettes.** Dans les pages suivantes se trouvent les **nouvelles** de France, celles de l'étranger, les **éditoriaux,** les **petites annonces,** le **bulletin météorologique,** les **cours en Bourse,** le programme des **spectacles,** les sports, les résultats des **courses de chevaux,** etc. *Le Figaro* est très lu dans les **milieux bourgeois.** Il publie le "**carnet du jour**" où l'on annonce naissances, fiançailles, mariages et décès. La **critique** de cinéma, théâtre et télévision y tient une grande place. Ce journal publie aussi des **faits divers,** des **mots croisés,** des **croquis de mode,** des adresses **gastronomiques,** etc.

*L'Humanité* est un journal **de gauche** contrairement au *Figaro* qui est un journal **de droite.** Il est lu davantage par les ouvriers communistes. Il présente les mêmes informations que *Le Figaro* mais avec une **optique** opposée.

6. Parmi toute la publicité, choisissez une réclame qui vous intéresse. De quoi s'agit-il?

7. Choisissez un film dans le journal. Proposez à un ami de le voir avec vous ce soir.

8. De même, choisissez un restaurant. Expliquez votre choix.

9. Choisissez soit une bande dessinée, soit votre horoscope, soit un problème du courrier du cœur et faites-nous rire.

*Le Monde* est un journal indépendant qui n'appartient à aucun parti politique ni à aucun groupe financier. Extrêmement **crédible**, il semble quelquefois un peu **rébarbatif** (*forbidding*): très peu de photos, très peu de publicité, mais **en revanche**, des informations très solides. Bien sûr, il y a d'autres journaux, à Paris comme en province.

Si vous voulez connaître votre horoscope, les scandales de la vie des **gens du monde** (*society people*), si vous voulez trouver une solution à vos **peines de cœur**, si vous aimez les **bandes dessinées**, alors vous trouverez sans peine des journaux qui recherchent le vulgaire et le sensationnel.

Il existe enfin une très grande quantité de **revues**, depuis les revues littéraires ou scientifiques avec leurs **articles de fond** savants, jusqu'aux magazines "pornos," en passant par les **hebdomadaires** destinés aux jeunes, qui sont essentiellement des véhicules de la publicité.

## E. *Controverse*

SUJET DU JOUR: *Avons-nous le devoir de nous informer?*

Les *pour*: C'est un devoir sacré pour tout citoyen et je ne pourrais pas me passer de lire régulièrement le journal.
Les *contre*: Je n'en lis jamais un, je m'en passe très bien, et d'ailleurs je n'ai aucune confiance dans les journalistes.

## F. *Exposés*

Choisissez un des sujets suivants et présentez-le soit comme exposé oral, soit comme devoir écrit.

1. Les étudiants de votre université publient-ils un journal? Décrivez-le de même que vous avez décrit le journal de votre ville.

2. Choisissez une revue hebdomadaire comme *Time* ou *Newsweek* et décrivez les principales caractéristiques de cette revue.

3. Comparez deux journaux français, par exemple *Le Monde* et *l'Humanité*. S'il vous est difficile de vous les procurer, comparez deux journaux américains.

## G. *Comparaison*

Quelle est l'attitude prise ici par Flaubert vis-à-vis des journaux? Comparez-la avec celle qui est exprimée dans la chronique de J. Duché.

JOURNAUX:   Ne pouvoir s'en passer mais tonner contre.[1] Leur importance dans la société moderne. Ex. *Le Figaro*. Les journaux sérieux: *La Revue des Deux Mondes*, *l'Économiste*, le *Journal des Débats*. Il faut les laisser traîner sur la table de son salon mais en ayant bien soin de les couper[2] avant. Marquer quelques passages au crayon rouge produit aussi un très bon effet. Lire le matin un article de ces feuilles sérieuses et graves, et le soir, en société, amener adroitement la conversation sur le sujet étudié afin de pouvoir briller.

**GUSTAVE FLAUBERT (1821–1880)**
*Dictionnaire des idées reçues*

---

[1] **tonner contre:** *swear*, *curse at.*   [2] pour montrer qu'on les a lues. Autrefois, les revues étaient publiées avec les pages non encore coupées.

## H. *Thème dirigé*

Flaubert had always made fun of **commonplace**[1] ideas. Little by little, **he made a practice**[2] of **jotting down**[3] words which were used at the time to express **trite ideas.**[4] He ended by publishing a **collection**[5] of these words under the name of *Dictionnaire des idées reçues*.

**Actually,**[6] he did not have anything against newspapers, but he did not like the way they were read, or rather what people **kept saying**[7] about them. People criticized them endlessly and yet never failed to buy them. Just like today.

He did not like the practice of **leaving** a serious magazine **lying about**[8] pretending to **have read it,**[9] in order to show **how intellectual you were.**[10]

1. banales

2. il a pris l'habitude

3. noter

4. des idées rebattues

5. recueil

6. en fait

7. disaient

8. laisser traîner

9. faisant semblant de l'avoir lu

10. ce qu'on pouvait être intellectuel

# 2. Un toit à soi

Les idées simples et vraies que Le Corbusier[1] a défendues pendant toute sa vie, peu d'hommes les ont comprises, et la sagesse française les trouvait folles. S'est-on assez moqué de la "maison du fada"[2] à Marseille? Mais quoi! les bourgeois du Second Empire[3] s'étranglaient de rire devant les toiles de Monet, Pissaro, Whistler, Courbet, Fantin-Latour. Aujourd'hui, ces bourgeois qui refusaient d'acheter pour une bouchée de pain[4] les tableaux de Cézanne nous paraissent bien comiques. Malheureusement, ils refusaient aussi les travaux des architectes. Et si un artiste mal apprécié en est quitte[5] pour peindre dans la solitude, un architecte sans clients ne construit pas. Le résultat fut un siècle sans architecture. Nous aurions tort de croire que c'est bien fini, nous croyant moins stupides que nos grands-pères: on construit dans un désordre effroyable: et notre siècle sans urbanisme léguera à nos enfants des conglomérats de bâtisses que nul n'osera nommer cités.

Ce ne sont pas d'ailleurs les solutions qui manquent; mais que deviennent-elles dans le concret? Elles s'enlisent[6] dans les marécages de l'inertie. On en accuse l'administration et l'on n'a pas tort. Mais si l'on accusait aussi l'esprit public, c'est-à-dire vous et moi? Chaque Français a admis une fois pour toutes que la construction de son logement n'est plus son affaire mais l'affaire de l'État. En voulez-vous la preuve? Il y a quelques années, l'Institut Français d'Opinion Publique a demandé à des Parisiens de dire quelle est, à leur avis, la cause principale de la crise du logement, parmi les six causes que voici:

---

[1]Le Corbusier, architecte français, 1887–1965.    [2]*the crazy-looking house* (*built by* Le Corbusier).    [3]l'Empire de Napoléon III, qui a duré de 1852 à 1870.    [4]**pour une bouchée de pain:** *very cheap.*    [5]**en être quitte pour:** être réduit à.    [6]**s'enliser:** s'enfoncer (dans la boue, par exemple).

1. insuffisance des crédits publics,
2. rareté et prix des terrains,
3. spéculation,
4. refus des capitalistes d'investir dans les logements à louer,
5. taux d'intérêt trop élevés,
6. insuffisance de l'épargne des particuliers.[7]

Voulez-vous faire votre choix avant d'aller plus loin? C'est fait?.... Je vous dirai donc maintenant que j'ai donné les causes dans l'ordre des choix. Il en résulte que c'est à l'État de financer (cause n° 1), non aux particuliers (cause n° 6). Pas de logements? C'est la faute de l'État.

Ce n'est pas seulement la faute de l'État, c'est aussi la nôtre. Savez-vous que nous avons pris l'habitude de payer des loyers au-dessous de leur valeur, et que nous sommes le seul pays de l'Occident où les dépenses de boisson excèdent celles du logement?

---

[7]**particuliers:** personnes privées, par opposition aux gens qui ont une fonction publique.

## A. *Répétition*

Répétez les phrases suivantes en substituant les expressions indiquées. Imitez l'accent et l'intonation de votre professeur.

1. Je me suis étranglé de rire en voyant ces drôles de bâtisses.
   la nouvelle villa des Dupont / le Musée de l'Art Moderne / les plans de cet architecte

2. Vous en serez quitte pour être mal logé.
   manquer une bonne occasion / vous passer du confort moderne / payer davantage d'impôts

3. Nous aurions tort de croire que c'est la faute du gouvernement.
   c'est celle des particuliers / c'est l'État qui doit financer les constructions

4. Nous avons pris l'habitude de compter sur l'État.
   accuser l'administration / critiquer le gouvernement / construire dans un désordre affreux

## B. *Questions sur le texte*

1. Quelle a été l'attitude du Français moyen vis-à-vis de Le Corbusier?

2. Pourquoi a-t-on si peu construit à la fin du siècle dernier?

3. Aujourd'hui, comment construit-on?

4. Qu'est-ce qui arrive aux solutions suggérées?

5. Quelles questions l'Institut Français d'Opinion Publique a-t-il posées aux Parisiens?

6. Quelles sont les six causes de la crise du logement sur lesquelles les Parisiens ont été invités à se prononcer?

7. Selon cette enquête, qu'est-ce que les Français ont choisi comme première cause? Comme dernière cause?

8. En conclusion, qui les Français blâment-ils quand ils ne sont pas bien logés?

9. En réalité, pourquoi est-ce bien la faute du Français moyen?

## C. *Exercice*

Transformez les phrases suivantes d'après le modèle.

MODÈLE: Tu dois insister.
          C'est à toi d'insister.

1. Vous devez insister.

2. Vous deviez insister.

3. Vous devrez insister.

4. Vous devrez payer des impôts.

5. Tu devras payer davantage d'impôts.

6. Chaque Français devra payer davantage d'impôts.

7. Je devrai payer davantage d'impôts.

8. Je dois épargner suffisamment.

9. Ils doivent épargner suffisamment.

## D. *Conversation*

| QUESTIONS | VOCABULAIRE À APPRENDRE |
|---|---|
| 1. Que fait un Français (dit-on) quand il veut construire une maison? | On raconte qu'un Français voulant construire une maison commence par entourer son jardin d'un mur élevé qui le protègera des voleurs et des curieux. Ce n'est plus tout à fait vrai mais il semble que les maisons |
| 2. Qu'est-ce qui protège les mai- | |

sons françaises contre les voleurs et les curieux? Et les maisons américaines?

3. Décrivez une maison américaine typique.

4. Dans le journal d'aujourd'hui, trouvez une maison à vendre qui vous plairait. Décrivez-la.

5. Où demeurez-vous? Décrivez votre logement.

6. Avez-vous l'impression que votre ville a été conçue dans le désordre ou selon un plan d'ensemble? Expliquez.

7. Décrivez l'architecture de votre université: (a) époque, (b) aspect général, (c) projections pour l'avenir.

8. Décrivez un foyer d'étudiants que vous connaissez, ou bien décrivez votre chambre en détail.

françaises soient toujours protégées par des **grilles**, de **lourdes portes**, des **volets** et **persiennes** que l'on ferme la nuit très **hermétiquement.**

Au contraire, la maison américaine typique est au milieu d'une **pelouse**, d'un accès facile et **ouverte** à **tous vents**. Elle est en **bois** ou en **brique**, toute **de plein pied**. C'est-à-dire qu'elle a seulement un **rez-de-chaussée** et pas d'**étages.**

Voici l'annonce d'une maison à vendre, prise dans le journal d'aujourd'hui: "Jolie maison de 6 **pièces**: 3 **chambres**, 2 **salles de bains**, grande **salle à manger**, salle de séjour de 7 mètres sur 10 avec de larges **baies donnant sur** le jardin, **cuisine** moderne toute **équipée** à l'électricité."

Bien sûr, une grande partie de la population vit dans des **appartements**. Voici encore deux annonces. "Appartements luxueux dans un grand parc **exposé plein sud**, **ombragés** de **cèdres**, **hêtres** et **charmes centenaires**; 5, 6, ou 8 pièces; tennis, **piscine** chauffée, club privé; à 20 minutes de Paris par l'**autoroute** de l'Ouest." "À louer: gentil petit **studio** pour étudiant ou jeune ménage; **vue** romantique sur les toits de Paris; **robinet** d'eau froide sur le **pallier** à partager avec un autre **locataire**; **W.C.** à l'étage en-dessous."

Le mot *dormitory* ne se traduit pas exactement par **dortoir**. Les dortoirs sont de grandes chambres où couchent plusieurs élèves. *Dormitory* se traduit plutôt par **maison de résidence, pavillon, foyer**. Un foyer, par exemple, comprendrait un **réfectoire**, (salle à manger), des **parloirs** (ou salons), des **dortoirs** et des chambres individuelles.

## E. *Controverse*

SUJET DU JOUR: *Un propriétaire devrait-il avoir le droit de choisir ses locataires?*

Non: les restrictions devraient être illégales.
Si: on peut refuser les enfants, les animaux (quels animaux?), etc.

## F. *Exposés*

Choisissez un des sujets suivants et présentez-le soit comme exposé oral, soit comme devoir écrit.

1. Décrivez la maison de vos rêves.

2. Documentez-vous sur Le Corbusier et racontez sa vie et son œuvre.

3. À votre choix, décrivez une cathédrale gothique, un château du moyen âge, le plus beau monument de votre ville . . . ou tout autre monument. Vous aurez besoin d'un dictionnaire.

## G. *Comparaison*

Dans le passage suivant, Stendhal rêve d'une amélioration de Paris. Les architectes modernes ont-ils abondé dans son sens (*agreed with him*)?

1ᵉʳ janvier 1829

Rien n'est peut-être plus agréable dans un voyage que l'étonnement du retour. Voici les idées que Rome nous a données à Paris.

Nos compagnes de voyage ne peuvent concevoir que l'on ne fasse pas un portique de huit colonnes dans le genre de celui du Panthéon de Rome pour cacher la vilaine porte du Louvre et ses œils de bœuf[1] du côté des Tuileries.

Elles ne comprennent pas que nos architectes soignent si peu dans leurs édifices la ligne du ciel. Pour supprimer la vue hideuse des cheminées il suffirait en laissant l'élévation de l'intérieur telle qu'elle est, de multiplier les façades par vingt et un vingtièmes.[2]

Tous nos palais plus bas que les maisons voisines leur semblent plats.

Les magnifiques colonnes de la Bourse qui conduisent à une salle formée d'arcades et de simples piliers leur paraissent un contre-sens plaisant.[3]

Pourquoi ne pas planter[4] les quais[5] de distance en distance? Pourquoi dans cent ans d'ici[6] ne pas couper[7] en deux ou trois endroits la terrasse du bord de l'eau aux Tuileries? En dehors du jardin royal on aurait trois collines avec des échappées[8] sur la Seine. Le talus planté de ces collines descendrait jusqu'au fleuve.

STENDHAL (1783–1842)
*Promenades dans Rome*

---

[1]**œil de bœuf**: *round window*.    [2]*twenty-one twentieths*.    [3]**un contre-sens plaisant**: *some funny absurdity*.    [4]**planter d'arbres**.    [5]**le quai**: *embankment (of a river)*.    [6]**d'ici**: *from today*.    [7]**couper**: *to open*.    [8]**une échappé**: *view*.

## H. *Thème dirigé*

Have you answered the question asked before the **quotation**[1] from Stendhal? The answer to this question is no, the architects have not paid the **slightest**[2] attention to the skyline. **As a matter of fact,**[3] they have built **skyscrapers**[4] everywhere among the ancient monuments in what J. Duché calls "utter disorder." They have not **laid out**[5] views over the Seine, or wooded slopes coming down all the way to the river. As for the embankments, most of them have become huge highways full of noisy cars.

**On the other hand,**[6] the royal garden is still there, **and so are**[7] the chimneys on the Paris roofs. The Louvre's round windows **seem just fine to us.**[8] **We do, however, wonder about**[9] the portico with eight columns proposed by Stendhal's friends **upon**[10] their return to Paris. **We wonder if**[11] it would have been a good idea to build it.

1. citation

2. la moindre

3. en réalité

4. des tours

5. aménagé

6. toutefois

7. de même que

8. nous plaisent beaucoup

9. en revanche, nous nous méfions de

10. à

11. nous nous demandons si

# 3. Consommateurs, méfiez-vous!

Lisez-vous le *Journal du Parlement*? Vous devriez. On y découvre parfois des choses extrêmement intéressantes. C'est ainsi que je viens de découvrir qu'un projet est à l'étude qui ramènerait la semaine de travail à trente heures et supprimerait l'impôt sur les revenus.[1] Si elle rencontre un accueil favorable, cette mesure sera assortie[2] d'un allongement des congés payés: on songe à un mois supplémentaire en hiver, qui aiderait à l'amortissement[3] de nos importantes installations de montagne.[4]

Mais, direz-vous, ces loisirs vont nous coûter cher! Je peux donc vous rassurer en vous révélant un projet secret qui consiste tout simplement en un relèvement des salaires de 50 à 60%. Et pour éviter une flambée[5] des prix, les salaires seront désormais indexés non pas sur les produits de base, tels que le pain ou le paquet de gauloises,[6] mais sur les produits les plus nécessaires dans une civilisation de loisirs, tels que la paire de skis, le bâton de rouge à lèvres et l'automobile.

Considérant que l'automobile est l'instrument Numéro un de nos loisirs, le gouvernement se décide enfin à prendre une décision trop longtemps attendue: l'attribution d'une automobile gratuite à chaque Français. Quant à la construction, elle va suivre le rythme accéléré d'un nouveau plan. Non seulement les "grands ensembles"[7] vont se multiplier mais les maisons de week-end vont pousser comme des champignons. Et à un tel point qu'il sera

---

[1] *income tax*. [2] accompagnée. [3] **amortissement:** l'extinction graduelle d'une dette. [4] pour les sports d'hiver. [5] une élévation brusque. [6] Les gauloises sont des cigarettes ordinaires et bon marché. [7] Les grands ensembles sont des groupes d'immeubles comprenant chacun des centaines d'appartements.

possible d'en offrir une à chaque jeune ménage — le règlement d'administration prévoit la remise des clefs en même temps que celle du livret de famille.[8]

Il est question enfin d'étendre la validité des billets de congés payés[9] au
parcours Terre–Lune et (en principe) retour. Il ne semble pas toutefois que
nous devions compter sur tout cela avant le 1er avril[10] prochain.

---

[8]Le livret de famille est un petit livre remis gratuitement aux deux époux après la
cérémonie du mariage. Leur acte de mariage y est inscrit, puis l'extrait de naissance de
chaque enfant, et enfin les actes de décès ou de divorce.   [9]**les congés payés:** *paid vacation.*   [10]Le premier avril est un jour où l'on joue des farces. Cet article est une farce:
un "poisson d'avril."

## A. *Répétition*

Répétez les phrases suivantes en substituant les expressions indiquées. Imitez
l'accent et l'intonation de votre professeur.

1. Offrons une automobile gratuite à chaque jeune ménage.
   une maison de week-end / un mois de vacances d'hiver / une augmentation de salaire

2. Ce projet a rencontré un accueil favorable.
   ce candidat / cette proposition / cette mesure

3. J'ai un projet à l'étude qui supprimerait les examens.
   les vacances / les congés payés / les impôts

4. J'envisage de me présenter aux élections prochaines.
   sénatoriales / municipales / du mois de novembre

## B. *Questions sur le texte*

1. Quels sont les sept projets énumérés dans le passage ci-dessus? (Commencez chaque phrase par *premièrement, deuxièmement,* etc.)

2. À quel "projet" avez-vous soupçonné qu'il s'agissait d'une plaisanterie
   (*joke*)?

3. Qu'est-ce que l'auteur de ce passage a l'intention de critiquer par le moyen
   d'un "poisson d'avril"?

## C. *Exercice*

Une étude sur le verbe **manquer**. Servez-vous du verbe **manquer** dans les
phrases suivantes.

1. Il n'y a pas d'autobus dans ce pays.
   Les autobus manquent dans ce pays.
   a. Il n'y a pas de chemins de fer dans cette région.
   b. Il n'y a pas d'appartements dans ce village.
   c. Il n'y a pas d'installations de ski dans ces montagnes.

2. Ces gens-là ont peu d'argent.
   Ces gens-là manquent d'argent.
   a. Ma sœur a peu d'amis.
   b. Son fiancé a peu de loisirs.
   c. Ces ouvriers ont peu de travail.

3. Je voudrais revoir ma mère.
   Ma mère me manque.
   a. Il voudrait revoir Paris.
   b. Ils voudraient revoir Londres.
   c. Suzanne voudrait revoir Pierre.

## D. *Conversation*

QUESTIONS

1. Que reproche-t-on aux politiciens?

2. Quels sont les candidats qu'on élit le plus volontiers?

3. Payez-vous des impôts directs? Pourquoi?

4. Payez-vous des impôts indirects? Lesquels?

5. La constitution de votre pays prévoit-elle l'équilibre des pouvoirs? Quels sont ces pouvoirs?

6. Citez au moins deux représentants de chacun des trois pouvoirs.

VOCABULAIRE À APPRENDRE

On reproche souvent aux **politiciens** de faire des promesses qu'il leur est impossible de tenir. Bien sûr, au moment des élections, on **élira** plus volontiers les candidats qui promettent la prospérité et les loisirs. Mais où trouver des **crédits,** c'est-à-dire de l'argent pour réaliser ces projets? En taxant les contribuables.

Les Français sont obligés de payer des **impôts directs** (sur le **revenu**). Comme l'État est obligé de leur **soutirer** pas mal d'argent, il existe aussi un très grand nombre d'**impôts indirects** perçus par l'État sous formes de taxes sur le tabac, l'essence, l'alcool, les produits manufacturés, etc. Il existe aussi des **droits** à l'importation de certains produits étrangers, des droits sur les **successions** au moment d'un **héritage,** des droits sur les **ventes, donations,** etc.

Les pays qui font partie de la **Communauté Européenne** ont un statut privilégié en ce qui concerne les échanges économiques.

7. Citez au moins trois questions qui ont été décisives aux dernières élections présidentielles de votre pays.

8. Comment expliquez-vous que si peu de jeunes étudiants votent bien qu'ils aient le droit de le faire ?

En France, le pouvoir **exécutif** appartient au Président de la République et au Conseil des Ministres, le pouvoir législatif appartient à l'Assemblée Nationale et au Sénat, le pouvoir judiciaire aux tribunaux.

Les représentants du pouvoir législatif sont élus après une **campagne électorale** au cours de laquelle un assez grand nombre de **partis** sont représentés. Le Président de la République est élu au **suffrage universel** et il nomme les Ministres.

## E. *Controverse*

Sujet du jour : *Vaut-il mieux être Démocrate ou Républicain?*

Attention, ne vous disputez pas.

## F. *Exposés*

Choisissez un des sujets suivants et présentez-le soit comme exposé oral, soit comme devoir écrit.

1. Vous êtes-vous déjà présenté à des élections pour un poste à votre école ? Racontez votre campagne électorale.

2. Documentez-vous sur la Communauté Européenne, appelée aussi le Marché Commun et expliquez à la classe de quoi il s'agit.

3. La Constitution de votre pays. Expliquez à un étranger quand, comment, par qui elle a été votée et quel est son rôle aujourd'hui.

## G. *Comparaison*

Lisez le passage suivant et dites s'il aurait pu être écrit par un Américain.

Nous tournant vers les jeunes gens, nous ne pouvons que leur dire: Prenez garde. Quand vous parlez à la légère, quand vous traitez légèrement la République, vous ne risquez pas seulement d'être injustes, vous risquez d'être sots.[1] Vous oubliez, vous méconnaissez qu'il y a eu une mystique républicaine. Des hommes sont morts pour la liberté, comme des hommes sont morts pour la foi. Les élections vous paraissent aujourd'hui une formalité grotesque. Mais des hommes ont vécu, des hommes sans nombre,[2] des héros, des martyrs, et je dirais des saints, des hommes ont souffert, des hommes sont morts, pour que le dernier des imbéciles aujourd'hui ait le droit d'accomplir cette formalité truquée.[3] [. . .] Ces élections sont dérisoires, mais il y a eu une élection. C'est le grand partage[4] du monde moderne entre l'Ancien Régime et la Révolution.

CHARLES PÉGUY (1873–1914)
*Notre Jeunesse*

---

[1]**sot**: stupide.   [2]**sans nombre**: *innumerable*.   [3]**truqué**: *faked*.   [4]**le partage**: division, ligne de démarcation.

## H.  *Thème dirigé*

The writer Charles Péguy had very pertinent reasons to be **grateful**[1] to the Republic. **He was the son**[2] of very poor peasants and when he was only a few months old, his father died from old wounds **which had been inflicted**[3] during the war of 1870.

The Third Republic which followed the Empire of Napoleon III **was very generous with**[4] scholarships to poor children. Thanks to these scholarships, Péguy was able to study in one of the most exclusive schools in France, the Normale Supérieure.

He wrote mainly **about political matters.**[5] But today he is known chiefly for his poems on religious themes. He was killed **at the very beginning**[6] of **World War I.**[7]

1. reconnaissant

2. il venait d'une famille

3. qu'il avait reçues

4. attribuait généreusement

5. des articles politiques

6. tout au commencement

7. la première Guerre Mondiale

# X LES COUPS DURS

1. À votre bon cœur

2. La place des autres

3. Rien ne sert de courir...

" L'enfer c'est les autres."
J. P. SARTRE

# X LES COUPS DURS

## 1. À votre bon cœur

Dimanche prochain, la Fédération Nationale des Malades, Infirmes et Paralysés sera autorisée à quêter sur la voie publique, et je voudrais vous demander de l'argent.

Pourquoi quêter? N'est-ce pas à l'État de prendre en charge les infirmes?[1] Vous savez bien que la Sécurité Sociale ne couvre que 70% des frais.[2] Les 30% qui restent représentent des millions.

Il y a en France 1.200.000 infirmes. Bien sûr, un grand nombre d'entre eux n'ont que des infirmités légères qui n'exigent pas une rééducation. Mais songez, par exemple, aux accidentés du travail et aux accidentés de la circulation. N'importe lequel d'entre nous peut, demain, rencontrer un chauffard[3] et se retrouver incapable d'exercer son métier. Que deviendra-t-il, quand il sortira de l'hôpital, s'il n'existe pas des organismes qui se soucient de lui rendre une capacité d'action et de travail?

Cela peut commencer, pour des adultes, par une rééducation fonctionnelle. Puis vient la rééducation professionnelle: en quinze ou dix-huit mois, l'infirme apprend un métier qui lui permettra de se reclasser.[4] Car les lois récentes de priorité d'embauche[5] ne valent que pour des gens ayant une compétence professionnelle valable: les employeurs ne sont pas des philanthropes et l'État lui-même, obligé comme les autres à l'embauche des infirmes, va les soumettre à des concours éliminatoires. Mais les résultats sont spectaculaires. À ce jour, neuf sur dix sont rééduqués et placés.

---

[1]**infirme:** *handicapped person.* [2]**les frais:** *costs.* [3]**chauffard:** chauffeur maladroit. [4]**se reclasser:** retrouver un nouvel emploi. [5]**la priorité d'embauche:** quand ils engagent du personnel, les employeurs doivent donner la préférence aux infirmes.

J'aurais pu vous parler aussi des cardiaques, des tuberculeux, des sourds ou des aveugles, mais je n'ai pas besoin de vous en dire davantage: je suis sûr que vous avez assez d'imagination du côté du cœur pour compléter le tableau. Vous pouvez faire beaucoup si vous le désirez. Mais, si chacun d'entre vous fait un peu, ce sera déjà beaucoup.

## A. *Répétition*

Répétez les phrases suivantes en substituant les expressions indiquées. Imitez l'accent et l'intonation de votre professeur.

1. Aujourd'hui, on fait la quête pour les <u>infirmes.</u>
   handicappés / vieillards / amputés

2. N'est-ce pas à l'État de prendre en charge les <u>affamés</u>?
   blessés / sourds / aveugles

3. N'importe lequel d'entre nous peut <u>rencontrer un chauffard.</u>
   rester des mois à l'hôpital / se retrouver incapable d'exercer son métier / avoir besoin de rééducation

4. Ces lois ne valent que pour les <u>employeurs.</u>
   infirmes / accidentés du travail / accidentés de la circulation

## B. *Questions sur le texte*

1. Que fera-t-on dimanche prochain?

2. À combien se monte la contribution de la Sécurité Sociale?

3. Quels sont les infirmes qui exigent le plus de rééducation?

4. Expliquez la loi de priorité d'embauche.

5. Pourquoi les infirmes sont-ils soumis à des concours éliminatoires?

6. Quels résultats obtient-on grace à cette rééducation?

## C. *Exercice*

L'expression **c'est à moi** (toi, lui, etc.) **de** . . . s'emploie souvent à la place du verbe **devoir**.

EXEMPLE: Je dois insister.
           C'est à moi d'insister.

1. Tu dois insister.

2. Il doit insister.

3. L'État doit payer.

4. L'État devait payer.

5. Vous devez payer des impôts.

6. Vous devrez payer des impôts.

7. Chaque Français devra voter.

8. Ils devront voter.

## D. *Conversation*

QUESTIONS

1. Quelle est la dernière quête à laquelle vous avez donné quelque chose?

2. Avez-vous jamais quêté? Quand? Pourquoi?

3. Par ordre d'importance, quelles sont les cinq bonnes œuvres qui vous intéressent le plus?

4. La mendicité est-elle permise dans votre ville? A-t-elle lieu malgré tout?

5. Quelle est la dernière fois que vous avez donné quelque chose à un mendiant? Racontez les circonstances.

6. Êtes-vous assuré? Sur quoi?

7. À quoi servent les assurances?

VOCABULAIRE À APPRENDRE

Il y a quelques années, un tremblement de terre a détruit un village des Pyrénées. Dans toute la France, des **volontaires** ont fourni leur voiture et ont **sillonné** toutes les villes de France pour faire une **collecte.** Les **donateurs** leur ont remis soit de l'argent, soit des timbres-poste. La collecte en question a **rapporté** une **forte somme.**

L'État **accorde** des **secours** et des allocations de toutes sortes. La **mendicité** est, en principe, **interdite.** "Mais direz-vous, que fait donc cet aveugle, assis sur un **pliant,** qui joue de l'accordéon à **longueur de journée,** une soucoupe auprès de lui dans laquelle les passants jettent des **pièces?**" Eh bien! cet aveugle ne mendie pas, il joue de l'accordéon. La police ferme les yeux.

Les **Assurances Sociales** garantissent les travailleurs contre la maladie, les accidents du travail, l'**invalidité.** Il existe aussi des assurances privées. Moyennant le paiement d'une **prime,** vous serez **dédommagé** en cas de **sinistre,** d'**incendie,** de **dégâts** occasionnés par la **grêle,** etc. En cas d'accident d'automobile, l'assurance **tous risques** prend en charge les **dommages** causés à vous-même ainsi que ceux que vous pourriez causer aux **tiers,** autrement dit aux autres.

En ce qui concerne les contributions des particuliers aux **bonnes œuvres** (ou œuvres de

8. Avez-vous été scout ou guide? Quels sont les buts du scoutisme?

9. Avez-vous jamais participé à une foire artisanale? Citez cinq produits que l'on y trouve fréquemment.

charité), les Américains **font preuve** d'un altruisme admirable. Les femmes en particulier **se dévouent.** Elles sont volontaires dans les hôpitaux, **cheftaines** de scouts, répétitrices d'enfants handicapés, volontaires à la **Croix Rouge.** . . . Elles organisent des **fêtes de charité,** des **foires artisanales** (*craft fairs*), des **foires à la brocante** (*garage sales*), des loteries, **tombolas,** ventes, etc.

## E. *Controverse*

SUJET DU JOUR:    *La mendicité devrait-elle être tolérée comme en Europe ou interdite comme aux États-Unis?*

## F. *Exposés*

Choisissez un des sujets suivants et présentez-le soit comme exposé oral, soit comme devoir écrit.

1. Décrivez la dernière foire artisanale à laquelle vous avez participé comme vendeur ou comme acheteur.
2. Vous quêtez pour la Société Protectrice des Animaux et vous sonnez à la porte de quelqu'un que vous ne connaissez pas. Imaginez le dialogue qui s'en suit.
3. Documentez-vous sur la Croix Rouge ou l'Armée du Salut et exposez les buts et réalisations de ces entreprises.

## G. *Comparaison*

Comparez les deux façons d'envisager la pauvreté telles qu'elles apparaissent dans le texte d'aujourd'hui et dans ce poème de Baudelaire.

À UNE MENDIANTE ROUSSE

Blanche fille aux cheveux roux,
Dont la robe par ses trous
Laisse voir la pauvreté
    Et la beauté

Pour moi, poète chétif
Ton jeune corps maladif,
Plein de taches de rousseur,[1]
    A sa douceur.

. . . . . . . . . . . . . . . . . . . . . . .
Cependant tu vas gueusant[2]
Quelque vieux débris[3] gisant
Au seuil de quelque Véfour
De carrefour;[4]

Tu vas lorgnant[5] en dessous[6]
Des bijoux de vingt neuf sous
Dont je ne puis, oh! pardon!
Te faire don.

Va donc, sans autre ornement,
Parfum, perles, diamant,
Que ta maigre nudité,
Ô ma beauté!

**CHARLES BAUDELAIRE (1821–1867)**
*Les Fleurs du Mal*

---

[1]**taches de rousseur:** *freckles.*   [2]**gueusant:** *picking up.*   [3]**les débris:** *leftover, trash.*   [4]**Véfour:** grand restaurant de Paris; **quelque Véfour de carrefour:** *some poor man's Véfour.*   [5]**lorgner:** désirer, convoiter.   [6]**en dessous:** *in a sly way.*

## H. *Thème dirigé*

**There could not be**[1] two more different ways to **approach**[2] poverty: "**Fight it,**"[3] says J. Duché. "**Let's collect money.**"[4] Sure, the **government**[5] should take care of the handicapped. **As a matter of fact,**[6] Social Security contributes 70 percent for each victim. **But how about**[7] the other 30 percent? Well, "be generous, give!"

"Your young sickly body covered with freckles is lovely," says Baudelaire to a young redheaded beggar. The poet cannot give her anything. But what an aesthetic experience to see her picking up some old rubbish near a restaurant!

There are many ways of seeing the world and of contributing to the **welfare**[8] of mankind.

1. il ne pourrait pas y avoir
2. considérer
3. combattez-la
4. quêtons
5. l'État
6. en fait
7. et
8. bien-être

# 2. La place des autres

La nuit, un automobiliste qui en croise un autre laisse ses phares[1] allumés. Pourquoi? Il doit bien savoir qu'il le gêne; il s'est certainement trouvé lui-même dans cette situation et il a pensé: "Quel malotru!"[2] Ce soir, le malotru c'est lui. Mais ça, il ne le pense pas.

J'ai eu récemment à faire 400 km au milieu de la nuit. Je crois pouvoir affirmer sans exagération qu'entre Angoulême et Paris j'ai croisé dix voitures qui ne se sont pas mises en code.[3] Pourtant, ces automobilistes n'étaient pas stupides: ils étaient simplement incapables de se voir avec les yeux des autres.

Il fut un temps — quand les voitures étaient moins nombreuses — où en voyant une en panne, on s'arrêtait pour offrir son aide. Aujourd'hui, pas question.[4] Il m'est arrivé de tomber en panne d'essence sur une route nationale très fréquentée, en plein jour et de faire signe vainement: vingt voitures passèrent avant qu'une consentît à s'arrêter. Essayez, vous verrez. Pis encore. J'ai lu le récit d'une expérience faite par des journalistes. Ils avaient mis en scène un pseudo-accident: un "blessé" gisait[5] sur le bas-côté;[6] je ne sais combien de voitures passèrent sans s'arrêter pour lui porter secours. Mais que les secours soient là, alors dix, vingt personnes s'arrêtent et regardent le drame: le spectacle ne coûte rien.

L'automobile est un révélateur excellent et affligeant de la personnalité. Elle pourrait révéler la solidarité d'un peuple d'usagers exposés aux mêmes périls; elle révèle leur égoïsme, cause première des accidents. Elle confirme que tout homme qui a du pouvoir est porté à en abuser;[7] et que tout accroissement de la puissance se paie d'une diminution de la sensibilité.

---

[1]Les phares sont les lumières les plus puissantes d'un véhicule.  [2]malotru: homme mal élevé.  [3]en code: les lumières baissées.  [4]pas question: il n'en est pas ainsi.  [5]gisait: était étendu au bord de la route.  [6]le bas-côté: *shoulder (of road)*.  [7]J. Duché cite ici une phrase de Jean-Jacques Rousseau.

## A. *Répétition*

Répétez les phrases suivantes en substituant les expressions indiquées. Imitez l'accent et l'intonation de votre professeur

Premièrement, *quelques façons polies de vous adresser aux autres:*

1. Pardon monsieur (madame), est-ce que la fumée de ma cigarette vous dérange?
   le courant d'air / la musique de mon transistor / les hurlements de mon bébé

2. Est-ce que je pourrais vous demander de me laisser passer?
   entrouvrir la fenêtre / baisser légèrement votre transistor

3. Pourriez-vous vous déplacer un tout petit peu pour que je puisse voir la pièce?
   vous pousser légèrement / vous pencher un peu vers la gauche

Deuxièmement, *quelques phrases à utiliser seulement si vous êtes exaspéré:*\*

4. Vous pourriez vous excuser, vous m'avez marché sur le pied!
   donné un coup de coude / envoyé votre parapluie dans l'œil

5. Espèce d'impoli, vous m'avez bousculé avec votre valise!
   assourdi avec votre musique / écrasé le pied avec vos gros souliers

6. Tant pis pour vous si ma musique vous gêne. Chacun pour soi!
   mon coude / ma valise / la lumière

## B. *Questions sur le texte*

1. Pourquoi ne faut-il pas laisser ses phares allumés la nuit?

2. Les automobilistes sont-ils stupides?

3. Il y a longtemps, que se passait-il quand une voiture était en panne?

4. Qu'est-il arrivé à J. Duché le jour où il est tombé en panne d'essence sur une route nationale très fréquentée?

5. Racontez l'expérience faite par des journalistes.

6. Pourquoi les gens s'arrêtent-ils une fois que les secours sont arrivés?

---

\*NOTE: Essayez d'éviter les situations où vous auriez à dire cela. Si malheureusement elles se présentent, vous ne resterez pas bouche bée (*with your mouth hanging open*).

7. Qu'est-ce que l'automobile pourrait révéler?

8. Que révèle-t-elle au contraire?

9. Quelles sont les deux maximes désabusées qui terminent la chronique d'aujourd'hui?

## C. *Exercice*

Tout en restant poli, que diriez-vous à quelqu'un qui:

1. a posé sa valise sur votre manteau?*

2. vous empêche de voir l'écran au cinéma?

3. souffle la fumée de sa cigarette dans votre direction?

4. vous assourdit avec son transistor?

5. a pris votre place dans une queue?

6. se trompe de manteau et prend le vôtre?

7. a écrasé votre chien?

8. a heurté votre voiture avec la sienne?

## D. *Conversation*

QUESTIONS

1. Citez trois critiques que vous entendez souvent sur la façon de conduire de certains automobilistes.

2. Si vous êtes cycliste ou piéton, que reprochez-vous aux automobilistes et inversement?

3. Expliquez *sans faire de gestes* ce que c'est qu'une queue de

VOCABULAIRE À APPRENDRE

Par politesse, nous ne vous apprendrons pas le vocabulaire d'injures dont se sert un automobiliste en colère contre un autre. Parmi les "**vacheries**" qui ont **le don d'irriter** les conducteurs, la "**queue de poisson**" est l'une des pires. Faire une queue de poisson veut dire doubler une voiture, puis **obliquer** rapidement pour **se ranger** de nouveau sur la droite. Alors, on coupe la route de la première voiture, l'obligeant à ralentir précipitamment.

---

*ATTENTION: N'utilisez aucune phrase à la forme négative. Par exemple, ne dites pas "ne posez pas votre valise sur mon manteau." Dites par exemple: "pardon, monsieur, est-ce que vous pourriez déplacer un tout petit peu votre valise? Il me semble que mon manteau se trouve dessous." Dans une situation concrète, vous obtiendrez sans doute un meilleur résultat de la part du monsieur en question.

poisson, et *sans regarder* les explications ci-contre.

4. Parmi les sept causes d'énervement indiquées ci-contre, quelles sont les trois qui vous exaspèrent le plus?

5. Parmi les travers ci-contre, y en a-t-il un dont vous êtes coupable? Accusez-vous!

6. Êtes-vous déjà intervenu en faveur d'une personne qui était insultée par une autre? Racontez la scène.

7. Inversement, avez-vous eu à vous plaindre de l'indifférence d'autrui alors que vous étiez en panne? Avez-vous été délaissé, ignoré, quand vous aviez besoin d'aide?

Êtes-vous généralement **assourdi** par les bruits divers, **ébloui** par les phares des autres, **aveuglé** par la lumière **crue** des éclairages au néon, **écrasé** dans le métro ou les autobus, **agacé** par la radio des voisins, **incommodé** par les **gaz d'échappement** de certaines voitures, exaspéré par les camions?

Et vous, avez-vous jamais fait du **tapage nocturne** (bruit excessif pendant la nuit)? **Mâchez**-vous bruyamment le **maïs grillé** au cinéma? Faites-vous **grincer** la craie en écrivant au tableau? **Ronflez**-vous la nuit?

On parle un peu partout de l'indifférence et de la non-intervention des foules. Des gens assistent à des crimes, laissant les malfaiteurs **brutaliser** ou **dévaliser** sous leurs yeux des femmes âgées ou des enfants. Est-ce que la sensibilité a fini par s'émousser? Est-ce la peur de **se compromettre**, la peur de se trouver face-à-face avec un fou dangereux et armé qui empêche les gens de **secourir** leurs **semblables**?

## E. *Controverse*

SUJET DU JOUR: *Le non-secours devrait-il être puni?*

Une personne se noie devant les yeux d'une autre qui ne lui porte pas secours. Devrait-on punir le témoin insensible?

## F. *Exposés*

Choisissez un des sujets suivants et présentez-le soit comme exposé oral, soit comme devoir écrit.

1. Est-il vrai que tout homme qui a du pouvoir est porté à en abuser? Si possible, trouvez des exemples historiques.

2. Savez-vous vous mettre à la place des autres et vous voir avec leurs yeux? Trouvez-vous au contraire que c'est une source de complexes?

3. Quelles sont les mesures qu'on a prises ou qu'on devrait prendre pour empêcher les fumeurs de gêner les non fumeurs?

## G. *Comparaison*

Avez-vous jamais été gêné par un fâcheux (*bore*) aussi désagréable que celui de Molière?

> J'étais sur[1] le théâtre, en humeur d'écouter
> La pièce qu'à plusieurs j'avais ouï[2] vanter;
> Les acteurs commençaient, chacun prêtait silence,
> Lorsque, d'un air bruyant et plein d'extravagance,
> Un homme à grands canons[3] est entré brusquement
> En criant: "Holà ho! un siège promptement!"
> Et de son grand fracas surprenant l'assemblée,
> Dans le plus bel endroit a la pièce troublée.
> . . . . . . . . . . . . . . . . . . . . . . . . . . . . . . . . . . . . . . . . . .
> Tandis que là-dessus je haussais les épaules,
> Les acteurs ont voulu continuer leurs rôles;
> Mais l'homme pour s'asseoir a fait nouveau fracas,
> Et traversant encor le théâtre à grands pas,
> Bien que dans les côtés il pût être à son aise,
> Au milieu du devant il a planté sa chaise
> Et de son large dos morguant[4] les spectateurs,
> Aux trois quarts du parterre[5] a caché les acteurs.
> Un bruit s'est élevé, dont un autre eût eu honte;
> Mais lui, ferme et constant, n'en a fait aucun compte,
> Et se serait tenu comme il s'était posé,
> Si pour mon infortune, il ne m'eût avisé.[6]
> "Ha! Marquis, m'a-t-il dit, prenant près de moi place,
> Comment te portes-tu? Souffre que je t'embrasse."
> Au visage, sur l'heure, un rouge m'est monté
> Que l'on me vît connu d'un pareil éventé.[7]
> Je l'étais peu pourtant; mais on en voit paraître
> De ces gens qui de rien veulent fort vous connaître,
> Dont il faut au salut[8] les baisers essuyer,[9]
> Et qui sont familiers jusqu'à vous tutoyer.

MOLIÈRE (1622–1673)
*Les Fâcheux*

---

[1]Dans ce temps-là, les spectateurs distingués s'asseyaient sur la scene, près des acteurs. [2]ouïr: (verbe archaïque) entendre. [3]les canons: rubans qui étaient à la mode pour les hommes au dix-septième siècle. [4]morguer: (verbe archaïque) montrer de la morgue, mépriser. [5]le parterre: *lower seats at the theater; the people sitting there.* [6]s'il ne m'eût avisé: *if (unfortunately) he had not seen me.* [7]éventer: agiter de l'air; un éventé: ici, *agitated person.* [8]un salut: *greeting.* [9]essuyer: supporter sans plaisir.

## H. *Thème dirigé*

Here is a very common offense: **people will make**[1] all kinds of noises **and create a disturbance**[2] at the theater, the movies, the concert hall. Here, with his habitual **gusto**,[3] Molière describes a **late-comer at**[4] a play. This man **starts with an uproar.**[5] Then he sits **in such a way as to**[6] hide most of the actors **from the**[7] spectators. Finally, he changes seats and **spots**[8] the young Marquis. "How are you? Do let me kiss you!"

The whole time, the bore **is completely oblivious of**[9] other people, and he does not notice that the poor Marquis **is red with embarrassment.**[10]

1. celle des gens qui font

2. et qui amènent la perturbation

3. verve

4. un retardataire arrivant à

5. commence par faire du tapage

6. de façon à

7. aux

8. avise

9. ne tient aucun compte des

10. est rouge de honte

# 3. Rien ne sert de courir...

. . . Il faut s'arrêter à point.[1]

Je suis peut-être un mauvais Français, cependant je le dirai tout net: les difficultés qui ont entravé la construction du Concorde[2] m'ont beaucoup réjoui. Oh! je sais bien qu'elles ont fini par être surmontées et que les Américains finiront aussi par construire leur avion commercial supersonique; mais le plus tard sera le mieux. Ce sera toujours ça de gagné contre l'abrutissement général et la destruction de l'environnement. Et puis, New-York à deux heures de Paris c'est très bien, mais de chez soi à l'avion, et de l'avion chez soi, il faudra toujours deux heures dans chaque sens.

On n'arrête pas le progrès. C'est tristement vrai. Même s'il nous entraîne à des . . . sottises. Il serait temps, je crois, de nous souvenir qu'il y a parfois une différence entre le point maximum et le point optimum, entre le plus et le mieux. Franchir l'Atlantique plus vite que du temps de la marine en bois, c'est mieux. Le franchir plus vite que nous ne faisons actuellement au prix que vous savez, c'est idiot. Le progrès consisterait à abaisser les tarifs de telle sorte que davantage d'hommes puissent voyager et connaître leurs compagnons de planète.

L'aventure du Concorde pose parfaitement la question du progrès technique: sommes-nous condamnés à courir après ce progrès, espèce de monstre autonome échappé de nos mains? Et puis, après tout, gagner trois heures sur

---

[1]"Rien ne sert de courir, il faut partir à point" dit La Fontaine dans "Le Lièvre et la Tortue." [2]le Concorde: La France et l'Angleterre se sont mises ensemble pour construire cet avion supersonique. Les deux pays ont rencontré beaucoup de difficultés financières au cours de ce projet et se sont fait critiquer de telle sorte qu'ils ont eu du mal à vendre cet avion commercial aux Compagnies aériennes étrangères.

Paris–New-York, qu'est-ce que ça change? Les angoissés du temps perdu seraient mieux avisés d'employer ces trois heures à se demander ce qui les fait courir si vite.


## A. *Répétition*

Répétez les phrases suivantes en substituant les expressions indiquées. Imitez l'accent et l'intonation de votre professeur.

1. Il s'applique mieux; son travail est meilleur.
   chante . . . voix / peint . . . technique / étudie . . . résultats

2. Il faudra toujours deux heures dans chaque sens.
   pour l'aller / pour le retour / pour l'aller-retour

3. Il ne me reste plus qu'à m'en aller.
   lui / nous / vous / leur

4. Pourquoi s'obstiner à courir si vite?
   (Attention à la préposition qui suit le verbe.)
   exiger / consentir / refuser / vouloir / accepter


## B. *Questions sur le texte*

1. Qu'est-ce que J. Duché critique aujourd'hui?
2. Qu'est-ce que les avions supersoniques risquent de causer?
3. Pourquoi vaudrait-il mieux abaisser les tarifs?
4. Quelle contradiction y a-t-il dans ce système de transport?
5. À quoi ferions-nous mieux d'employer notre temps?


## C. *Exercice*

Finissez les phrases de gauche avec une des expressions de droite.

1. On finira par voyager en avion supersonique mais . . .

2. Pourquoi toujours inventer des transports plus rapides . . .

3. Je viendrais bien en voiture mais je viendrai à bicyclette . . .

a. il me faut la vendre au mieux

b. et c'est tant mieux

c. le plus tard sera le mieux

d. le mieux est l'ennemi du bien

4. Mon père est malade depuis quinze jours, mais . . .

5. Ma voiture est en très mauvaise condition, alors . . .

6. On va interdire les avions supersoniques . . .

e. il va de mieux en mieux

f. faute de mieux

## D. *Conversation*

QUESTIONS

VOCABULAIRE À APPRENDRE

1. Qu'est-ce que c'est que "la bougeotte"?

2. Qu'est-ce que c'est que "l'ivresse de la vitesse"? En êtes-vous intoxiqués?

3. Dans notre civilisation, pourquoi est-il important de gagner du temps?

4. Racontez l'histoire des cultivateurs *sans regarder le livre*.

5. À quoi donnez-vous raison dans ce litige?

6. Comment les gens que vous connaissez se rendent-ils à leur travail?

Si vous êtes comme tout le monde, vous avez la **bougeotte** et à la moindre occasion vous **descendez** en Floride, **montez** à Boston à moins que vous n'**obliquiez** vers New-York ou vers San-Francisco. Nous souffrons presque tous de cette maladie qui présente souvent une complication **néfaste: l'ivresse de la vitesse**. Il faut faire un trajet donné en moins de temps. **Gagner du temps** est important dans notre civilisation.

Voici un événement regrettable qui a eu lieu en France, il y a quelque temps. Un vieux ménage de cultivateurs se trouvaient chez eux un beau soir. Au-dessus de la cuisine de leur ferme était le **grenier** rempli des **graines** de leur **récolte**. Un avion supersonique vint à passer et la maison **s'écroula** tandis que les deux vieux **trouvaient la mort, ensevelis** sous des tonnes de graines. Leurs enfants ont **poursuivi** en justice les responsables de l'avion, c'est-à-dire le gouvernement. Prétendant que la maison était sans doute déjà fort **lézardée**, les **tribunaux administratifs** (qui s'occupent des **litiges** entre particuliers et administration) **déboutèrent** les **plaignants** (leur donnèrent tort).

Les **trajets** Paris–New-York préoccupent relativement peu de monde. Mais les trajets de la maison au lieu de travail posent partout des problèmes. Les gens **font la navette**, c'est-à dire **font l'aller-retour**. Il y a un mot qui désigne ces malheureux qui ne cessent de se déplacer d'un point à un autre. On les appelle les **pendulaires**. Certaines personnes

7. Comment dit-on:
*to commute*
*to get a ride*
*to drop off*
*to call for*
*a school bus*
*to pick up*

font même la navette entre leur appartement et l'aéroport. Ils sont obligés de **s'y faire conduire.** On les y **dépose** le matin et on **vient les chercher** le soir.

Dans les villes, la plupart des enfants demeurent près de leur école. Mais dans les campagnes, un autobus de **ramassage vient prendre** les élèves et les ramène le soir.

## E. *Controverse*

Sujet du jour:    ***Pour ou contre les avions supersoniques.***

Les *pour*: Rappelez que des pessimistes étaient contre les automobiles, les chemins de fer, etc.
Les *contre*: Prenez le parti de l'auteur et appuyez la maxime "le mieux est l'ennemi du bien."

## F. *Exposés*

Choisissez un des sujets suivants et présentez-le soit comme exposé oral, soit comme devoir écrit.

1. Expliquez pourquoi les transports en commun sont si peu pratiques aux États-Unis.

2. Comment les enfants de votre pays se rendent-ils à l'école? Exposez les problèmes causés par le ramassage scolaire.

3. Comment les problèmes posés par la "crise de l'énergie" sont-ils résolus?

## G. *Comparaison*

Lisez la fable ci-dessous. Comparez la morale de cette fable à celle du texte.

### LE LIÈVRE ET LA TORTUE

Rien ne sert de courir; il faut partir à point:
Le Lièvre et la Tortue en sont un témoignage.
"Gageons, dit celle-ci, que vous n'atteindrez point
Sitôt que moi ce but. — Sitôt? Êtes-vous sage?

Repartit[1] l'animal léger:
Ma commère,[2] il vous faut purger
Avec quatre grains d'ellébore.[3]
— Sage ou non, je parie encore."
Ainsi fut fait; et de tous deux
On mit près du but les enjeux.
Savoir quoi, ce n'est pas l'affaire,
Ni de quel juge l'on convint.
Notre Lièvre n'avait que quatre pas à faire,
J'entends de ceux qu'il fait lorsque, prêt d'être atteint,
Il s'éloigne des chiens, les renvoie aux calendes,[4]
Et leur fait arpenter les landes.[5]
Ayant, dis-je du temps de reste pour brouter,
Pour dormir, et pour écouter
D'où vient le vent, il laisse la Tortue
Aller son train de sénateur.[6]
Elle part, elle s'évertue;
Elle se hâte avec lenteur.
Lui cependant méprise une telle victoire,
Tient la gageure[7] à peu de gloire,[8]
Croit qu'il y va de son honneur
De partir tard. Il broute, il se repose;
Il s'amuse à toute autre chose
Qu'à la gageure. À la fin, quand il vit
Que l'autre touchait presque au bout de la carrière,
Il partit comme un trait;[9] mais les élans[10] qu'il fit
Furent vains: la Tortue arriva la première.
"Eh bien! lui cria-t-elle, avais-je pas raison?
De quoi vous sert votre vitesse?
Moi l'emporter![11] et que serait-ce
Si vous portiez une maison?"

**LA FONTAINE (1621–1695)**
*Fables*

---

[1]**repartit:** *retorted.*   [2]**commère:** *female crony,* "chum," "old girl."   [3]**ellébore:** hellebore, plante utilisée autrefois pour guérir la folie.   [4]**les renvoie aux calendes:** *leaves them far behind.*   [5]**leur fait arpenter les landes:** *makes them walk very fast across the prairie.*   [6]**aller son train de sénateur:** aller très lentement, comme un vieux monsieur.   [7]**la gageure:** *wager.*
[8]*He scorns a victory which would not bring him much glory.*   [9]**comme un trait:** très vite.
[10]**élans** (*m. pl.*): efforts, ardeur.   [11]**l'emporter:** *to win.*

## H. *Thème dirigé*

Les sept derniers thèmes dirigés de ce livre ont pour but de vous apprendre à écrire des lettres en français. La technique est un peu différente de celle du style épistolaire anglais.

Monsieur l'Attaché Culturel
à l'Ambassade de France

**Dear Sir**[1]
    During **the summer holidays**[2] I will be a **counsellor**[3] at a **summer camp**[4] **in Maine.**[5] It is a type of camp where the children learn French while they play.
    I would like to know if you could help me obtain suitable **posters,**[6] records, and books. **By way of**[7] books, I was thinking of the *Fables* by La Fontaine. Since **I can draw pretty well,**[8] I am thinking of a project for rainy days. I would teach the children fables and organize **a contest for**[9] illustrations of each one. I would send you the best illustrations and you could use them **for whatever purpose you might have.**[10]
    **I shall be thankful for**[11] **any help and encouragement**[12] you can give me.
                               **Sincerely yours**[13]

1. Monsieur l'Attaché Culturel

2. les vacances

3. moniteur (monitrice)

4. une colonie de vacances

5. dans le Maine

6. affiches

7. en ce qui concerne

8. j'ai un joli talent de dessinateur (dessinatrice)

9. un concours de

10. comme bon vous semble

11. je vous remercie d'avance de

12. l'aide et des encouragements

13. Veuillez recevoir mes sincères salutations

# XI LES COUTUMES

1. **Trois mille ans d'histoires dans l'eau**

2. **Pourquoi des cadeaux?**

3. **C'est quand, la guerre?**

Bruno Barbey/Magnum

"Ah Dieu! que la guerre est jolie."
APOLLINAIRE

# XI LES COUTUMES

# 1. Trois mille ans d'histoires[1] dans l'eau

Un des traits distinctifs de l'homme moderne est qu'il ne peut pas voir de l'eau sans éprouver le désir de se jeter dedans. Quand l'homme ne voit pas d'eau, il lui arrive de parcourir des centaines de kilomètres à seule fin de satisfaire son désir. C'est ainsi que des migrations saisonnières s'abattent sur les plages, si denses que le sable en est parfois entièrement recouvert.

Le phénomène, dont les premières manifestations sont apparues au siècle dernier, n'a pris son ampleur mondiale qu'entre les deux guerres. Il est d'autant plus bouleversant que l'humanité, pendant des millénaires, ne s'était baignée que pour de bonnes raisons. À Babylone, une épouse accusée d'adultère devait se jeter dans l'Euphrate: si elle flottait, c'était que les dieux la déclaraient innocente. En Crète, les jeunes filles plongeaient pour prouver leur virginité, ou pour s'en refaire une dans le sein de la grande mer. Les femmes grecques se précipitaient du rocher de Leucade dans les flots pour se guérir d'un amour malheureux.

Au Moyen Âge, au Grand Siècle[2] encore, on comptait sur les bains de mer pour guérir de la rage.[3] Une des filles d'honneur de la reine ayant été mordue, Louis XIV l'envoya à Dieppe[4] se faire jeter dans la mer. Mme de Sévigné écrivit: "J'ai vu Mlle de Lundres. Elle a été plongée dans la mer, la mer l'a vue toute nue et sa fierté en a été augmentée: j'entends la fierté de la mer, car pour la belle, elle en est fort humiliée."[5]

Quelques Anciens perspicaces avaient déjà célébré les propriétés thérapeutiques de l'eau. Si l'on en croit un contemporain de Trajan[6] nommé

---

[1]En français, le mot "histoire" veut dire aussi bien *story* que *history*. Ici, la confusion est volontaire.   [2]**le Grand Siècle:** le dix-septième siècle.   [3]**la rage:** *rabies*.   [4]**Dieppe:** ville de France au bord de la Manche.   [5]La citation de Mme de Sévigné est un exemple du style précieux du dix-septième siècle.   [6]**Trajan:** Empereur romain (98–117 A.D.)

Agathinus de Sparte: "Ceux qui prennent des bains froids, même quand ils sont tout à fait vieux, ont le corps compact et ferme, présentent une couleur florissante et ont, en général, une apparence très virile et très robuste. Ils ont un appétit vigoureux et une digestion rapide. Chez eux, les opérations des sens et, pour le dire en un mot, toutes les fonctions naturelles, s'accomplissent en général avec précision."

Enfin, quelques esprits d'avant-garde s'avisèrent que l'on pouvait aussi se baigner pour le plaisir. Bientôt toutes les beautés que la pudeur voile pendant onze mois de l'année se dévoilent à la mer et se livrent à la joie du soleil et de l'eau.

## A. Répétition

Répétez les phrases suivantes en substituant les expressions indiquées. Imitez l'accent et l'intonation de votre professeur.

1. Le pauvre homme s'est jeté du haut de la Tour Eiffel.
   du cinquième étage / dans la Seine / dans le lac de Genève

2. La Loire se jette dans l'océan Atlantique.
   la Garonne / la Dordogne / la Charente

3. Ne vous jetez pas sur la nourriture!
   la boisson / votre potage / votre dîner

4. Voulez-vous jeter un coup d'œil sur mon travail?
   ce livre / ce rapport / les enfants

5. Elle a jeté son dévolu sur cette robe.
   cette bague / cette automobile / cette maison de banlieue

## B. Questions sur le texte

1. Que fait l'homme moderne quand il voit de l'eau?

2. Que fait-il quand il n'en voit pas?

3. À Babylone, comment jugeait-on les épouses adultères?

4. En Crète, pourquoi les jeunes filles plongeaient-elles?

5. Et en Grèce?

6. Racontez la mésaventure d'une des filles d'honneur de la reine.

7. Quelles propriétés thérapeutiques de l'eau avait-on cru découvrir dans l'antiquité?

8. Aujourd'hui, pourquoi se baigne-t-on?

## C. *Exercice*

Faites un résumé historique (sans regarder le texte) des "trois mille ans d'histoires dans l'eau" que vous venez de lire.

## D. *Conversation*

QUESTIONS

1. Definissez les mots suivants sans vous servir de l'anglais:
   s'ébrouer
   faire trempette
   le ski nautique
   l'aviron
   la plongée
   des régates

2. Pourquoi la navigation fluviale est-elle populaire en France?

3. Qu'est-ce que c'est qu'une croisière?

4. Quelle est la différence entre le roulis et le tangage?

5. Donnez trois conseils à quelqu'un qui veut prendre des bains de soleil.

6. Comment expliquez-vous l'engoûment actuel pour le soleil et l'eau?

VOCABULAIRE À APPRENDRE

À côté des gens qui vont **s'ébrouer** dans l'eau et de ceux qui vont simplement **faire trempette**, vous avez les fanatiques du **ski nautique**, de l'**aviron** et de la **plongée sous-marine**. Les **régates** consistent à parcourir un circuit **délimité** par des **bouées** dans un minimum de temps. En France, il est possible de traverser tout le pays au moyen des rivières et des **canaux**. La **navigation fluviale** ne vous tente-t-elle pas?

On ne voyage plus beaucoup par bateau car l'avion est tellement plus rapide et moins coûteux. Pourtant, on peut encore faire des **croisières**. Oui, bien sûr, il y a des gens qui ont le **mal de mer**. Mais s'ils pensent bien à prendre une **pilule** chaque matin, ni la **houle**, ni le **roulis**, ni le **tangage** ne les gêneront et ils pourront **participer** à tous les **jeux**, les **soirées**, les **galas**. Naturellement, il faut absolument participer aussi à l'**exercice d'évacuation**. Les risques de **naufrage** sont minimes; pourtant, quand vous aurez **repéré** votre **canot de sauvetage**, vous serez plus tranquille.

On peut dire que l'amour du soleil et de l'eau est un **engoûment** (admiration exagérée), une mode, **de longue durée** certes, mais une mode tout de même **passagère**. Des engoûments de longue durée ont existé au cours de l'histoire et ils ont fini par passer.

## E. *Controverse*

SUJET DU JOUR: *Est-ce que la natation est le sport idéal?*

Les *pour*: défendez ce sport avec au moins trois bonnes raisons. Les *contre*: donnez trois raisons pour lesquelles vous en préférez un autre.

## F. *Exposés*

Choisissez un des sujets suivants et présentez-le soit comme exposé oral, soit comme devoir écrit.

1. Dans quelles conditions avez-vous appris à nager? Racontez vos premiers efforts.
2. Documentez-vous sur le naufrage du Titanic et racontez-le.
3. Faites un exposé zoologique sur les animaux qui vivent dans l'eau.

## G. *Comparaison*

Exercez-vous à lire ce poème à voix haute en comptant les douze syllabes de chaque alexandrin. ATTENTION: chaque ligne doit contenir *douze* syllabes. Comparez avec la versification traditionnelle anglaise.

### L'HOMME ET LA MER

Homme libre, toujours tu chériras la mer!
La mer est ton miroir; tu contemples ton âme
Dans le déroulement infini de sa lame,[1]
Et ton esprit n'est pas un gouffre[2] moins amer.

Tu te plais à plonger au sein de ton image;
Tu l'embrasses des yeux et des bras, et ton cœur
Se distrait quelquefois de sa propre rumeur[3]
Au bruit de cette plainte indomptable[4] et sauvage.

Vous êtes tous les deux ténébreux et discrets:
Homme, nul n'a sondé[5] le fond de tes abîmes,
Ô mer, nul ne connaît tes richesses intimes,
Tant vous êtes jaloux de garder vos secrets!

Et cependant voilà des siècles innombrables
Que vous vous combattez sans pitié ni remord,
Tellement vous aimez le carnage et la mort,
Ô lutteurs éternels, ô frères implacables!

CHARLES BAUDELAIRE (1821–1867)
*Les Fleurs du mal*

---

[1]**la lame:** *wave.*   [2]**le gouffre:** *abyss.*   [3]**la rumeur:** *uproar.*   [4]**indomptable:** *indomitable.*
[5]**sonder:** *to measure.*

## H. *Thème dirigé*

**Dear Mrs. Dupont**[1]

**Thank you very much for letting us stay at your house**[2] in Normandy. My friend and I **had a wonderful time there.**[3] The beaches are very beautiful and the weather was warm enough for us to swim every day. Maybe one of these days you can come and see us in North Carolina. We live far from the beaches but there is **a nice swimming pool**[4] at the Y.M.C.A. **only two blocks from where we live.**[5] My sister and I learned to swim there and **I was**[6] the best **diver**[7] **on the block**[8] when I was ten.

I am sending you a book about the California beaches. I hope **you like it.**[9]

**My mother and father**[10] send their **regards.**[11]

**Sincerely yours**[12]

1. Chère Madame

2. Merci infiniment de nous avoir prêté votre maison

3. nous y avons fait un séjour merveilleux

4. une piscine très bien

5. à deux pas de chez nous

6. c'était moi

7. plongeur

8. du quartier

9. qu'il vous plaira

10. mes parents (voir note p. 149)

11. amitiés

12. Veuillez recevoir, chère Madame, mon meilleur souvenir

# 2. Pourquoi des cadeaux?

Décembre est le mois des courses dans les magasins, des paquets enrubannés, du Père Noël et des étrennes,[1] le mois des cadeaux. Il en est de gracieux. Il en est d'obligatoires. Certains font plaisir, certains tombent à côté, mais qu'importe? On a au moins la satisfaction d'avoir sacrifié à l'usage.[2] D'où vient-il donc, cet usage? Pourquoi des cadeaux?

Il y a une réponse toute simple: pour faire marcher le commerce. Serions-nous tentés d'oublier cette nécessité, les placards publicitaires, les vitrines affriolantes sont là qui nous rappellent à l'ordre. La persuasion publicitaire, cependant, n'obtiendrait pas ces résultats extraordinaires si elle n'agissait sur un vieux fonds de croyance en la magie. Dans cette magie-là, le cadeau n'est pas du tout gratuit, bien au contraire, c'est un placement. Il est la forme noble du troc.[3]

Les anciens Chinois, auxquels il faut toujours revenir quand on cherche des astuces[4] de la vie en société, savaient que celui qui donne oblige.[5] Leurs paysans, soumis aux caprices du temps, incapables de prévoir et de stocker, ne voyaient pas d'autre solution que de se concilier les faveurs de la Nature: et dans les fêtes du solstice d'hiver, c'était à qui gaspillerait le plus hardiment sa récolte en l'honneur du Soleil souffreteux.[6]

Agamemnon[7] prêt à sacrifier sa fille Iphégénie afin que les dieux lui envoient des vents favorables raisonnait comme un paysan chinois. Et les chefs d'entreprise ne font-ils pas des cadeaux à leurs clients, aux fonctionnaires, aux journalistes pour que le vent souffle dans la bonne direction?

---

[1]**les étrennes:** cadeaux que l'on fait pour le jour de l'an (le 1er janvier). [2]**sacrifié à l'usage:** observé la coutume. [3]**le troc:** l'échange. [4]**une astuce:** *witticism.* [5]**obliger:** *to put under an obligation.* [6]**souffreteux:** *feeble.* [7]**Agamemnon:** chef des Grecs pendant la guerre de Troie.

La noblesse d'un seigneur chinois inventait des ruses plus subtiles. Au cinquième siècle avant notre ère, un nommé T'ien Tchang ambitionnait d'usurper l'autorité princière. Il avait un harem de cent femmes "de grande taille". Il l'ouvrit à des hommes valeureux; ce qui lui valut, outre soixante-dix fils, leurs suffrages;[8] ils lui avaient apporté l'hommage de leur virilité (par de charmantes personnes interposées), ils étaient assurés que T'ien les paierait en fiefs.[9]

Les cadeaux de ce genre sont passés de mode, je crois. On en trouve la survivance dans une forme désintéressée qui est aussi la plus agréable: donner pour le plaisir de faire plaisir.

---

[8]**les suffrages** (*m. pl.*): soutient, support.    [9]Dans le droit médiéval, le fief est un domaine qu'un vassal reçoit de son suzerain.

## A. *Répétition*

Répétez les phrases suivantes en substituant les expressions indiquées. Imitez l'accent et l'intonation de votre professeur.

1. Permettez-moi de vous offrir ces quelques fleurs.
   ces chocolats / ces fruits de mon jardin / ma photographie dédicacée.

2. La cravate que vous m'avez donnée m'a fait grand plaisir.
   le parfum / les chocolats / le collier

3. Je vous remercie des cartes-postales que vous m'avez envoyées.
   affiches publicitaires / félicitations / vœux de guérison

4. En l'honneur de la fête des mères, débouchons une bouteille de champagne.
   la fête des pères / le 14 juillet / votre anniversaire

## B. *Questions sur le texte*

1. Que vous suggère le mois de décembre?
2. Quelles diverses sortes de cadeaux distingue-t-on?
3. Quel principe fondamental les anciens Chinois avaient-ils en ce qui concerne les cadeaux?
4. Que faisaient les paysans chinois au solstice d'hiver?
5. Racontez l'histoire d'Agamemnon et Iphigénie.
6. Pourquoi T'ien Tchang a-t-il fait cadeau de ses femmes?
7. Quelle est la façon la plus agréable de faire des cadeaux?

## C. *Exercice*

Comment remercier par lettre.

EXEMPLE: Que dire à quelqu'un qui vous a écrit longuement?
Votre longue lettre m'a fait grand plaisir.

1. à quelqu'un qui vous a parlé aimablement?
Vos aimables paroles . . .

2. qui vous a répondu promptement?

3. qui vous a accueilli généreusement?

4. qui vous a conseillé gentiment?

5. qui vous a rendu visite fréquemment?

## D. *Conversation*

QUESTIONS

1. Citez cinq coutumes que vous observez toujours pour les fêtes de fin d'année.

2. Comment expliquez-vous la coutume des arbres de Noël?

3. Quel est le dernier cadeau que vous avez fait à quelqu'un? À quelle occasion?

4. Décrivez quelques cadeaux que vous avez faits à votre mère à l'occasion de la fête des mères (de préférence quand vous étiez à l'école primaire).

5. Qui est saint Valentin? Comment avez-vous célébré sa fête le 14 février dernier?

VOCABULAIRE À APPRENDRE

Quelques conseils pour les fêtes de Noël et du jour de l'an: Commencez par **adresser des cartes** de Noël à tous vos amis et **connaissances**. Puis **précipitez-vous** dans les magasins avec une liste de noms que vous **rayerez au fur et à mesure** de vos achats. **Faites une provision de cravates** et de **flacons d'eau de Cologne** pour ceux ou celles que vous aurez oubliés et qui, eux, auront pensé à vous. **Extasiez-vous** sur les cadeaux reçus et, enfin, n'oubliez pas les **lettres de remerciement**.

Comment assister à un mariage sans faire un **cadeau de mariage**? Pensez bien aussi à la **fête des mères**, la fête des pères, les **anniversaires** de vos amis, les **noces d'argent** de vos parents. Si vous êtes **parrain** ou **marraine**, vos **filleuls** s'attendent à un petit souvenir. **Saint Valentin** est le **patron** des amoureux. Sa fête est le 14 février.

En ce qui concerne les cadeaux qui sont faits par les entreprises à leurs clients, pensez aux **primes** des magasins, aux **cadeaux-réclame** de toutes sortes. Il y a aussi ce que l'on appelle des **avantages en nature:** une **dinde** à Noël, ou une **caisse de liqueurs**,

6. Préférez-vous recevoir un cadeau en nature ou bien la somme d'argent correspondante? Pourquoi?

7. Avez-vous jamais gagné quelque chose à une loterie? à "bingo"? Qu'est-ce que c'était? Qu'est-ce que vous en avez fait?

8. Parmi les cadeaux offerts par des entreprises, lesquels sont légitimes et lesquels ne le sont pas?

9. À propos des superstitions, répondez aux six questions ci-contre.

10. Qu'est-ce que c'est qu'un guérisseur?

11. Avez-vous déjà consulté une voyante? Racontez cette consultation. Que vous a-t-elle prédit?

toujours pour les fêtes. Certains commerçants font un **tant pour cent** sur la marchandise aux acheteurs dont ils tiennent particulièrement à s'assurer la clientèle. On raconte que certains politiciens se font offrir des **pots de vin** (*bribes*) contre des faveurs particulières. Mais il s'agit sûrement d'une **calomnie**!

Le texte d'aujourd'hui, en mentionnant des sacrifices faits au soleil ou aux dieux nous amène à parler des superstitions. Êtes-vous superstitieux? Avez-vous peur du **chiffre 13**? Osez-vous passer sous une **échelle**? Que faites-vous si vous renversez une **salière**? Un chat noir **porte-t-il bonheur** ou **porte-t-il malheur**? **Touchez-vous du bois** pour éviter la **malchance**?

Naturellement, les gens **crédules** se font souvent exploiter. Il existe des guérisseurs, des charlatans, des vendeurs d'amulettes et porte-bonheurs de toutes sortes qui s'enrichissent aux dépens des **bonnes poires** (*suckers*). Les guérisseurs sont des gens dangereux, mais il est très amusant de consulter une voyante. Les diseuses de bonne aventure tirent les cartes, lisent dans les lignes de la main, voient l'avenir dans des boules de cristal, etc.

## E. *Controverse*

Sujet du jour:    *C'est plus amusant de chercher un cadeau pour un ami que d'en recevoir un.*

De quelque côté que vous soyez, donnez des exemples.

## F. *Exposés*

Choisissez un des sujets suivants et présentez-le soit comme exposé oral, soit comme devoir écrit.

1. Comparez la fête du solstice d'hiver célébrée dans l'ancienne Chine et la fête de Thanksgiving célébrée aux États-Unis d'aujourd'hui. Trouvez au moins deux ressemblances et deux différences.

2. Pourquoi les parents modernes comblent-ils leurs enfants de cadeaux même s'ils doivent se priver eux-mêmes?

3. Maintenant que vous connaissez tout le monde dans votre classe, imaginez le cadeau qui ferait le plus plaisir à chacun d'après sa personnalité.

## G. *Comparaison*

Jean Duché classe les cadeaux en plusieurs catégories. Dans quelle catégorie placerait-il ceux dont Balzac vous parle ci-dessous?

Le matin,[1] M. Grandet, suivant sa coutume pour les jours mémorables de la naissance et de la fête d'Eugénie, était venu la surprendre au lit, et lui avait solennellement offert son présent paternel, consistant depuis treize années en une curieuse pièce d'or. Madame Grandet donnait ordinairement à sa fille une robe d'hiver ou d'été, selon la circonstance. Ces deux robes, les pièces d'or qu'elle récoltait au premier jour de l'an et à la fête de son père, lui composaient un petit revenu[2] de cent écus environ, que Grandet aimait à lui voir entasser. N'était-ce pas mettre son argent d'une caisse dans une autre, et, pour ainsi dire, élever à la brochette[3] l'avarice de son héritière, à laquelle il demandait parfois compte de son trésor, en lui disant: — Ce sera ton douzain de mariage.

Le douzain est un antique usage encore en vigueur[4] et saintement conservé dans quelques pays situés au centre de la France. En Berri, en Anjou,[5] quand une jeune fille se marie, sa famille ou celle de l'époux doit lui donner une bourse où se trouvent, suivant les fortunes, douze pièces d'argent ou d'or. La plus pauvre des bergères ne se marierait pas sans son douzain, ne fût-il composé que de gros sous.

HONORÉ DE BALZAC (1799–1850)
*Eugénie Grandet*

---

[1]C'est l'anniversaire d'Eugénie. Elle a 23 ans.    [2]**revenu**: ici, somme d'argent.    [3]**élever à la brochette**: *to train*.    [4]au temps de Balzac.    [5]Provinces du centre de la France.

## H. *Thème dirigé*

Dear Friend,

**Thank you very much for your nice letter.**[1]
I am glad to say that **I feel fine**[2] and **actually,**[3]
I stayed only three days at the hospital. My
leg **is mending nicely**[4] even though **it still
hurts a little.**[5] By the same mail, I received
the three books you sent me. **It was**[6] very
**thoughtful of you**[7] as I have always wanted to
read Proust and I am delighted to own now,
**thanks to you,**[8] the wonderful Pleiade edition
in three volumes.

I will have time to read **before school
starts**[9] because I won't be able to swim or
play tennis until September.

Thanks again and **my best to you.**[10]

P.S. Of course, the greatest present of all
would be a new car because mine **got
smashed**[11] **along with**[12] my leg. But I guess
I'll have **to be satisfied with**[13] what the insurance company **decides**[14] to pay!

1. ta gentille lettre m'a fait grand plaisir

2. je vais très bien

3. d'ailleurs

4. se remet sans problème

5. elle me fasse encore un peu mal

6. c'est

7. gentil de ta part

8. grâce à toi

9. avant la rentrée

10. meilleures amitiés

11. a été bousillée

12. en même temps que

13. me contenter de

14. se décidera à

# 3. C'est quand, la guerre?

La "grande parade" de la gendarmerie[1] déployait ses fastes[2] au Palais des Sports. Cavalcades, fanfares, uniformes multicolores et rutilants[3] depuis les gens d'armes de Saint Louis[4] jusqu'aux "gendarmes fiction" du temps des soucoupes volantes. . . . J'entendis une petite voix derrière moi: "Dis papa, c'est quand, la guerre?"

C'était une petite fille de six ou sept ans. Elle n'avait pas une idée très claire de ce qu'est la guerre mais son sentiment était net: elle avait envie de voir les hommes se battre. Je crois que nous pouvons comprendre cette petite fille puisque nous prenons tant de plaisir aux westerns. Plaisir passif, gratuit, inoffensif? Non point, puisque nous participons au spectacle: nous nous battons par acteurs interposés, sans risques, mais nous tuons avec eux (c'est pourquoi les héros sympathiques passent à travers les balles: nous mourrions du coup qui les tuerait). Nous sommes tellement compréhensifs que nous donnons à nos enfants des panoplies[5] de guerriers. Pour ma part, j'ai passé de bons moments avec une mitrailleuse[6] qui tirait des billes de bois.

Rien ne nous est plus naturel que la guerre. Nous naissons bellicistes et l'histoire de l'humanité est emplie de batailles qui paraissent — après — d'une souveraine imbécillité. Quand les Européens se précipitèrent dans leur "assassinat collectif" en 1914, Lyautey[7] fut un des rares esprits qui saluèrent l'événement comme il méritait de l'être: "la plus monumentale ânerie que le monde ait jamais faite." Peu de temps après, une grande voix s'élevait: "Celui qui

---

[1]La gendarmerie est un corps militaire de police. [2]**faste:** magnificence, luxe. [3]**rutilant:** très brillant. [4]Certains gendarmes étaient déguisés en soldats (gens d'armes) du temps de Saint Louis. [5]Une panoplie est un ensemble de jouets qui permettent de jouer un personnage: soldat, infirmière, policier, indien, etc. [6]**mitrailleuse:** *machine gun.* [7]**Lyautey:** Maréchal de France qui fut Ministre de la Guerre pendant la première Guerre Mondiale.

allumera la torche de la guerre en Europe ne peut souhaiter autre chose que le chaos." C'était la voix d'Hitler. Un vrai prophète!

Dirons-nous qu'après tant de guerres, et sous la menace d'une apocalypse, l'humanité enfin va se tenir tranquille? La peur n'est que le commencement de la sagesse. Mais nous sommes encore très loin de cette sagesse et je doute même que nous y parvenions jamais.

## A. *Répétition*

Répétez les phrases suivantes en substituant les expressions indiquées. Imitez l'accent et l'intonation de votre professeur.

1. Nous prenons beaucoup de plaisir à voir des westerns.
   à voir des films de guerre / à lire des livres policiers / à entendre des histoires de violence

2. Rien ne nous est plus naturel que la guerre.
   violence / jalousie / compétition

3. Au cinéma, nous vivons par acteurs interposés.
   agissons / rions / nous battons

4. La peur est la mère de la sagesse!
   prudence . . . sûreté / paresse . . . tous les vices / violence . . . tous les crimes

## B. *Questions sur le texte*

1. Décrivez la "grande parade" de la gendarmerie.
2. Quelle réaction ce spectacle a-t-il provoqué chez une petite fille qui y assistait?
3. Pourquoi prenons-nous tant de plaisir aux films violents?
4. Comment encourageons-nous la violence chez nos enfants?
5. Que disait le Maréchal Lyautey à propos de la première Guerre Mondiale?
6. Quel paradoxe trouvez-vous dans les déclarations d'Hitler?
7. J. Duché est-il pleinement rassuré sur l'avenir de la paix?

## C. *Exercice*

L'emploi des verbes **marcher, aller à pied, se promener.** Dans le passage suivant, remplacez les "blancs" par un de ces trois verbes, d'après le contexte.

Comme il n'y avait pas de place pour les voitures, les spectateurs ont dû ____ à la parade de la gendarmerie. Moi, j'aurais mieux aimé ____ à la campagne! Pour être à l'heure, nous avons dû ____ très vite. Il était défendu de ____ sur la route et les trottoirs étaient encombrés. Quand je pense que j'aurais pu ____ à cheval dans la forêt de Fontainebleau! À l'heure du déjeuner, les autobus étaient complets, alors nous avons dû ____ au restaurant.

## D. *Conversation*

### QUESTIONS

1. Racontez — sans regarder le livre — ce que vous savez de la conquête de la Gaule par les Romains.

2. Quels sont les jouets que l'on donne régulièrement aux enfants pour les encourager à être combattifs?

3. Répondez à chacune des questions ci-contre en ce qui concerne la Guerre de 39.
   ATTENTION: vous serez peut-être obligé de consulter un manuel d'histoire.

4. Quelle décision certains historiens ont-ils décidé de prendre?

5. Quel est le dernier défilé auquel vous avez assisté? À Thanksgiving, la parade du père Noël? À La Nouvelle Orléans, celle de Mardi Gras? Décrivez.

### VOCABULAIRE À APPRENDRE

En 52 avant Jésus Christ, les Romains ont **conquis** la Gaule. C'est Jules César qui a **vaincu** "nos ancêtres les Gaulois" comme disent les Français. César a **capturé** le chef gaulois, Vercingétorix, à Alésia, dans des montagnes de Bourgogne. Il l'a **fait prisonnier,** puis il l'a emmené à Rome où il l'a **mis à mort.**

Depuis, bien d'autres **batailles** ont **ravagé** le pays. Les dernières **guerres mondiales** avec leurs invasions et occupations sont encore très présentes dans les esprits.

À propos de la **Guerre de 39** (World War II), la nouvelle génération n'est plus très **au courant.** Sauriez-vous répondre aux questions suivantes? Qui l'a déclarée? Pourquoi? Quels pays y ont participé? De quel côté étaient-ils respectivement? Quels pays ont été **envahis**? Lesquels ont été **bombardés**? Où ont eu lieu les **débarquements**? A-t-on utilisé les **armes nucléaires**? Qui a gagné? Quelles ont été les conséquences de cette guerre pour chacun des **combattants**?

Certains historiens ont décidé d'écrire les **manuels d'histoire** à l'usage des écoles sans parler du tout de guerres. Est-ce une bonne idée? Pourquoi?

Mais les **parades** de toutes sortes continuent à plaire. Pensez aux **défilés** athlétiques, au **carnaval** du **Mardi Gras,** par exemple, avec les **chars,** les costumes, les batailles de **confetti** et la musique des **marches.**

## E. *Controverse*

SUJET DU JOUR:   *La guerre est-elle inévitable?*

Les *pour* devront donner des arguments historiques et psychologiques. Les *contre* devront imaginer des solutions optimistes pour l'avenir.

## F. *Exposés*

Choisissez un des sujets suivants et présentez-le soit comme exposé oral, soit comme devoir écrit.

1. Qu'est-ce que c'est que les objecteurs de conscience? Comment faut-il les traiter en cas de guerre?

2. À votre avis, en cas de guerre, quel doit être le rôle des femmes?

3. Racontez à votre choix la Révolution Américaine contre les Anglais ou bien la Guerre Civile entre le Nord et le Sud.

## G. *Comparaison*

Expliquez ce poème de Guillaume Apollinaire. Il l'a écrit pendant la Guerre de 14, dans laquelle il a été engagé volontaire. Il est mort en 1918 et a été enterré le jour de l'armistice.

> Ah Dieu! que la guerre est jolie
> Avec ses chants ses longs loisirs[1]
> Cette bague je l'ai polie[2]
> Le vent se mêle à vos soupirs
>
> Adieu! voici le boute-selle[3]
> Il disparut dans un tournant
> Et mourut là-bas tandis qu'elle
> Riait au destin surprenant

**GUILLAUME APOLLINAIRE (1880–1918)**
*Calligrammes*

---

[1]Apollinaire qui était dans l'artillerie a passé beaucoup de temps dans les tranchées (*trenches*).   [2]**je l'ai polie:** *I polished it myself.*   [3]**boute-selle:** sonnerie de trompette ordonnant aux cavaliers de placer la selle sur le cheval pour partir.

## H. *Thème dirigé*

**Dear Mr. and Mrs. Dubois**[1]

I enjoyed staying with you in Bordeaux. **Thanks so much for**[2] all you did for me.

**As you suggested,**[3] I stopped in Strasbourg **on my way**[4] to Germany and visited the province of Alsace. In Strasbourg, **I looked up**[5] the old lady whose address you gave me. It was an interesting experience because **she taught me**[6] a lot of history. As you know, **history is my major.**[7]

I learned that Alsace had been annexed by Germany after the war of 1870, then **France got it back**[8] in 1918, but **Germany got it back again**[9] in 1940. It is French now, but I am beginning to understand why the people there speak a dialect which is neither French nor German but **Alsatian.**[10]

Anyway, since Strasbourg was not bombed, the old cathedral **still stands**[11] and **the old districts**[12] are intact. I was much impressed.

**Thanks again and kind regards**[13]

1. Cher Monsieur, Chère Madame

2. merci infiniment de

3. comme vous me l'aviez recommandé

4. sur le chemin de

5. je suis allé voir

6. elle m'a appris

7. je fais une licence d'histoire

8. elle est redevenue française

9. elle est, de nouveau, redevenue allemande

10. l'alsacien

11. est encore debout

12. les vieux quartiers

13. merci encore et meilleures amitiés

# XII LES ANGOISSES

1. **Trois cent mille milliards d'hommes**

2. **Serions-nous des espions?**

3. **L'apocalypse en chansons**

"Les femmes ne voulaient plus qu'on leur en fit."
ZOLA

# XII LES ANGOISSES

## 1. Trois cent mille milliards d'hommes

Depuis fort longtemps, les Français savent très bien contrôler les naissances. En 1935 ils en étaient arrivés — et ils étaient les seuls au monde — à avoir moins de naissances que de décès. La France a 90 habitants au kilomètre carré, l'Allemagne 240, la Hollande 370 — et la Hollande est le pays le plus riche du Marché Commun. Les Français devraient-ils donc faire davantage d'enfants? La question n'est pas si simple. Certains peuples, qu'ils soient Africains, Indiens, Arabes, Chinois, ont une obsession: engendrer des fils qui prendront soin des parents. La procréation, qui est leur assurance vieillesse, est loin de leur apporter la richesse. On nous parle de la famine qui sévit en Inde telle qu'on n'en avait pas vu depuis des décennies. L'Occident envoie du blé pour ces ventres creux. Mais nous avons une autre responsabilité, celle de les inciter à limiter leurs naissances. Savez-vous ce que nous promet le rythme actuel des naissances dans le Tiers-monde? Vingt-cinq milliards d'habitants en Inde dans cent ans. Et dans cinq siècles, cramponnez-vous,[1] nous serons 300.000 milliards d'hommes. À moins que la nature ne se révolte contre les "progrès" de notre science.

Eh bien! ces chiffres ne font pas peur à tout le monde. Un Américain prétend monter un business d'un genre nouveau: la réfrigération des cadavres. Les défunts proprement mis en conserve[2] y resteront jusqu'à ce que la science ait trouvé le moyen de guérir les maladies dont ils sont morts.

Cela doit coûter cher, heureusement. Et pour quel résultat? Supposez que dans quelques centaines d'années ces privilégiés se lèvent du tombeau frigorifique dans un monde peuplé de 300.000 milliards d'hommes. Ils mourraient de saisissement.[3]

---

209      [1]**cramponnez-vous:** *hang on.*    [2]**mis en conserve:** *perserved, canned.*    [3]**saisissement:** *shock.*

## A. *Répétition*

Répétez les phrases suivantes en substituant les expressions indiquées. Imitez l'accent et l'intonation de votre professeur.

1. Combien d'habitants au km² y a-t-il en Espagne?
   aux États-Unis / en Italie / au Portugal

2. Comment se répartissent les habitants de la planète?
   l'Afrique / l'Asie / l'Amérique du Sud

3. On devrait mettre au point des mesures sévères.
   énergiques / populaires / raisonnables

4. Il faudrait éviter de mettre au monde des affamés.
   malheureux / ventres creux / enfants non désirés

## B. *Questions sur le texte*

1. En ce qui concerne la natalité, comment la France se compare-t-elle aux autres pays d'Europe?

2. Expliquez la différence entre l'Orient et l'Occident en ce qui concerne le rôle des enfants.

3. À part celle d'envoyer du blé, quelle autre responsabilité l'Occident a-t-il envers les pays surpeuplés?

4. Si on laisse faire la nature, qu'arrivera-t-il en 2600?

5. Quelle est l'invention américaine qui risque de rajouter des hommes au lieu d'en retrancher?

6. D'après cet article, la France est-elle trop peuplée ou pas assez peuplée?

## C. *Exercice*

Nous vous proposons une éventualité. Souhaitez qu'elle se produise en disant "pourvu que" (*let's hope that*).

EXEMPLES: La population va peut-être diminuer.
   Pourvu qu'elle diminue!

   Y aura-t-il assez d'écoles pour tous les enfants?
   Pourvu qu'il y en ait assez!

1. Les salaires vont peut-être augmenter.

2. Est-ce qu'on va envoyer du blé aux affamés?

3. Nous pourrons peut-être limiter les naissances.

4. La sécheresse finira peut-être.

5. Espérons qu'on pourra toujours l'éviter.

6. J'espère qu'ils feront attention.

## D. *Conversation*

QUESTIONS

1. Expliquez en français ce que veut dire la première phrase ci-contre sans employer les mots "stagnation démographique."

2. Qu'est-ce que c'est que les Allocations familiales?

3. Pourquoi le monde est-il surpeuplé? Pourquoi les mesures de limitation des naissances trouvent-elles des obstacles dans le Tiers-Monde?

4. Quelle est la situation démographique dans votre pays?

VOCABULAIRE À APPRENDRE

Un siècle de **stagnation démographique** a entraîné en France un retard économique. Aujourd'hui, les **Allocations familiales** contribuent à l'augmentation du **taux des natalités:** les familles **touchent** tant par mois par enfant.

La liberté de l'**avortement** et de la **contraception** a été accordée aux pays du nord de l'Europe avant d'être accordée à la France. Cette liberté rencontre l'opposition de certains groupes religieux et politiques, mais surtout, la **dépopulation** du pays a longtemps inquiété les **pouvoirs publics**. Bien sûr les guerres **y ont été pour quelque chose**. De plus, les lois sur l'héritage qui prévoient la division des domaines **par parts égales** causent à la fois le **morcellement** de la terre au détriment de l'agriculture, et la **limitation des naissances** au profit d'un seul héritier, ces lois n'ont pas favorisé la natalité.

Dans les pays **sous-développés**, la question est tout à fait différente. On parle de la limitation des naissances, et de la mise en exploitation de la **faune** et de la **flore** marines afin d'augmenter les produits de consommation. On parle aussi de la **désalinisation** de l'eau de mer, de l'**irrigation** et de la mise en valeur des **déserts**.

## E. *Controverse*

SUJET DU JOUR: *Quel est le problème le plus urgent: l'augmentation des ressources ou la diminution des naissances?*

Pour l'augmentation des ressources, proposez trois mesures à prendre. Pour la diminution des naissances, comment proposez-vous de faire observer les mesures nécessaires?

## F. *Exposés*

Choisissez un des sujets suivants et présentez-le soit comme exposé oral, soit comme devoir écrit.

1. Que savez-vous de l'industrie funéraire aux États-Unis?

2. Comment les problèmes de surpopulation vous affectent-ils personnellement?

3. Combien d'enfants désirez-vous et pourquoi?

## G. *Comparaison*

Quel est le point de vue de Zola à propos de la population de la France dans le passage suivant?

Encore un instant, et lorsque minuit sonnerait, la menace de l'enfant allait terroriser Paris. Les maris n'en voulaient plus faire, les femmes ne voulaient plus qu'on leur en fît. Les amantes elles-mêmes, au milieu du délire de la passion, veillaient avec soin sur les oublis possibles. Si, d'un geste, on avait ouvert toutes les alcôves,[1] on les aurait trouvées presque toutes stériles, par débauche, par ambition, par orgueil, celles des braves gens[2] comme celles des autres, dans une perversion qui transformait les bas calculs en beaux sentiments, l'égoïsme en prudente sagesse, la lâcheté à vivre en honnêteté sociale. Et c'était là le Paris qui voulait mourir, tout le déchet de vie perdu dans une nuit de Paris, le flot de semence détourné de son juste emploi, tombé au pavé où rien ne poussait, Paris enfin mal ensemencé, ne produisant pas la grande et saine moisson qu'il aurait dû produire.

Un souvenir s'éveilla chez Mathieu, la parole de ce conquérant,[3] qui, au soir d'une bataille, devant la plaine jonchée de cadavres, avait dit qu'une nuit de Paris suffisait à réparer ça. Paris ne voulait-il donc plus combler les trous des boulets dans la chair humaine? Tandis que la paix armée dévore par centaines les millions,[4] la France perd chaque année une grande bataille, en ne faisant pas les cent mille enfants qu'elle se refuse à faire.

ÉMILE ZOLA (1840–1902)
*Fécondité*

---

[1]**alcôve**: dans une chambre à coucher, partie renfoncée où se place le lit.     [2]**braves gens**: *simple people*.     [3]Napoléon.     [4]Entre les guerres de 1870 et 1914, la France avait dépensé beaucoup d'argent à fabriquer des armes et entretenir une armée.

## H. *Thème dirigé*

Monsieur Z.
Agence de Voyages Y.

**Dear Sir**[1]

I am sorry to say that **I did not enjoy my last trip to Europe.**[2] **The crowds**[3] were huge everywhere and the personnel of the **airline**[4] that you recommended decided to **go on strike.**[5] I was **stuck**[6] in Milan and I had to **make the connection**[7] with my international flight. So I took a train from Milan to Paris, but the train was **packed**[8] and I had to **stand**[9] in the corridor **the whole time.**[10]

I wish I could say that **my troubles were over then,**[11] but in Paris the lines for a cab were so long that I took the subway, where I had to stand also — it was **rush hour!**[12]

I know you will say that **you could not help that**[13] but you should have told me not to travel during the month of August when **everyone else**[14] seems to be traveling.

**Sincerely yours**[15]

1. Monsieur

2. mon voyage en Europe a été fort désagréable

3. la foule

4. ligne aérienne

5. se mettre en grève

6. en rade

7. attraper la correspondance

8. bondé

9. rester debout

10. pendant tout le voyage

11. mes ennuis se sont terminés là

12. une heure de pointe

13. vous n'y pouviez rien

14. tout le monde

15. sincères salutations

## 2. Serions-nous des espions?

Nous ne sommes plus assurés d'avoir une vie privée depuis que l'industrie électronique met à la portée[1] des particuliers[2] des appareils pour espionner leurs semblables. À vous de choisir: vous pouvez acheter ou bien un stéthoscope qui, appliqué contre un mur, vous transmettra les conversations des voisins; ou encore une écoute,[3] qui branchée sur une ligne téléphonique, vous permettra d'entendre de Marseille ou de New-York — peu importe la distance — tout ce qui se dit à proximité de l'appareil, qu'il soit décroché ou non; ou enfin un émetteur[4] miniature que vous abandonnerez chez la victime et qui enverra ses moindres soupirs à 700 mètres. Mais je tiens à signaler que l'on peut aussi acheter le contre-poison: un détecteur de micros et d'émetteurs ou un brouilleur[5] d'émissions.

Quel monde préparons-nous! Ce n'était pas assez de construire des logements où le locataire du premier étage entend tirer la chasse d'eau[6] du sixième, des villes où les hommes se paralysent mutuellement, des machines qui nous assourdissent: voilà l'homme traqué dans ses derniers retranchements,[7] là où il croyait avoir la permission d'être seul en face de lui-même. Voilà permise la suprême agression contre le secret du cœur. Et je ne suis pas sûr que l'opinion publique s'en émeuve, tant elle est accoutumée à se repaître[8] des "secrets" dont les "vedettes"[9] font commerce. Je crains que notre peuple, qui se croit le plus individuel du monde, ait lui aussi perdu le respect de l'individu.

---

[1]**à la portée:** *within the reach.*  [2]**le particulier:** *individual.*  [3]**une écoute:** *listening device or "bug".*  [4]**un émetteur:** poste d'émissions radiophoniques (*transmitter*).  [5]**un brouilleur:** appareil qui empêche d'entendre une émission en émettant des sons pour la couvrir.  [6]**la chasse d'eau:** *flush toilet.*  [7]**traqué . . . retranchements:** *driven into a corner.*  [8]**se repaître:** *devour.*  [9]**une vedette:** *movie star.*

C'est pourquoi je ne ferai pas confiance, sur ce point, à la sagesse populaire, et je demande qu'une loi interdise la vente de cette panoplie d'espion. La France a eu longtemps la réputation d'un pays où il faisait bon vivre parce que chacun était libre d'y vivre à sa guise.[10] Quand l'espionnite[11] aura gangrené l'humanité, je voudrais que notre Office du Tourisme puisse inscrire sur ses dépliants: "Venez en France, personne ne vous espionnera."

---

[10]**à sa guise:** comme il veut.    [11]**l'espionnite:** la maladie de l'espionnage.

## A. *Répétition*

Répétez les phrases suivantes en substituant les expressions indiquées. Imitez l'accent et l'intonation de votre professeur.

1. La théorie de la relativité n'est pas à la portée de tous.
   écrire un roman / gagner au tennis / l'achat d'une maison de campagne

2. Je tiens à vous signaler qu'on peut acheter un contre-poison.
   un détecteur / un poste émetteur / un brouilleur

3. Voici vraiment un pays où il fait bon vivre.
   une ville / une époque / un endroit

4. Moi, ce que je veux, c'est vivre à ma guise.
   penser / aimer / me conduire

## B. *Questions sur le texte*

1. De quelle angoisse allons-nous parler aujourd'hui?
2. Nommez trois ou quatre des appareils dont il est question.
3. Quels "services" peuvent-ils rendre?
4. Comment peut-on se défendre contre les appareils d'espionnage?
5. Avant cette invasion de notre vie privée, quels autres désagréments supportions-nous déjà?
6. Pourquoi l'opinion publique ne s'en indigne-t-elle pas?
7. Quel nom l'auteur donne-t-il à cette maladie qu'il voudrait combattre?
8. Comment faut-il la combattre?
9. Alors, qu'est-ce que l'Office du Tourisme pourra proclâmer?

## C. *Exercice*

L'emploi de **ni** . . . **ni**. Voici des phrases négatives. Abrégez-les.

EXEMPLES: Je n'ai pas de radio et je n'ai pas de télévision.
Je n'ai ni radio ni télévision.

La radio ne m'intéresse pas et la télévision ne m'intéresse pas non plus.
Ni la radio ni la télévision ne m'intéressent.

1. Elle n'a pas de fer électrique et elle n'a pas de séchoir électrique.
2. Son fer électrique ne marche pas et son séchoir électrique ne marche pas non plus.
3. Les mathématiciens ne le savent pas et les physiciens ne le savent pas non plus.
4. Les émetteurs ne sont pas interdits et les brouilleurs ne sont pas interdits non plus.
5. Nous ne croyons pas les astrologues et nous ne croyons pas les sorciers.
6. Ma propriétaire n'aime pas entendre ma guitare et son mari non plus.

## D. *Conversation*

QUESTIONS

1. Répondez sans hésitation aux questions suivantes:

   a. Qu'est-ce que c'est qu'un stage d'études?

   b. Quelle est une des causes principales de la mésentente entre les étudiants et leur logeuse?

   c. Qu'est-ce qui risque de faire sauter des plombs?

   d. Qu'est-ce que c'est qu'un chauffe-bain?

VOCABULAIRE À APPRENDRE

Puisque nous parlons d'**appareils** électriques, soyons pratiques. Supposons que vous fassiez en France un **stage** d'études. Trop d'étudiants se sont **brouillés** avec leur **logeuse** à cause de quiproquos au sujet de l'usage d'appareils électriques. Chez votre logeuse, avant de **faire sauter** les **plombs**, renseignez-vous sur la nature de son **courant: alternatif**? **continu**? Demandez si vous pouvez **brancher** sur ses **prises** votre **rasoir**, votre **fer**, votre **séchoir**. Et son **chauffe-bain**, est-il à gaz ou électrique? Notez que vous pouvez très bien demander une **lampe de chevet** pour lire au lit, un **fil** électrique plus long, des **ampoules** plus **fortes**, un **radiateur** électrique. **Moyennant finance**, bien sûr! En ce qui concerne son téléphone, **réglez** (payez) la communication chaque fois que vous **raccrochez**, autrement votre logeuse croira que vous aviez l'intention de la voler.

2. Quelles sont les requêtes qui risquent d'être bien accueillies par votre logeuse?

3. Que faire au sujet du téléphone?

4. À quoi servent les magnétophones? Et les appareils de photo?

5. À quoi servent les écoutes? Dans quels cas s'en sert-on?

Vous pourrez acheter des **magnétophones,** des **cassettes,** des **films,** des **appareils de photo,** etc. un peu partout. Certaines personnes **revêches** n'aiment pas qu'on **enregistre** leurs conversations ou qu'on les photographie. Il ne vous coûtera rien de demander la permission, avant de **brancher** une **écoute** ou de **braquer** une **caméra** (*movie camera*) dans leur direction.

Sans compter qu'elles peuvent démasquer des **conspirateurs,** des **malfaiteurs** qui projettent un **mauvais coup,** n'oubliez pas les services que les écoutes peuvent rendre aux époux jaloux. Les témoignages obtenus par les écoutes ne sont pas, en principe, **retenus en justice,** mais pour les **suspects** ils sont tout de même fort gênants.

## E. *Controverse*

SUJET DU JOUR: ***Pour ou contre les écoutes électroniques.***

*Pour*: Ce sont des appareils très utiles. Donnez au moins deux exemples de cette utilité.

*Contre*: Ce sont des appareils qui détruisent l'individu. Donnez au moins deux exemples de cette destruction.

## F. *Exposés*

Choisissez un des sujets suivants et présentez-le soit comme exposé oral, soit comme devoir écrit.

1. Aimez-vous les films d'espionnage? Racontez l'intrigue (*plot*) du dernier film d'espionnage que vous avez vu en insistant sur les moyens employés pour espionner.

2. Dans votre pays, comment chaque individu est-il surveillé ou contrôlé?

3. Vos expériences personnelles avec la photographie.

## G. *Comparaison*

Au temps de Molière, on ne disposait pas d'un système d'écoutes. Il fallait espionner soi-même. Voici une femme qui voudrait que son mari entende les déclarations que lui fait un hypocrite admirateur.

ELMIRE:    Approchons cette table, et vous mettez dessous.

ORGON:    Comment?

ELMIRE:            Vous bien cacher est un point nécessaire.

ORGON:    Pourquoi sous cette table?

ELMIRE:                 Ah! mon Dieu! laissez faire;
J'ai mon dessein en tête, et vous en jugerez,
Mettez-vous là, vous dis-je; et, quand vous y serez,
Gardez qu'on ne vous voie et qu'on ne vous entende.

ORGON:    Je confesse qu'ici ma complaisance est grande;
Mais de votre entreprise il vous faut voir sortir.[1]

ELMIRE:    Vous n'aurez, que je crois, rien à me repartir.[2]

*(à son mari qui est sous la table)*

Au moins, je vais toucher une étrange matière:
Ne vous scandalisez en aucune manière.
Quoi que je puisse dire, il doit m'être permis,
Et c'est pour vous convaincre, ainsi que j'ai promis.
Je vais par les douceurs, puisque j'y suis réduite,
Faire poser le masque à cette âme hypocrite,[3]
Flatter de son amour les désirs effrontés[4]
Et donner un champ libre à ses témérités.
Comme c'est pour vous seul, et pour mieux le confondre,
Que mon âme à ses vœux va feindre de répondre,
J'aurai lieu de cesser dès que vous vous rendrez,[5]
Et les choses n'iront que jusqu'où vous voudrez.
C'est à vous d'arrêter son ardeur insensée
Quand vous croirez l'affaire assez avant poussée,
D'épargner votre femme, et de ne m'exposer
Qu'à ce qu'il vous faudra pour vous désabuser.[6]
Ce sont vos intérêts, vous en serez le maître,
Et . . . l'on vient. Tenez-vous[7] et gardez de paraître.

**MOLIÈRE (1622–1673)**
*Le Tartuffe*

---

[1] *You must finish what you have started.*   [2] *You will be convinced after that.*   [3] Tartuffe (qui essaie de séduire Elmire).   [4] *(I shall) flatter the bold manifestations of his love.*   [5] *I shall stop when you show you are convinced.*   [6] *open your eyes.*   [7] *remain where you are.*

## H. *Thème dirigé*

Dr. S. T. Smith
Professor at Q. University

| | |
|---|---|
| **Dear Dr. Smith**[1] | 1. Cher Monsieur |
|    I took[2] your advice and went to the Comédie Française while I was in Paris. I | 2. j'ai suivi |

was lucky since they were playing *Tartuffe*. Of course you remember we read the play when I was in **your class on the seventeenth-century drama.**[3] **I had enjoyed the play then,**[4] but what an experience to see it **done on the stage!**[5] Tartuffe is **such a villain**[6] that I trembled the whole time for fear that Orgon and his family might lose everything because of his **deceit,**[7] even though I knew the ending! The only **relief**[8] was when Elmire **made Orgon hide**[9] under the table **to witness**[10] the seduction scene. That was very funny.

**Well**[11] I just wanted to tell you that your course helped me understand the play, and to send you **my best regards**[12] from Paris.

3. votre cours sur le théâtre du dix-septième siècle

4. la pièce m'avait déjà beaucoup plu

5. jouée sur la scène

6. un si horrible personnage

7. duplicité

8. détente

9. a forcé Orgon à se cacher

10. pour assister à

11. (ne traduisez pas *well*)

12. mon meilleur souvenir

# 3. L'apocalypse en chansons

Nous sommes environnés de phénomènes qui frapperaient d'étonnement Napoléon et nous les accueillons comme le cadre normal de notre vie quotidienne. Nous tournons un bouton, et de la musique sort d'une petite boîte. Un autre, et nous voyons un chef d'État se promener à Pékin. Un autre encore, et notre voix s'inscrit sur un ruban qui nous la restitue aussitôt. Parfois même, en tournant le cadran de notre téléphone, il arrive que nous obtenions notre correspondant. Et tout cela nous paraît ni plus ni moins étonnant que d'aller dans la lune. Quelques mathématiciens et physiciens ont trouvé le secret, dont rêvaient les alchimistes, de transmuer la matière, d'abolir la pesanteur, de parcourir l'éther sur un manche à balai.[1]

Le champ du connu est immense, mais celui de l'inconnu ne cesse de nous fasciner. Les astrologues de France font un chiffre d'affaires supérieur à celui de la Régie Renault. Les hommes ont toujours eu besoin de se raconter qu'ils pouvaient percer les mystères de la nature et du surnaturel; ils ont toujours eu l'espoir qu'ils pourraient agir sur les forces de l'insondable,[2] et il s'est toujours trouvé des sorciers pour jeter des sorts.[3]

Quel démon pousse donc ainsi les hommes? Allons, cela tient en une phrase: la peur de la mort. Nous vivons avec une angoisse latente qu'un rien pourrait amplifier jusqu'à la panique. On n'a pas oublié l'émotion, assortie de suicides, que souleva jadis aux États-Unis une émission radiophonique d'Orson Welles annonçant un débarquement de Martiens, ou, en France, une émission analogue de Jean Nocher. Éprouvons-nous un certain pressentiment de catastrophe cosmique? "Le jour où ça craquera, je veux être dans tes bras," chante Anne Sylvestre en évoquant la fin du monde, et je ne serais pas

---

[1]**manche à balai:** *broomstick.*   [2]l'inconnu.   [3]**jeter des sorts:** *to cast spells.*

surpris d'apprendre qu'il se trouve d'autres champions du disque qui ont mis l'apocalypse en chansons.

## A. *Répétition*

Répétez les phrases suivantes en substituant les expressions indiquées. Imitez l'accent et l'intonation de votre professeur.

1. Voici un phénomène qui frapperait d'étonnement Napoléon.
   Louis XIV / les Martiens / nos ancêtres

2. Les savants ont trouvé le secret de la transmutation de la matière.
   la communication à distance / l'abolition de la pesanteur / la circulation dans l'espace

3. J'éprouve le pressentiment d'une catastrophe épouvantable.
   monétaire / inévitable / cosmique

4. Nous allons tout droit à une crise monétaire.
   une pénurie de pétrole / la famine générale / l'apocalypse

## B. *Questions sur le texte*

1. Qu'est-ce qu'il y a de changé depuis Napoléon?

2. Qu'obtient-on rien qu'en tournant un bouton?

3. Comment J. Duché se moque-t-il du mauvais fonctionnement du téléphone en France?

4. Qu'est-ce que les alchimistes rêvaient de faire?

5. Comment le succès des astrologues est-il évident?

6. Avec quelle angoisse vivons-nous?

7. Que s'est-il passé jadis aux États-Unis à propos de panique collective?

8. Comment les jeunes chanteurs réagissent-ils au pressentiment de catastrophe cosmique?

## C. *Exercice*

Voici quelques phrases prises dans le texte. Imaginez des questions que chacune de ces phrases pourraient soulever.

EXEMPLE: Nous sommes entourés de phénomènes qui frapperaient d'étonnement Napoléon.

    a. De quoi sommes-nous entourés?

    b. Qu'est-ce qui nous entoure?

    c. Qui est Napoléon?

    d. Qu'est-ce que c'est qu'un phénomène?

    e. Qui est-ce qui serait frappé d'étonnement?

1. Nous tournons un bouton et de la musique sort d'une petite boîte.

2. Les astrologues en France font un chiffre d'affaires supérieur à celui de la Régie Renault.

3. Nous vivons dans une angoisse latente qu'un rien pourrait amplifier jusqu'à la panique.

## D. *Conversation*

QUESTIONS

1. Citez des découvertes qui frapperaient d'étonnement Napoléon.

2. Quel est le cours de sciences que vous avez le mieux aimé?

3. Décrivez le laboratoire où vous avez travaillé.

4. À propos de mystère, que savez-vous de l'abominable homme des neiges?

5. Avez-vous vu des soucoupes volantes? Que savez-vous de ces engins?

6. Quel est votre signe du zodiaque? Quelles sont les caractéristiques de ce signe?

7. Quel est votre horoscope du mois ou de la journée?

8. Croyez-vous à la chance et à la malchance? Pourquoi?

VOCABULAIRE À APPRENDRE

Qu'est-ce que les gens du dix-neuvième siècle penseraient des **fusées** guidées, des **sous-marins** atomiques, de la **bombe à hydrogène**, des **voyages spatiaux**? Ils s'émerveilleraient aussi des découvertes de la médecine: les **rayons X**, la pénicilline, la **greffe** d'organes, etc. sans parler d'autres remèdes inimaginables il y a cent ans.

La science a découvert des faits si extraordinaires que le fantastique — qui est quelquefois devenu scientifique — connaît un **regain de faveur**. Les sociétés secrètes **pullulent**, les **sciences occultes** sont à la mode. Des travaux sont en cours sur l'**alchimie** qui serait le **résidu** d'une science très technique disparue aujourd'hui.

Voici les signes du zodiaque: **Bélier, Taureau, Gémaux, Cancer, Lion, Vierge, Balance, Scorpion, Sagittaire, Capricorne, Verseau, Poissons.**

Avez-vous lu votre horoscope du mois ou de la journée? Vous a-t-on prédit de grandes satisfactions, un climat d'harmonie, la solution de vos problèmes, des rencontres intéressantes, le bonheur en famille, de bons rapports d'amitié, la réussite de vos entreprises, l'Amour avec un grand *A*? Non? Alors, consultez un autre astrologue.

9. De quoi parlent les chansons à succès en ce moment chez vous? La mode est-elle aux chansons avec un message?

D'après un **dicton** populaire, "au beau pays de France, tout finit par des chansons." Mettre l'apocalypse en chansons, est-ce un signe de mauvais goût, de **nihilisme**, d'indifférence, de fatalisme? Ou bien alors, est-ce une forme de bonne humeur **foncière** et de gaîté **de bon aloi** (bonne qualité)?

## E. *Controverse*

SUJET DU JOUR: *Allons-nous tout droit à la catastrophe?*

Pessimistes ou optimistes, opposez-vous les uns aux autres.

## F. *Exposés*

Choisissez un des sujets suivants et présentez-le soit comme exposé oral, soit comme devoir écrit.

1. Au début du vingtième siècle, une controverse faisait rage: "L'automobile ne pourra jamais remplacer le cheval" disaient les sceptiques. Faites un discours humoristique sur ce sujet.

2. Racontez le dernier film d'épouvante que vous avez vu.

3. À propos de l'apocalypse, qu'est-ce qui, selon vous, pourrait bien faire sauter la planète (collision astrale, explosion atomique, nouveau déluge . . .)? Avez-vous lu des romans d'épouvante ou des articles scientifiques à ce sujet? Racontez.

## G. *Comparaison*

Que pensez-vous de la façon dont, autrefois, on traitait les "sorcières"?

23 février, 1680

. . . Je ne vous parlerai que de Mme Voisin: ce ne fut point mercredi, comme je vous l'avais mandé, qu'elle fut brûlée, ce ne fut qu'hier. Elle savait son arrêt dès lundi, chose fort extraordinaire. Le soir elle dit à ses gardes: "Quoi? Nous ne ferons point médianoche!"[1] Elle mangea avec eux à minuit, par fantaisie car il n'était point jour maigre;[2] elle but beaucoup de vin, elle chanta vingt chansons à boire. Le mardi elle eut la question ordinaire, extraordinaire;[3] elle avait dîné et dormi huit heures. . . .

---

[1]**médianoche:** *midnight feast.*   [2]**jour maigre:** *fast day.* Mme Voisin n'observait pas les jours maigres ou les jours gras.   [3]la torture par laquelle on faisait parler les inculpés afin qu'ils dénoncent leurs complices.

Elle soupa le soir, et recommença toute brisée⁴ qu'elle était à faire la débauche avec scandale. Elle ne voulut point voir de confesseur. . . . À cinq heures on la lia; et avec une torche à la main, elle parut dans le tombereau,⁵ habillée de blanc: c'est une sorte d'habit pour être brûlée; elle était fort rouge et l'on voyait qu'elle repoussait le confesseur et le crucifix avec violence. À Notre-Dame, elle ne voulut jamais prononcer l'amende honorable,⁶ et à la Grève⁷ elle se défendit, autant qu'elle put, de sortir du tombereau: on l'en tira de force, on la mit sur le bûcher,⁸ assise et liée avec du fer; on la couvrit de paille; elle jura beaucoup; elle repoussa la paille cinq ou six fois; mais enfin le feu s'augmenta, et on l'a perdue de vue, et ses cendres sont en l'air présentement.

MADAME DE SÉVIGNÉ (1626–1680)
*Lettres à sa fille, Madame de Grignan*

---

⁴**brisé:** *broken up.*    ⁵**tombereau:** une charrette dans laquelle on conduisait les condamnés vers la mort.    ⁶**prononcer l'amende honorable:** se rétracter.    ⁷La place de Grève était le lieu où se passaient les exécutions.    ⁸**le bûcher:** *stake.*

## H. *Thème dirigé*

Dear Marie

I have just read a book about occult societies in the city of Lyons. Since you live there, could you **put me in touch with**¹ some of them?

**I have developed an interest in that area**² ever since I went to consult a **palmist.**³ **She read my palm**⁴ and saw that I would have an interesting career **in politics.**⁵ How did she know that I am a political science student? Then she took a **deck of cards,**⁶ **spread them out,**⁷ and saw that I would soon cross the ocean. I had not intended to, but why not!

So I have decided to go and see you in Lyons and **find out**⁸ about **the occult sciences**⁹ in your city. Let me know if **it's all right with you.**¹⁰

**Love**¹¹

1. me mettre en rapport avec

2. c'est un domaine qui m'intéresse

3. une voyante

4. elle m'a lu les lignes de la main

5. dans la politique

6. un jeu de cartes

7. elle les a étalées

8. me renseigner

9. l'occultisme

10. si cela te convient

11. je t'embrasse affectueusement

# RÉVISIONS

In this section you will find the English version of all the model sentences in the *Répétition* exercises. These sentences were selected because they are very idiomatic and do not usually follow the English patterns you have been used to. But they give your French speech a truly authentic flavor. See if you can render the following sentences in French without hesitation. It is important to verify at all times whether you are coming out with the *exact* French sentences you studied in each lesson. Check the *Répétition* exercises to make sure. This "instant replay" practice will greatly improve your language facility.

## I-1. *Une révolution : l'amour conjugal (p. 4)*

1. They have invented something revolutionary.
2. Get enough information before you get married.
3. *Some* married people must have been in love.
4. Get to know what kind of person he is.

## I-2. *Comment élever un enfant (p. 9)*

1. It's up to *us* to raise that child.
2. Let's just raise him any old way.
3. If you make a good grade, I'll take you to the movies.
4. If you were a better student, I would take you to the movies.

225

### I-3. *L'homme au foyer (p. 14)*

1. I'm going to spend the evening in a bar.
2. You don't have any reason to go to a bar.
3. Let's go! We're off to the farm.
4. If you feel like talking, why don't you stay home?

### II-1. *Les jeunes, au travail! (p. 22)*

1. We used to have six hours of class a day.
2. At their age it's right to develop the mind.
3. People ought to have the courage to choose.
4. We have a right to vacations.

### II-2. *Savoir ou savoir faire? (p. 28)*

1. Do you know the length of the Mississippi?
2. Do you know how to write a speech?
3. Do you know what was served to President Lebrun?
4. He simply must do well in school.

### II-3. *Que faire des vieux? (p. 33)*

1. People live a long time in France.
2. How can anybody depend on his children for a living?
3. He will not retire.
4. Schools are short of staff.

### III-1. *Passe ton bac (p. 40)*

1. Graduate, then we'll see.
2. If you want my advice, get your degree.
3. You really have a gift for French.
4. What I'm really looking for is an interesting job.

### III-2. *Que feras-tu dans la vie?* *(p. 46)*

    1. Students are criticized for their ignorance.

    2. I have all the information at your disposal.

    3. Make an appointment with the chairman.

    4. In conclusion, let me say that you are wrong.

### III-3. *Les pauvres cadres* *(p. 52)*

    1. There are more and more executives.

    2. Forty-year-olds are less and less appreciated.

    3. Workers get better training all the time.

    4. Nobody wants to hire people between 40 and 50.

### IV-1. *Contre la peine de mort* *(p. 60)*

    1. Millions of people have died.

    2. They have nine chances out of ten of getting off.

    3. It is not what justice is about.

    4. Justice is carried by the people.

### IV-2. *Peine de mort: les "pour"* *(p. 65)*

    1. I did expect criticism.

    2. I thought you might protest.

    3. I am giving the floor to the opposition.

    4. What I object to is your evading the question.

### IV-3. *L'innocence accusée* *(p. 70)*

    1. I trust these people.

    2. I don't trust malicious people.

    3. I can't get used to meanness.

    4. I've come to complain about the judge.

## V-1. *Pauvres touristes! (p. 78)*

1. This year, we are going away for five weeks.
2. This year, we are going to visit the châteaux of the Loire.
3. Let's sit here and watch the cars go by.
4. I don't want every car to pass me.

## V-2. *Une soirée à Delphes (p. 84)*

1. Would you like to hear about my trip to Canada?
2. I'm going to tell you my impressions of the Spaniards.
3. Do you know what happened to me in Paris?
4. Have you ever been to a bullfight?

## V-3. *Les accidents (p. 90)*

1. This year where will you go hunting on the opening day of the season?
2. How many accidents have been caused by this turn in the road?
3. Where does one apply to become a pilot?
4. Is it permitted to drive fast in residential districts?
5. Is it better to be envied than pitied?
6. Is it right to trust automobile drivers?
7. How many deaths are caused each year by automobile drivers?

## VI-1. *Le "beau" sexe (p. 98)*

1. Dream on if you like.
2. I listened to him with my heart fluttering.
3. My heart was heavy as I watched him leave.
4. On a plane, I always feel sick to my stomach.
5. Paul is very good-natured.
6. The bride is pretty as a picture.

## VI-2. *Le refus des formes (p. 104)*

1. I simply adore these bright shades.

2. Well *I* think it looks just like her.

3. That is a really interesting effect of perspective.

4. What I like about this artist is his attention to detail.

## VI-3. *Beaucoup de bruit pour rien (p. 109)*

1. The musicians are now tuning their instruments.

2. Ah! Tchaikovsky! What a genius!

3. His technique is flawless but he lacks impact.

4. He shows great sensitivity but he hits a few wrong notes.

## VII-1. *Les Français et la lecture (p. 116)*

1. We must not be impressed by large printings.

2. They are not really stupid.

3. Looking at pictures is so much more relaxing!

4. This novel moved me to tears.

## VII-2. *Les jeunes et la télévision (p. 121)*

1. Ever since we've had TV, no one at home does any reading.

2. Every time I watch TV, I fall asleep.

3. While the children watch TV they are quiet.

4. It will be a long time before we buy a TV set.

5. Lean over to the left so that I can see the screen.

6. I've never switched on television without his getting angry.

## VII-3. *Faites du sport (p. 126)*

1. Give us stadiums and we will win in the Olympics.

2. We need three times as many teachers.

3. The doctor recommended sports to me.

4. Let's all go and root for our rugby team.

## VIII-1. *Le travail, c'est la santé? (p. 134)*

1. Doctor, I've had a toothache for three days.
2. Doctor, my left side hurts bad.
3. I don't have a minute left to relax.
4. It's quite impossible for me to get eight hours' sleep a night.

## VIII-2. *Payer par chèque (p. 140)*

1. According to statistics, tourists only pass through here.
2. A general lack of confidence is the reason.
3. Is the average Frenchman taken for a crook?
4. Wouldn't confidence pay off?

## VIII-3. *Les collectionneurs (p. 145)*

1. Collecting paintings is the latest fad.
2. Would you have any seashells to swap for mine?
3. I'm crazy about my key-ring collection.
4. Old people are still swapping stamps.

## IX-1. *La presse (p. 154)*

1. Don't bother me during the news.
2. You ought to take a subscription to a newspaper.
3. One must keep up with politics.
4. Here is a magazine that comes out on Sundays.

## IX-2. *Un toit à soi (p. 159)*

1. I died laughing when I saw those funny houses.
2. Well, you will just have bad housing conditions.
3. We would be wrong in assuming that the Government is at fault.
4. We have become used to counting on the State.

## IX-3. *Consommateurs, méfiez-vous! (p. 165)*

1. Let's allocate a free automobile to each young married couple.
2. This project has met with favorable response.
3. I have proposed a plan which would do without exams.
4. I have been thinking about running in the next elections.

## X-1. *À votre bon cœur (p. 172)*

1. Today they're taking up a collection for the disabled.
2. Isn't it up to the State to look after the hungry?
3. Anyone can meet up with a bad driver.
4. These laws are good only for the employers.

## X-2. *La place des autres (p. 177)*

1. Excuse me, does the smoke of my cigarette disturb you?
2. Would you mind very much letting me get by?
3. Could you please move over a little so I can see the play?
4. You could at least apologize! You stepped on my foot.
5. How rude! You banged me with your suitcase.
6. Too bad if the music disturbs you. Every man for himself.

## X-3. *Rien ne sert de courir . . . (p. 183)*

1. He tries harder; his work is better.
2. It will still take two hours each way.
3. All that's left for me to do is just go away.
4. Why insist on running so fast?

## XI-1. *Trois mille ans d'histoires dans l'eau (p. 192)*

1. The poor man jumped from the top of the Eiffel Tower.
2. The Loire empties into the Atlantic Ocean.
3. Don't bolt your food!
4. Will you please take a look at my work?
5. She fixed her choice on this dress.

## XI-2. *Pourquoi des cadeaux? (p. 197)*

1. May I offer you these flowers?
2. I certainly liked the tie you gave me.
3. Thank you for the postcards you sent.
4. To celebrate Mother's Day, let's open a bottle of champagne.

## XI-3. *C'est quand, la guerre? (p. 203)*

1. We just love Westerns.
2. Nothing is more natural to us than the state of war.
3. At the movies we identify with the actors.
4. Fear is the mother of prudence.

## XII-1. *Trois cent mille milliards d'hommes (p. 210)*

1. How many inhabitants per square kilometer are there in Spain?
2. How is the world population distributed?
3. Strict measures ought to be developed.
4. We should avoid bringing into the world children who will starve.

## XII-2. *Serions-nous des espions? (p. 215)*

1. The theory of relativity is not within everyone's grasp.
2. I want you to know that the antidote can be bought.
3. That's really a country where it's good to live.
4. What *I* want is to live as I please.

## XII-3. *L'apocalypse en chansons (p. 221)*

1. Here is a phenomenon that would astound Napoleon.
2. Scientists have found the secret of the transmutation of matter.
3. I can foresee a terrible catastrophe.
4. We are heading straight for a monetary crisis.

# VOCABULAIRE

## A

abaisser to lower
(s') abattre to tumble down
abolir to abolish
abonder to abound
abonnement *m.* subscription
abordable within reach, reasonable
aboutir to result
aboyer to bark
abri *m.* shelter
abriter to shelter, to contain
abruti stupid
abrutissement **m.** degradation
abus *m.* abuse, misuse
accéder to reach
accidenté *m.* casualty, victim
(s') accomoder de to put up with
accorder to grant
accourir to run up
(s') accoutumer to get used to
accrocher to hang, to hook
accroire: faire — to impose a belief
accroître to increase, to grow
accroissement *m.* increase
acharné stubborn, obstinate
achat *m.* purchase
achever to finish, to end up
acompte *m.* installment, down payment
action *f.* share, stock
actualités *f. pl.* news
actuel present
adjurer to beg
(s') adonner to devote oneself
adoucir to soften
adroitement skillfully
affamé famished
affecter to allocate
affiché posted
affirmer to state
affligeant distressing
affliger to distress
affluence *f.* crowd
affolé upset
affrontement *m.* confrontation
agacé irritated
(s') agenouiller to kneel

agent *m.* policeman
— de change broker
(s') agglutiner to cake up
agir to act
agissant active, effective
agrandir to enlarge, to widen, to expand
aigre bitter
aiguille *f.* needle
aise *f.* ease
aisé easy
alcôve *f.* alcove
alerte *f.* warning
alignement *m.* row
alimentaire alimentary
alléchant tempting, alluring
allégresse *f.* joy
alliance *f.* wedding ring
allocation *f.* allowance
allongement *m.* lengthening
allumer to light
allumette *f.* match
allure *f.* aspect
aloi *m.* alloy
de bon — sterling, genuine
alternatif alternating
amant *m.* lover
ambulant itinerant
âme *f.* soul
aménager to lay out, to furnish
amende *f.* fine, penalty
— honorable full apology
ameublement *m.* furnishing
ampleur *f.* width, fulness
ampoule *f.* light bulb
analphabète illiterate
ânerie *f.* stupidity, blunder
angoisse *f.* anguish
angoissé agonized, distressed, anxious
animateur *m.* cheer leader
anneau *m.* ring
annonce *f.* announcement, advertisement
anonymat *m.* anonymity
aplanir to smooth
aplati flattened
appareil *m.* set, device, apparatus; pomp
appâter to lure (with bait)
appel *m.* appeal

appliquer to apply
approvisioner to supply, to furnish
appui *m.* support, rest, protection
   à l'— as an example
arborer to put up, to hoist; to show off
archet *m.* bow (of violin)
archevêque *m.* archbishop
armature *f.* casing
arpenter to stride up and down
arquebuse *f.* musket
arracher to pull
arrestation *f.* arrest
arrêt *m.* stop
arrondissement *m.* district
arrosé watered
artère *f.* artery
artifice *m.* trick
artisan *m.* craftsman
ascendant *m.* ancestor
asile *m.* asylum
aspirateur *m.* vacuum cleaner
assassinat *m.* murder
assaut *m.* contest, bout, match
asservir to enslave
assiéger to besiege
assiette *f.* plate
assigner to prosecute
assister à to attend, to watch
assistante sociale social worker
assortir to pair, to match
(s') assoupir to get drowsy
assourdi deafened
assujetti subjected
assurance *f.* insurance
(s') assurer to make sure, to insure oneself
astiquer to polish
astre *m.* star, heavenly body
astuce *f.* cunning, artfulness
atrophié withered
attaquer to attack
(s') attarder to linger
atteindre to reach
attendrir to soften, to touch
attendrissant moving
attendu que considering that
attentat *m.* attempt (criminal)
atténuer to attenuate
atterrir to land
atterrissage *m.* landing
attraction *f.* show
attrape *f.* trick
attribution *f.* duty
auberge *f.* inn
augmentation *f.* salary increase
augmenter to increase
aurore *f.* dawn
autant as much

d'— mieux que so much the more
auto-stop *m.* hitch hiking
   faire de l'— to thumb a ride
autrefois formerly
autrement otherwise
autrui others
avancement *m.* promotion
avantage *m.* advantage
   — en nature fringe benefit
avènement *m.* advent
(s') aventurer to venture, to take risks
avertissement *m.* warning
aveugle blind
avion *m.* airplane
aviron *m.* rowing
aviser to see, to notice
   (s') aviser to realize, to get into one's
     mind
avisé smart, discerning
avocat *m.* lawyer
avortement *m.* abortion
avouer to admit, to confess

# B

bachelier *m.* (bachelière *f.*) one who has
   obtained a baccalauréat
bagage *m.* luggage
bague *f.* ring
baguette *f.* stick
baie *f.* bay, gulf
baigner to bathe
baiser *m.* kiss
baisser to lower
balançoire *f.* swing
balle *f.* bullet
balnéaire bathing
   station — spa
bande dessinée *f.* comic strip
banlieue *f.* suburbs
barbe *f.* beard
barbu bearded
bas-côté *m.* roadside, road shoulder
bassesse *f.* vileness
bateau *m.* boat
   — à voile sailboat
bateleur *m.* juggler, tumbler; buffoon
batelier *m.* boatman
baton *m.* stick
   (à) batons rompus in snatches
bavarder to chat
bavure *f.* smudge
beau: avoir — to do in vain
bel et bien entirely
belliciste *m.* or *f.* warmonger
bénéficier to profit
bercer to rock
berger *m.* shepherd

**bête noire** *f.* worst aversion
**bêtise** *f.* stupidity
**béton** *m.* concrete
**bien-être** *m.* well-being
**bien portant** in good health
**bienfait** *m.* blessing
**biens** *m. pl.* goods, fortune
**bienveillance** *f.* goodwill
**bijou** *m.* jewel
  — **de fantaisie** costume jewelry
**bijoutier** *m.* (**bijoutière** *f.*) jeweler
**bilan** *m.* balance sheet
**bistouri** *m.* lancet
**blanchisseur** *m.* laundryman
**blé** *m.* wheat
**blessé** wounded
**boîte de conserve** *f.* can
**bombé** convex
**bondé** packed
**bonheur** *m.* happiness
**bonne** *f.* maid
**borné** narrow, limited
**(se) borner à** to restrict oneself to
**bouc** *m.* goatee
**bouchée** *f.* mouthful, morsel
  **une — de pain** a pittance (very little money)
**boucher** to obstruct, to block
**bouclé** curly
**boucle d'oreille** *f.* earring
**boucler** to buckle, to curl, to lock
**boue** *f.* mud
**bouée** *f.* buoy
**bougeotte** *f.* craze for traveling
**bouger** to move, to budge
**bougie** *f.* candle; spark plug
**bouillir** to boil
**boule** *f.* ball, bowl
**bouleversé** upset
**bouleversement** *m.* commotion, disorder
**bouquin** *m.* book
**bourreau** *m.* torturer, executioner
**bourse** *f.* purse; scholarship; stock market
**(la) Bourse** Stock Exchange
**bousculer** to tumble, to rout; to hustle, to jostle, to shove
**boussole** *f.* compass
**bout** *m.* end
**branchement** *m.* plug
**brancher** to plug, to connect
**braquer** to aim, to point at
**bravoure** *f.* courage
**briller** to shine
**brio** *m.* dash
**briser** to break
**brocanteur** *m.* junk-dealer
**brochette** *f.* skewer

**broderie** *f.* embroidery
**bronzer** to tan
**brouillard** *m.* fog
**brouiller** to jumble up
  **se — avec** to fall out with
**brouilleur** *m.* jamming device (radio)
**brouter** to graze
**brûler** to burn
**brunir** to turn brown
**bûcher** *m.* stake
**bûcheur** *m.* hard worker
**buée** *f.* steam
**but** *m.* goal

# C

**cachot** *m.* prison
**cadran** *m.* dial
**cadre** *m.* frame; *pl.* executive, officials, staff
**caisse** *f.* case, box; treasury
**calendes** *f. pl.* calends
  **renvoyer aux —** to put off indefinitely
**cambrioler** to break into
**camelote** *f.* inferior merchandise
**camioneur** *m.* truck driver
**canard** *m.* duck; hoax
**cancre** *m.* bad student
**canine** *f.* canine, eyetooth
**canon** *m.* sacred law, rule; *pl.* ribbons (17th century)
**canot** *m.* lifeboat
**capillaire** *m.* capillary
**caprice** *m.* whim
**capricieux** whimsical, capricious
**capter** to captivate
**car** *m.* bus
**caravanier** *m.* trailer traveler
**carence** *f.* deficiency
**carier** to rot; **se carier** to decay
**carnage** *m.* slaughter
**carillonné** chimed
**carrefour** *m.* crossroads, intersection
**carrément** squarely, bluntly
**carrose** *m.* stagecoach
**carrière** *f.* career
**casier** *m.* rack
  — **judiciaire** police record
**cassation** *f.* annulment
  **Cour de Cassation** Supreme Court of Appeal
**casse-croûte** *m.* snack
**cassette** *f.* money box
**cauchemar** *m.* nightmare
**cautèle** *f.* cunning, guile
**céans** here

**céder** to yield
**cèdre** *m.* cedar tree
**ceinture** *f.* belt
**célibat** *m.* celibacy
**cendre** *f.* ashes; *pl.* ashes of the dead
**centuple** hundredfold
**cercueil** *m.* coffin
**cervelle** *f.* brain(s)
**cesser** to stop
**chaîne** *f.* chain, network, channel
**chaland** *m.* customer
**champ** *m.* field
**champignon** *m.* mushroom
**chancelant** unsteady
**chandail** *m.* sweater
**chandelle** *f.* candle
**chantage** *m.* blackmail
**chantier** *m.* workyard, construction site
**char** *m.* float (of parade)
**charcuterie** *f.* pork shop, delicatessen
**charge** *f.* commission
**charme** *m.* hornbeam tree
**charrette** *f.* cart
**chasse** *f.* hunt, hunting
**chasseur** *m.* hunter
**chassé-croisé** *m.* crossfire, exchange
**chasse d'eau** *f.* flush (lavatory)
**châtiment** *m.* punishment
**chauffard** *m.* bad driver
**chauffe-bain** *m.* water heater
**chaussée** *f.* paved road, highway
**chausser** to put on shoes
**chaussette** *f.* sock
**chaussure** *f.* shoe
**chauve** bald
**chef** *m.* head
   **— de service** department head
**chêne** *m.* oak
**chercheur** *m.* research worker
**chevalet** *m.* easel
**chevalier** *m.* knight
**chevet** *m.* bedside
**cheville** *f.* ankle
**chiffon** *m.* rag
**chiffre** *m.* figure, number
   **— d'affaires** turnover (business)
**chinois** Chinese
**chirurgical** surgical
**chirurgien** *m.* surgeon
**choc** *m.* shock, clash, crash
**choix** *m.* choice
**chômage** *m.* unemployment
**chômeur** *m.* unemployed worker
**cicatrice** *f.* scar
**cil** *m.* eyelash
**cinquantaine** *f.* around fifty
   **vers la —** in one's fifties

**circonstance atténuante** *f.* extenuating
   circumstances
**circuit** *m.* circle
**cirque** *m.* circus
**citadin** *m.* (**citadine** *f.*) city dweller
**civil** *m.* layman, civilian
**civilité** *f.* politeness, decorum
**clairière** *f.* clearing
**clamer** to declaim, to recite
**classer** to class, to classify
**clavier** *m.* keyboard
**clerc** *m.* clerk; cleric; scholar
**clou** *m.* nail
**cocher** *m.* coach driver
**cocotier** *m.* coconut tree
**code** *m.* code, rules (of the road)
   **se mettre en—** to dim one's headlights
**coffre** *m.* safe
**cogner** to knock, to beat; to thump
**coiffure** *f.* hairdo
**col** *m.* collar
**colifichet** *m.* knicknack
**collant** *m.* panty hose, tights, leotard
**collecte** *f.* collection
**collectionneur** *m.* collector
**collier** *m.* necklace
**comble** *m.* height, extreme, last straw
**combler** to fill up
**commerçant, e** merchant
**commère** *f.* female crony, friend; gossip
**commissaire** *m.* police inspector
**commission** *f.* errand
**commettre** to commit
**commun** common, general
   **en —** together
**communier** to be in communion with
**commutateur** *m.* switch (electric)
**complaisance** *f.* kindness
**comploter** to plot
**compromettre** to compromise
**compréhensif** understanding
**compris** understood
   **y —** included
**comptable** *m.* accountant
**comptant** cash
**compte-rendu** *m.* account
**compter** to count
   **sans —** without mentioning
**concevoir** to conceive
**concilier** to reconcile
**concours** *m.* competition, competitive
   examination
**concurrent** *m.* competitor, contestant
**conférence** *f.* lecture
**conférencier** *m.* lecturer
**confiserie** *f.* candy store
**confondre** to confound; to mix up

**confus** embarrased
**congé** *m.* leave, holiday, vacation
**congédier** to dismiss, to fire
**congrès** *m.* congress, convention
**conjoint** *m.* spouse
**conjugal** matrimonial
**connaissance** *f.* knowledge, learning
**conquérir** to conquer
**conseil** *m.* advice
**conseiller** *m.* adviser
**conserve** *f.* canned food
   **mettre en —** to can
**conserver** to keep
**constater** to notice, to aver
**constituer** to constitute
**consulter** to consult
**contemporain** contemporary
**contenter** to satisfy
**contraindre** to force
**contrarié** annoyed
**contrariété** *f.* annoyance
**contravention** *f.* infraction
**contrefaire** to put on, to disguise
**contremaître** *m.* foreman
**contre-poison** *m.* antidote
**contre-sens** *m.* mistake
**convaincre** to convince
**convenir** to fit, to suit
   **— de** to decide
**convoitise** *f.* greed, envy
**convoquer** to summon
**copain** *m.* friend, pal
**coqueluche** *f.* whooping cough
**coquillage** *m.* shell
**coquin** *m.* rascal, scoundrel
**corps de métier** *m.* trade association
**corriger** to correct
**corser** to complicate
**cortège** *m.* procession
**corvée** *f.* drudgery, irksome task
**côte** *f.* rib; hill
**côté** *m.* side
**cotiser** to assess; to subscribe
**cou** *m.* neck
**coudre** to sew
**coupable** guilty
**cour** *f.* yard; court
   **— d'assises** criminal court
**(au) courant** knowledgeable, well-informed
**courant d'air** *m.* draft
**coureur** *m.* runner
**courroucé** angry
**cours** *m.* rate; course
   **au — de** during
**course** *f.* race
   **— de taureaux** bullfight
**courtier** *m.* broker

**courtois** courteous
**coût** *m.* cost
**coutume** *f.* custom
**couturier** *m.* dressmaker
**couver** to hatch
**(se) cramponner** to hold tight
**crapule** *f.* vicious person
**craquer** to crack
**crasseux** filthy
**crédits** *m.pl.* appropriations
**crédule** credulous
**crèmerie** *f.* dairy
**crêpe** *f.* pancake
**crête** *f.* crest
**creuser** to dig
**criard** loud
**crise** *f.* crisis
**croisade** *f.* crusade
**croisé** crossed; **mots croisés** crossword
   puzzle
**croisière** *f.* cruise
**croître** to increase; **croissant** increasing
**croquis** *m.* sketch
**croyant** *m.* believer
**cru** raw, stark
**crue** *f.* flood
**crûment** crudely, bluntly, coarsely
**cuisinier** *m.* cook
**cuisinière** *f.* stove
**cul** *m.* bottom
   **— par dessus tête** head over heels
**cupide** avid, greedy
**curatif** curative, which may cure

# D

**dactylo** *m.* typist
**dater** to date (a letter)
   **— de** to start from
**déambuler** to stroll along
**débâcle** *f.* collapse
**débarquement** *m.* landing
**débarquer** to land
**(se) débarrasser** to get rid of
**débattre** to debate
**débiter** to supply
**déboucher** to open
   **— sur** to come upon
**débouter** to dismiss, to nonsuit
**débraillé** untidy
**débris** *m.* trash
**débutant, e** beginner
**décapiter** to behead
**déceler** to detect
**décennie** *f,* decade
**décerner** to award
**décès** *m.* death

**décharné** emaciated
**déchet** *m.* waste, waste product
**déclencher** to release, to start
**décliner** to refuse, to decline
**décoller** to take off (by plane)
**décongestionner** to relieve congestion
**décontracté** relaxed
**découverte** *f.* discovery
**décret** *m.* decree
**décupler** to multiply by ten
**dédaigner** to scorn
**dédite** *f.* renunciation, forfeit
**dédommager** to compensate
**défaut** *m.* fault
**déferler** to burst over
**défi** *m.* challenge
**défilé** *m.* parade
**définir** to define
**dégagement** *m.* disengagement, detachment
**dégagé** uninvolved
**dégager** to disengage, to clear
**dégât** *m.* damage
**degré** *m.* degree, step
**délaisser** to neglect
**délimiter** to fix limits
**déluge** *m.* flood
**démasquer** to unmask
**démentiel** crazy, insane
**démission** *f.* resignation
**démissionnaire** *m.* resigner
**démusclé** without muscles
**dénervé** without nerves
**dénicher** to discover, to unearth
**dénué** devoid
**dépannage** *m.* repair service
**dépavé** unpaved
**dépaysé** out of one's country, uprooted
**dépeindre** to describe, to depict
**dépensier** spendthrift
**dépérir** to waste away
**dépit** *m.* spite
**déplacement** *m.* motion, travel
**(se) déplacer** to move
**déplaisant** unpleasant
**dépliant** *m.* leaflet, folder
**déployer** to unfold, to spread out
**déposer** to lay down, to drop, to deposit
**déposition** *f.* testimony
**dépôt** *m.* deposit
**dépouillé** bare
**déprimé** depressed
**dépulpé** without flesh
**dérision** *f.* mockery
**dérisoire** ridiculous
**dérober** to steal
**déroulement** *m.* unfolding
**dès** from, since

**désabuser** to enlighten, to convince
**désalinisation** *f.* removal of salt
**désarmer** to disarm
**désaxé** out of joint
**désemplir** to make less full, to empty
**désintéressé** not interested; unbiased; unselfish
**désinvolte** casual, impertinent
**désinvolture** *f.* offhandedness
**désormais** from now on
**désoler** to devastate, to afflict
**dessein** *m.* design
**désuet** obsolete
**détail** *m.* detail, retail
**détendre** to relax
**détente** *f.* relaxation, easing
**déterminant** decisive
**déterrer** to dig up
**détourner** to shift
**détraqué** deranged; out of order
**détritus** *m.* refuse, rubbish
**deuil** *m.* mourning
**dévaliser** to rob
**devise** *f.* currency; motto; slogan
**dévoiler** to reveal
**dévolu** *m.* choice
**dévorant** devouring
**dévôt** devout
**dévoyé** astray
**diable** *m.* devil
**diamant** *m.* diamond
**dicton** *m.* saying
**diminué** *m.* handicapped, disabled
**dinde** *f.* turkey-hen
**diplômé** qualified, certified
**discours** *m.* speech
**disculper** to vindicate
**disgrâce** *f.* disfavor
**disgracieux** ugly
**disponible** available
**dispos** fit
**disposer** to arrange, to display
**disque** *m.* record; disk
**dissimuler** to hide
**distendre** to distend
**distraction** *f.* amusement
**divaguer** to ramble
**divers** miscellaneous
**divertissant** entertaining
**divertissement** *m.* diversion, pleasure
**doigté** *m.* fingering, touch, skill; tact
**domicile** *m.* residence
**dompteur** *m.* tamer
**don** *m.* gift, talent
**donner sur** to face, to overlook
**dorénavant** from now on
**dorloter** to pamper

**dortoir** *m.* dormitory
**dot** *f.* dowry
**douane** *f.* customs
**douanier** *m.* customs officer
**doubler** to pass (a vehicle)
**doué** talented
**douceurs** *f. pl.* sweet nothings, sweet words
**douillettement** cozily
**draconien** severe
**drap** *m.* sheet
**drapeau** *m.* flag
**dresser** to set up, to lay out
**droit** *m.* right; law; tax duty
— **commun** *m.* common law
**durée** *f.* duration

# E

**(s')ébattre** to gambol
**ébéniste** *m.* cabinet maker
**éblouir** to dazzle
**éblouissement** *m.* dazzlement
**(s')ébrouer** to flutter, to splash about
**écarter** to spread out, to put aside
**(s')écarter** to step aside
**échafaud** *m.* scaffold
**échange** *m.* exchange
**échappement** *m.* exhaust
**échappée** *f.* space, view
**échapper** to escape
**écharpe** *f.* scarf, sling
en — aslant; **prendre une auto en —**
to sideswipe
**échec** *m.* failure; *pl.* chess
**échelon** *m.* step, stage
**écho: faire écho** to repeat
**échoir** to befall; to devote
**(s')écouler** to run or flow away; to pass
**écoute** *f.* listening device
**écran** *m.* screen
**écrasé** crushed, smashed
**(s')écraser** to crash
**(s')écrier** to exclaim
**écrivain** *m.* writer
**ecrouler(s')** to collapse
**écu** *m.* crown (coin)
**éditer** to publish
**édition** *f.* issue; edition, publishing
**effacer** to erase
**(s')effacer** to step aside
**efficace** effective
**effleurer** to graze, to brush lightly
**effronté** bold, shameless
**égard** *m.* regard, consideration
**égayer** to cheer
**élan** *m.* burst, dash
**(s')élancer** to dart forth

**élargir** to widen
**élever** to raise, to elevate
**ellébore** *m.* hellebore
**éloge** *m.* praise
**éloigner** to remove, to withdraw
**élu** chosen, elected
**éluder** to evade
**embarquement** *m.* embarking
**embauchage** *m.* hiring
**embauche** *f.* hiring
**embaucher** to hire
**embaumer** to embalm
**embêter** to annoy
**embouchure** *f.* mouth of a river
**embouteillage** *m.* traffic jam
**embouteiller** to jam
**émerveillement** *m.* marvel, wonder
**(s')émerveiller** to marvel
**émetteur** *m.* transmitter
**émettre** to emit; to utter
**émission** *f.* transmission, broadcast; release; issuing (checks)
**émousser** to dull, to deaden
**émouvoir** to move
**(s')emparer** to take hold
**empêcher** to prevent
**empeser** to starch
**empester** to smell bad
**emplacement** *m.* place, location
**emploi** *m.* job
**empocher** to pocket
**emprunter** to borrow, to take
**empoigner** to grab, to grip, to grasp
**encadré** framed, surrounded
**enchanter** to enchant, to charm, to delight, to appeal
**encombré** obstructed, crowded
**(s')encrapuler** to become dissolute, to associate with crooks
**endetter** to get into debt
**endurci** hardened
**énervé** exasperated
**enfance** *f.* childhood
**enfer** *m.* hell
**enfermer** to shut in
**enfourcher** to mount
**enfourner** to put in the oven
**enfreindre** to violate
**engager** to hire
**engendrer** to sire
**engin** *m.* machine
**engoûment** *m.* infatuation, fad
**enhardir** to embolden, to encourage
s'— to grow bold
**enivrer** to intoxicate
**enjeu** *m.* stake
**(s')enliser** to get bogged down

**enquête** *f.* inquiry, investigation
**enregistrer** to register, to record
**(s')enrhumer** to catch a cold
**enrubanné** beribboned
**enseignant, e** teacher
**enseignement** *m.* teaching
**ensemble** *m.* set
**ensemencer** to sow
**enseveli** buried
**entasser** to pile up, to amass
**(s')entendre** to get along
**entériner** to ratify
**enterrer** to bury
**entêté** stubborn
**entêtement** *m.* stubborness
**entourer** to surround, to encircle; to edge, to border, to fence
**entracte** *m.* intermission
**entraîner** to bring about
**entraîneur** *m.* trainer, coach
**entraver** to hinder
**entrée** *f.* entrance; first course
**entreprise** *f.* undertaking, business
**entretenir** to entertain, to keep
**entretien** *m.* maintenance; conversation
**entrevue** *f.* interview
**envahir** to invade
**envie** *f.* need, desire
**envisager** to consider, to envisage
**envoi** *m.* sending
**envol** *m.* takeoff
**envoyer promener** to send (someone) packing
**épanouir** to bloom, to open
**épargne** *f.* savings
**épargner** to save
**éparpiller** to scatter
**épaule** *f.* shoulder
**épave** *f.* wreck
**épidémie** *f.* epidemic
**éponger** to sponge
**épouser** to marry
**épouvantable** terrible
**épouvantail** *m.* scarecrow
**époux** *m.* spouse
**épreuve** *f.* test
**éprouver** to feel
**équilibriste** *m.* acrobat
**équipe** *f.* team, gang
**équitation** *f.* horseback riding
**équivoque** ambiguous
**ermite** *m.* hermit
**escale** *f.* stop, port of call
**escarpé** steep
**esclave** slave
**escroc** *m.* swindler
**escroquerie** *f.* swindle

**espèce** *f.* kind, sort, type
**espérance** *f.* hope
**espion** *m.* spy
**espionner** to spy upon
**esprit** *m.* wit
**esquisser** to sketch
**essence** *f.* gasoline; essence
**essuie-glace** *m.* windshield wiper
**essuyer** to wipe, to dry; to endure
**estampe** *f.* print, drawing
**esthéticien** cosmetician, beautician
**estivant** *m.* summer vacationer
**estropié** crippled
**étaler** to spread out
**étang** *m.* pond
**éteint** extinct, extinguished, faded
**étendre** to stretch out
**étincelle** *f.* spark
**étiquette** *f.* label
**étoupé** clouded
**étourdi** giddy, scatterbrained
**étrangler** to strangle
**étrenne** *f.* New Year's gift
**étroitement** narrowly, strictly, closely
**étui** *m.* case
**euphémisme** *m.* euphemism (substitution of a mild word for a harsh one)
**évaluer** to estimate, to value, to assess
**éveiller** to wake up, to stimulate
**événement** *m.* event
**éventail** *m.* fan; range
**éventé** giddy, thoughtless; *m.* windbag
**(s')éventer** to fan oneself
**évêque** *m.* bishop
**(s')évertuer** to strive
**évidence** *f.* obviousness
**évier** *m.* sink
   **— à deux bacs** two-basin sink
**éviter** to avoid
**évolué** evolved, sophisticated
**exécrable** abominable
**exiger** to demand
**(s')extasier** to go into ecstasies

## F

**fâcher** to anger
**fâcheux** *m.* bore
**facultatif** optional
**fade** dull
**fadasse** insipid, washed out
**faillite** *f.* bankruptcy
**faire appel** to appeal
**faire-part** *m.* announcement
**fait** *m.* fact
   **— divers** news item
**falaise** *f.* cliff

**famé** famed, reputed
**famille** *f.* family
  belle — in-laws
**fantaisiste** whimsical
**farce** *f.* trick
**fard** *m.* makeup, paint
**farouche** fierce; shy; unsociable
**faste** *m.* pomp, pageantry; *adj.* lucky
**fastidieux** tedious, dull
**fauché** (*slang*) broke
**faune** *f.* fauna
**faux** false, fake
**favoris** *m. pl.* sideburns
**feindre** to pretend
**félicitation** *f.* congratulation
**féliciter** to congratulate
**fente** *f.* slit
**ferme** *f.* farm
**fermeté** *f.* firmness
**fermeture** *f.* closing
**fessée** *f.* spanking
**fesser** to spank
**feuille** *f.* leaf, sheet (of paper)
**fiche** *f.* card, slip of paper
**fichu** bad, awful
**fidèle** faithful
**fief** *m.* fief, territory
**(se) fier** to trust
**filature** *f.* spinning mill; shadowing (by a
  detective)
**file** *f.* line
**filleul** *m.* godson
**finesse** *f.* thinness, subtlety
**flacon** *m.* bottle
**flageolet** *m.* whistle, flageolet
**flambée** *f.* flare up, blaze
**flamme** *f.* flame
**fléau** *m.* calamity
**flèche** *f.* arrow
**flegmatique** calm
**fleurir** to lay flowers on; to bloom
**floraison** *f.* flowering, blooming
**flore** *f.* flora
**florissant** prosperous
**flot** *m.* flood
**flotter** to float
**foi** *f.* faith
**foie** *m.* liver
**folie** *f.* madness
**foncier** fundamental
**fonctionnaire** *m.* civil servant
**fond** *m.* bottom
  **article de**— commentary, editorial
  — **de teint** *m.* make up base
**fondement** *m.* foundation
**fonder** to found
**fondre** to melt

**forfait** *m.* forfeit
**formulaire** *m.* form
**fortune** *f.* fate, fortune
**foudre** *f.* thunderbolt
**fouille** *f.* search
**foulard** *m.* scarf
**foule** *f.* crowd
**fouler** to sprain
**four** *m.* oven; flop
**fourmi** *f.* ant
**fournir** to furnish
**fournisseur** *m.* tradesman
**foyer** *m.* home, hearth
**fracas** *m.* uproar
**frais** *m. pl.* expense, cost
**fraise** *f.* drill
**franchir** to cross
**franchise** *f.* sincerity, frankness
**frange** *f.* fringe; bangs
**frapper** to strike
**freiner** to apply brakes
**frémir** to quiver
**friche** *f.* underdeveloped
**friser** to curl; to graze, to approach very
  close
**froidement** in cold blood, coolly, coldly,
  calmly
**front** *m.* forehead; front
  **mener de** — to carry on (do) at the
    same time
**frotter** to rub
**fructifier** to develop, to fructify
**fuir** to run away, to escape
**fur: au** — **et à mesure** gradually, as
**fusée** *f.* rocket
  — **guidée** guided missile
**fusiller** to excute by firing squad

## G

**gager** to bet
**gageure** *f.* bet, wager
**gagnant** *m.* winner
**gala** *m.* festive occasion, special
  entertainment
**galet** *m.* pebble
**gamme** *f.* scale
**gangrener** to gangrene, to corrupt
**garder** to keep
**gardien** *m.* keeper, baby-sitter
**gaspiller** to waste
**gêne** *f.* constraint, difficulty
  **sans**— offhand, rude
**gêner** to cramp; to bother; to
  inconvenience
**génie** *m.* genius
**gentillesse** *f.* kindness
**gentiment** nicely

**gérer** to manage
**gésir** to lie
    **ci-gît** here lies
**gibier** *m.* game
**glissant** slippery
**glissement** *m.* sliding
**glisser** to slide
**(se) glorifier** to brag
**gober** to suck, to swallow; to accept
**goinfrerie** *f.* gluttony
**gonfler** to swell
**gorge** *f.* throat
    **faire des —s chaudes** to scoff, to laugh at
**(se) gorger** to stuff oneself
**gouffre** *m.* abyss
**goût** *m.* taste
**goûter** to taste
**grâcier** to pardon
**gracieux** courteous, gracious
**gradin** *m.* step, tiered row of seats
**gras** fat
**gratter** to scratch
**gratuit** free
**gravier** *m.* gravel
**gravir** to climb
**greffe** *f.* transplant
**grégaire** gregarious
**grêle** *f.* hail
**grille** *f.* iron gate
**griller** to grill
**grincer** to grind, to grate
**grincheux** ill-tempered
**griser** to intoxicate
**grogner** to grumble
**gros** big, fat
    **en —** basically; roughly
**grotte** *f.* grotto, cave
**gruger** to fleece, to sponge on
**grue** *f.* crane
**guérir** to cure
**guérisseur** healer
**guerre** *f.* war
**guerrier** *m.* warrior
**gueuser** to beg
**guichet** *m.* ticket window
**guindé** strained, stiff
**guise: à sa —** as one wants

## H

**habit** *m.* costume, (evening) dress, tails
**habitué** *m.* regular patron
**haie** *f.* hedge, line
    **faire la —** to form a line
**hâle** *m.* suntan
**hanche** *f.* hip

**hardi** bold
**hardiment** boldly
**hasard** *m.* chance
**hâte** *f.* haste
**(se) hâter** to hurry
**hâtivement** hastily
**hausser** to raise
    **— les épaules** to shrug one's shoulders
**hauteur** *f.* height
**haut-parleur** *m.* loudspeaker
**hebdomadaire** weekly
**héberger** to lodge
**hécatombe** *f.* massacre
**héraut** *m.* herald, harbinger
**hermétique** airtight; difficult
**hêtre** *m.* beech tree
**heure** *f.* time, hour
    **sur l'—** immediately
**hirsute** hairy
**honnête** honest, nice, good, upright
**honte** *f.* shame
**honteux** shameful
**horaire** *m.* schedule
**horloger** *m.* clockmaker
**horlogerie** *f.* watch and clock making
**hors** except
**houle** *f.* swell
**huissier** *m.* doorkeeper, guard
**huître** *f.* oyster
**huppe** *f.* tuft
**hurlement** *m.* scream
**hurler** to scream

## I

**ignorer** to be ignorant of, not to know
**imbécilité** *f.* stupidness, foolish act
**immérité** undeserved
**immuable** unchangeable
**impasse** *f.* blind alley; dead end, deadlock
**imperturbable** calm
**implorer** to implore, to beg
**impôt** *m.* tax
**impression** *f.* impression, print
**impressionner** to impress
**imprimé** printed
**incendie** *m.* fire
**incisive** sharp, cutting
**incommodé** uncomfortable
**inconciliable** incompatible
**incroyant** *m.* unbeliever
**inculper** to charge, to indict
**inculquer** to inculcate (impress upon)
**inculte** uneducated, uncultivated
**indéfinissable** undefinable
**indéniable** undeniable

**indexé** listed
**indicateur** *m.* signpost, timetable
**indice** *m.* indication, index
**indigène** native
**indiquer** to indicate
**indomptable** indomitable
**indulgence** *f.* leniency
**inéluctable** unavoidable
**infâme** infamous, disgraceful, vile, squalid
**infarctus** *m.* heart attack
**infect** stinking
**infirme** crippled, disabled
**infirmier** *m.* (**infirmière** *f.*) nurse
**infirmité** *f.* handicap
**informations** *f. pl.* news
**infus** inborn, native, natural
**(s')ingénier** to strive hard
**injecté** injected
   **yeux injectés de sang** bloodshot eyes
**injure** *f.* curse, insult
**inoffensif** harmless
**inondation** *f.* flood
**inquiet** worried
**inquiétant** alarming, disturbing
**(s')inquiéter** to be concerned
**inscrire** to register
**insensé** crazy
**insipide** bland, tasteless
**insondable** unfathomable, bottomless
**installer** to install, to establish
**instituteur** *m.* (**institutrice** *f.*) grammar school teacher
**intendant** *m.* manager
**interposé** in between
**interrogatoire** *m.* interrogation
**intervenir** to intervene
**intrigue** *f.* plot
**intrus** *m.* intruder
**inversement** to the contrary
**investir** to invest
**isolement** *m.* isolation, loneliness, seclusion
**ivresse** *f.* intoxication, drunkenness; transport, rapture
**ivrogne** *m.* drunkard

## J

**jadis** long ago, in olden times
**jaillir** to spout, to shoot out
**jalonner** to mark out, to stake out
**jambon** *m.* ham
**jardin d'enfants** *m.* kindergarten
**jeton** *m.* token
**(à) jeun** fasting, on an empty stomach
**jonché** scattered with

**jongleur** *m.* juggler
**jouir de** to take pleasure in
**jour de l'an** *m.* New Year's day
**joute** *f.* joust, tournament
**jupe** *f.* skirt
**juré** *m.* juror, juryman
**jurer** to swear; to clash

## K

**képi** *m.* military cap
**kiosque** *m.* newspaper stand
**klaxonner** to hoot, to honk (horn)

## L

**labeur** *m.* work
**laboureur** *m.* ploughman, farmer
**lâche** coward(ly)
**lâchement** in a cowardly manner
**lâcheté** *f.* cowardice
**laideur** *f.* ugliness; meanness
**lainage** *m.* woolen fabric
**laïque** lay, secular
**lame** *f.* blade; wave
**lancer** to throw, to cast; to hit, to start
**lande** *f.* moor
**lanterne** *f.* parking light
**laque** *f.* hairspray
**larme** *f.* tear
**las** tired
**lasser** to tire
**lécher** to lick
**légèreté** *f.* lightness, frivolity
**légiste** *m.* jurist
**lenteur** *f.* slowness
**lézarder** to crack
**liane** *f.* climbing plant
**libraire** *m.* bookseller
**librairie** *f.* book store
   **succès de —** best seller
**licence** *f.* university diploma
**licencier** to lay off
**lien** *m.* tie, link, bond
**lier** to tie
**lierre** *m.* ivy
**lieu** *m.* place
**lièvre** *m.* hare
**ligne** *f.* line, silhouette
**linge** *m.* clothes, linen, underclothes
**liquide** *m.* fluid, cash
**lisse** smooth
**litige** *m.* litigation
**livraison** *f.* delivery

**livrer** to deliver, to surrender, to hand over (to justice)
**se — à** to indulge
**livret** *m.* booklet
**loger** to lodge
**logeuse** *f.* landlady
**loisir** *m.* leisure
**lopin** *m.* plot of ground
**lorgner** to ogle, to have an eye on
**louange** *f.* praise
**louer** to rent; to reserve; to praise
**loyauté** *f.* loyalty
**lucratif** profitable
**lueur** *f.* light
**lumineux** luminous, brilliant
**lutte** *f.* struggle
**lutter** to fight
**lycée** *m.* secondary school, high school

# M

**mâcher** to chew
**magie** *f.* magic
**magistral** masterly
**cours —** lecture course
**magnétophone** *m.* tape recorder
**maigre** lean
**faire —** to abstain from meat
**maillot** *m.* tights, leotard, body suit
**maint** many
**maïs** *m.* corn
**maîtrise** *f.* Master's degree
**maladie** *f.* sickness
**malchance** *f.* bad luck
**malfaiteur** *m.* evil-doer
**malheur** *m.* misfortune
**malotru** *m.* uncouth person
**malveillant** malevolent, mean
**manche** *m.* handle; *f.* sleeve
**manchette** *f.* headline
**manchot** one-armed; awkward
**mandat** *m.* money order
**manier** to handle
**manière** *f.* manner
**de toute —** anyway
**manoeuvre** *m.* unskilled worker
**manoir** *m.* manor
**maquillage** *m.* makeup
**marais** *m.* marsh
**maraud** *m.* scoundrel
**marchander** to bargain
**marché** *m.* market
**marcher** to walk; to work
**marécage** *m.* swamp
**marée** *f.* tide

**marié** *m.* bridegroom
**mariée** *f.* bride
**marque** *f.* brand
**marraine** *f.* godmother
**masse** *f.* bulk, heap; crowd, mob
**massif** *m.* mountain mass
**matière** *f.* matter, subject
**— première** raw material
**maudit** cursed
**mécanicien** mechanic
**méconnaître** to misjudge
**medaille** *f.* medal
**méfiance** *f.* mistrust
**mélanger** to mix, to blend
**mêler** to mix, to mingle
**mélomane** *m.* melomaniac (music lover)
**mémoire** *f.* memory
**mémoire** *m.* itemized bill; term paper
**ménager** to treat with care, to save; *adj.* pertaining to the house
**ménagère** *f.* housewife
**mendicité** *f.* begging
**mendier** to beg
**mener** to lead
**— de front** to carry on (do) at the same time
**mensonge** *m.* lie
**mensuel** monthly
**mentir** to lie
**menuisier** *m.* carpenter
**mépriser** to scorn
**mercerie** *f.* haberdashery
**mésentente** *f.* misunderstanding
**messe** *f.* mass
**Messie** *m.* messiah
**(à) mesure que** as
**météorologie** (*abbr.* **météo**) *f.* weather forecast
**mettre en valeur** to exploit
**migrateur** migrant
**militer** to militate
**millénaire** *m.* thousand years
**minable** shabby
**mineur** minor
**minus** *m.* simpleton, feeble-minded
**misère** *f.* misery, poverty
**mitrailleuse** *f.* machine gun
**moche** (*fam.*) ugly, rotten, lousy
**mode** *f.* fashion
**moeurs** *f.pl.* morals, manners, customs
**moine** *m.* monk
**moisson** *f.* harvest
**molaire** *f.* molar
**mollesse** *f.* softness, weakness
**mondial** worldwide
**moniteur** *m.* monitor, coach

**monnaie** *f.* money, currency; change, coin
**montreur d'ours** *m.* bear trainer
**mordre** to bite
**(se) morfondre** to languish, to be bored while waiting
**morguer** to scorn
**mou** (*f.* **molle**) soft, lazy
**mouchard** *m.* informer, stool pigeon
**mouche** *f.* fly; stick-on patch
**moue** *f.* pout
**mousse** *f.* moss; whipped cream
**moustique** *m.* mosquito
**moyennant** by means of
  — **finance** for money
**muer** to molt (change skin, feathers)
**munir** to provide
**murmurer** to whisper

# N

**nageur** *m.* (**nageuse** *f.*) swimmer
**naguère** lately
**natalité** *f.* birth rate
**natation** *f.* swimming
**nature morte** *f.* still life
**naufrage** *m.* shipwreck
**navet** turnip; bad play
**navette** *f.* shuttle
  **faire la** — to commute
**néant** *m.* nothingness; emptiness
**nécessiteux** needy
**néfaste** ill-fated
**négligé** slovenly
**nerf** *m.* nerve
**net** clean, clear
**neutre** neutral
**nigaud** *m.* simpleton, dope
**niveau** *m.* level
**noblesse** *f.* nobility
**noce** *f.* wedding
**noeud** *m.* knot
**nombre** *m.* number
  **sans** — innumerable, countless
**nommer** to name, to designate, to nominate
**non-lieu** *m.* no prosecution, nonsuit
**notaire** *m.* notary public
**note** *f.* note; bill; grade
**nouille** *f.* noodle
**nourrir** to feed
**nourrisson** *m.* infant
**nouvelle** *f.* news; information; short story
**noyer** to drown
**nu** bare, nude

# O

**obligatoire** compulsory
**obligeant** obliging, kind, considerate
**oblitéré** cancelled
**(d')occasion** used, secondhand
**occident** *m.* west
**octroyer** to grant, to bestow
**odorat** *m.* sense of smell
**oeuvre** *f.* work, production, charity work
**office** *m.* service
  **d'**— automatically
**ombragé** shady
**onctueux** unctuous, mellow
**ondulé** waved, wavy
**or** *m.* gold
**ordinateur** *m.* computer
**ordonnance** *f.* prescription
**ordure** *f.* garbage, trash
**oreillons** *m.pl.* mumps
**orgueilleux** proud
**ornière** *f.* rut, groove
**orphelin** *m.* orphan
**oubli** *m.* oversight
**oubliette** *f.* dungeon, oubliette
**ouïe** *f.* hearing
**ouïr** (*arch.*) to hear
**ouragan** *m.* hurricane
**ours** *m.* bear
**outre** in addition to
**outillage** *m.* tools
**ouverture** *f.* opening
**ouvrage** *m.* piece of work

# P

**paille** *f.* straw
**pair** *m.* equal
  **de** — **avec** on a par with
**palier** *m.* landing
**panier** *m.* basket
  — **percé** *m.* spendthrift
**panne** *f.* breakdown (vehicle)
**panneau** *m.* panel, board; signal
**panoplie** *f.* play outfit, kit
**pantoufle** *f.* bedroom slipper
**paquebot** *m.* ship
**paquet** *m.* parcel
**Pâques** *m. pl.* Easter
**paraître** to appear, to come out
**parcimonie** *f.* excessive thrift
**parcourir** to travel through, to look over
**parcours** *m.* distance
**pardonner** to forgive
**paré** dressed up
**pare-brise** *m.* windshield

**paresse** *f.* laziness
**paresseux** lazy
**parier** to bet
**parloir** *m.* parlor
**parmi** among
**parole** *f.* word
   **donner la — à quelqu'un** to give someone the floor (let someone speak)
**parquet** *m.* floor; Public Prosecutor's office
**parrain** *m.* godfather
**parsemer** to sprinkle
**part** *f.* share
   **à —** aside from, besides, except for
**partage** *m.* sharing, division
**partager** to share
**parterre** *m.* pit (of theater)
**particulier** individual
**partir** to leave
   **à — de** starting from
**parure** *f.* attire, finery
**parution** *f.* appearance, publication (of books)
**parvenir** to manage, to reach
**pas** *m.* step
   **prendre le — sur** to precede, to have precedence over
**passager (ere)** passing, temporary
**passe-droit** *m.* undue favor
**(se) passer de** to do without
**passe-temps** *m.* pastime, hobby
**passionnant** exciting
**patée** *f.* mash, chicken feed
**pâtes** *f.pl.* noodles, spaghetti, macaroni
**pâtisserie** *f.* cake; pastry shop
**pâtissier** pastry cook
**patron** *m.* boss, employer
**pâture** *f.* animal fodder
**paupière** *f.* eyelid
**pavé** *m.* pavement
   **le haut du —** the wall side; the upper crust
**pavillon** *m.* lodge
**paysage** *m.* landscape
**peine** *f.* penalty; sorrow
**peintre** *m.* painter
**pelote** *f.* ball, ball of thread
**pelouse** *f.* lawn
**pencher** to lean
**pendaison** *f.* hanging
**pénible** painful
**pénurie** *f.* scarcity
**percer** to pierce, to break through
**percevoir** to perceive
**percher** to roost
**perdant** *m.* loser
**perdreau** *m.* partridge

**permanence** *f.* continuous service
   **assurer une —** to be on duty
   **— de l'emploi** job security
**permis** *m.* permission, licence
**perruque** *f.* wig
**perspicace** discerning
**persienne** *f.* Venitian blind
**pesanteur** *f.* weight; gravity
**phare** *m.* lighthouse; headlight (of car)
**philatéliste** philatelist, stamp-collector
**philtre** *m.* potion
**physicien** *m.* physicist
**pic** *m.* peak
**pièce** *f.* play; coin
**piéton** *m.* pedestrian
**pilote** pilot; model, experimental
**pilule** *f.* pill
**pinceau** *m.* brush, paint brush
**piquer** to stick, to prick
   **se — de** to pride oneself on
**piqûre** *f.* sting, shot (injection)
**pirate de l'air** hijacker
**pis** worse
**piscine** *f.* swimming pool
**piste** *f.* track
**placard** *m.* poster; cupboard
**place** *f.* place; public square
**placement** *m.* investment
   **bureau de —** employment agency
**placer** to invest, to place
**plage** *f.* beach
**plaider** to plead
**plaignant** plaintiff
**plainte** *f.* complaint, moan
**plaisant** *m.* joker
**plaisanterie** *f.* joke
**plantureux** plentiful, lavish, buxom
**plat** flat
   **à —** feeling low
**plate-forme** *f.* platform
**plein** full
   **— pied** same level
   **faire le — d'essence** fill up the gas tank
**pli** *m.* fold
**plomb** *m.* fuse
   **faire sauter un —** to blow a fuse
**plomber** to fill (a tooth)
**plonger** to dive
**pneu** *m.* tire
**poids** *m.* weight
   **deux — deux mesures** double standard
**pointe** *f.* point
   **heure de —** rush hour
**pointure** *f.* size
**poire** *f.* pear; (*slang*) sucker
**policier** *m.* policeman, detective; *adj.* police

**pollué** polluted
**pommette** *f.* cheekbone
**pompier** *m.* fireman
**pompiste** *m.* service station attendant
**populace** *f.* mob
**porte-clef** *m.* key ring
**porte-drapeau** *m.* flag-carrier, vangaurd
**portée** *f.* reach
  **à leur —** within their reach
**porter** to hold, to carry
  **se —** to be (of health)
**portique** *m.* horizontal bar (gymn)
**pose** *f.* pose; pause
**postiche** *m.* toupee, hairpiece
**pot d'échappement** *m.* exhaust pipe
**pot de vin** bribe
**poteau** *m.* post
**potelé** plump
**potence** *f.* gallows
**poubelle** *f.* trash can
**poudre** *f.* powder
**pourboire** *m.* tip, gratuity
**pourparlers** *m. pl.* negotiations
**poursuivre** to prosecute
**pourvu que** provided that, hoping that
**pouvoir** *m.* power
**préalable** previous
**précipiter** to dash
**préconiser** to advocate, to be in favor of
**prédicateur** *m.* preacher
**prédire** to predict
**préméditer** to premeditate
**préposé** in charge of
**présentateur** *m.* introducer, M.C.
**pressentiment** *m.* premonition
**prestidigitateur** *m.* magician
**prêt** *m.* loan
**prétendre** to claim, to pretend, to intend to
**prêtre** *m.* priest
**preuve** *f.* proof
**prévoir** to foresee
**prière** *f.* prayer
**prime** *f.* premium
**principe** *m.* principle
**prise** *f.* hold, catch
  **— de courant** plug
**prisé** liked, appreciated
**priver** to deprive
  **se — de** to do without
**prix** *m.* price, ward
**procès** *m.* trial, lawsuit
**procès-verbal** *m.* (police) report; traffic ticket
**(se) produire** to happen
**profiter** to profit, to use well, to take advantage of
**promener** to take out walking

**propos** *m.* subject; *pl.* remarks
  **à — de** concerning, about
**proprement** properly, entirely
**propriétaire** *m.* landlord
**prosterner** to prostrate
**proviseur** *m.* principal, headmaster
**provision** *f.* supply; deposit, funds
**priver** to deprive
**puant** stinking
**pudeur** *f.* modesty
**puiser** to draw, to take
**puissance** *f.* power
**pulluler** to swarm

### Q

**quadragénaire** forty years old
**quêter** to take up a collection
**queue** *f.* tail
  **faire une—** to cut short in front of someone
**quiétude** *f.* tranquility
**quincaillier** *m.* hardware dealer
**quiproquo** *m.* mistake, misunderstanding
**quitte** even
**quotidien** daily

### R

**rabâcher** to repeat the same old thing
**raccourci** *m.* short cut
**raccourcir** to shorten
**raccommoder** to mend
**raccrocher** to hang up
**radoter** to talk idly
**rage** *f.* rabies
**raide** straight
**raison: à — de** at the rate of
**rajeunissement** *m.* rejuvenation
**rajouter** to add more
**ralentir** to slow down
**ramage** *m.* chirping
**ramassage** *m.* picking up
**rame** *f.* oar
**ranger** to arrange; to put back in place; to park
**rappel** *m.* recall, encore
**rapporter** to bring back; to yield interest
**rarissime** most rare
**raser** to shave, to raze; (*slang*) to bore
**rasoir** *m.* razor
**rassembler** to gather
**rassurant** reassuring
**ravitaillement** *m.* food supply
  **aller au —** to go food shopping
**rayer** to scratch, to cross out
**rayon** *m.* shelf; ray; (store) department
**réagir** to react

**rébarbatif** grim, forbidding
**rebours** *m.* reverse, opposite
  **à —** backwards, the opposite way, to the contrary
  **compte à —** countdown
**recette** *f.* recipe
**réchaud** *m.* heater, burner
**recherche** *f.* research
**rechercher** to look for
**réchapper** to escape
**récidive** *f.* recidivism, relapse, recurrence, second offense
**réclame** *f.* advertisement
**reclasser** to reclassify
**récolte** *f.* crop, harvest
**récompense** *f.* reward
**réconfort** *m.* comfort
**recoudre** to sew again
**recousu** resewn
**(se) récrier** to protest
**recrue** *f.* recruit, new member
**recrutement** *m.* recruiting
**recueillir** to gather
  **se —** to meditate
**reculé** far away
**rédiger** to draw up, to write
**redoublant** *m.* repeater
**redoubler** to repeat (a class)
**redouter** to fear
**réduire** to reduce
**refiler** to palm off
**réfléchir** to think, to reflect
**refus** *m.* refusal
**regain** *m.* recrudescence, renewal
**régate** *f.* boat race
**régenter** to dominate
**régie** *f.* administration
**régime** *m.* diet
**régir** to rule
**régler** to regulate; to pay
**régner** to reign
**réjouir** to rejoice
**relais** *m.* relay
**relèvement** *m.* picking up, recovery
**relever de** to pertain to
**religieuse** *f.* nun
**remanier** to change
**remède** *m.* remedy, medicine
**remédier** to cure, to remedy
**(se) remettre** to recover
**remise** *f.* discount
**remporter** to take back
**(se) rencontrer** to be found
**(se) rendre** to give up
**renouveler** to renew, to repeat
**renseigner** to inform
**rentable** profitable

**rentrée** *f.* return, re-opening (of school)
**renversé** overthrown, upset, astounded
**repartir** to retort, to answer back; to go away again
**répartir** to divide, to distribute
**repassage** *m.* ironing
**repasser** to iron
**repérer** to locate, to spot
**répétiteur** *m.* tutor
**répétition** *f.* repetition, rehearsal
**repeuplement** *m.* repopulation
**repousser** to grow back, to push back
**repos** *m.* rest
**reprocher** to reproach
**réprouver** to disapprove of
**répugner** to feel repugnance; to disgust
**réputé** famous
**requin** *m.* shark
**requérir** to require
**réseau** *m.* network
**résonner** to resound
**résoudre** to solve, to decide
**resserrer** to contract, to tighten
**ressort** *m.* spring
**ressortir** to come out
  **faire —** to point out
**reste** *m.* rest; *pl.* remains
  **du —** besides, moreover
**retarder** to delay
**retenir** to remember; to reserve, to retain
**(se) retirer** to withdraw
**retombée** *f.* fallout
**retour** *m.* return
**retrait** *m.* withdrawal
**retraite** *f.* retirement
**retraité** *m.* pensioner
**retranchement** *m.* stronghold
**rétrécir** to shrink
**rétrécissement** *m.* narrowing
**rétribuer** to pay, to remunerate
**rétroviseur** *m.* rear-view mirror
**réussite** *f.* success
**revanche** *f.* return match, revenge
  **en —** on the other hand, in return
**revêche** harsh, cross
**révéler** to reveal
**revendication** *f.* claim, demand
**revenu** *m.* income
**rêver** to dream
**revêtir** to dress, to put on; to assume
**rêveur** *m.* dreamer
**révolu** completed
**revue** *f.* magazine; parade (military)
**rhume** *m.* cold
  **— de cerveau** running nose
**ride** *f.* wrinkle
**rigolo** funny

**rigueur** *f.* rigor, severity, harshness
**rive** *f.* bank, shore
**riverain, e** waterside dweller
**robinet** *m.* faucet
**roche** *f.* rock, boulder
**rocher** *m.* rock
**rôder** to roam
**roman** *m.* novel
**romance** *f.* sentimental song, romance
**rompre** to break up
**ronfler** to snore
**rôti** *m.* roast
**roué** broken on the wheel; sly
**rouge (baton de)** *m.* lipstick
**rougeole** *f.* measles
**rouiller** to rust
  se — to get rusty
**roulis** *m.* rolling (of a ship)
**roulotte** *f.* caravan, trailer
**rouspéter** to gripe, complain
**routier** *adj.* highway, road
**ruban** *m.* ribbon, tape
**rubéole** *f.* German measles
**rude** rugged, hard
**(se) ruer** to rush
**rumeur** *f.* rumor, clamor
**ruminer** to ruminate, to mumble
**ruse** *f.* trick
**rutilant** glowing

## S

**sable** *m.* sand
**saboter** to sabotage
**sabotier** sabot maker
**sac de couchage** *m.* sleeping bag
**sadique** sadist
**sage** wise, good
**sagesse** *f.* wisdom, prudence
**saigner** to bleed
**saisissement** *m.* shock
**saler** to salt
**saleté** *f.* dirt
**salière** *f.* salt box
**salut** *m.* salvation
**sang** *m.* blood
**sang-froid** *m.* coolness
**saugrenu** strange
**sauvetage** *m.* life-saving
**sauvette** *f.* quick getaway
**savant** *m.* learned person, scientist,
  scholar
**saveur** *f.* taste, savor
**savoir** *m.* knowledge
**savoir-faire** *m.* knowhow
**savourer** to relish

**scarlatine** *f.* scarlet fever
**scène** *f.* stage
  mise en — staging
**scrutin** *m.* ballot
**sécher** to dry
**sécheresse** *f.* dryness, drought
**séchoir** *m.* dryer
**secouer** to shake
**secourir** to assist, to help
**secours** *m.* help, assistance
**sein** *m.* breast, bosom
**semblable** *m.* fellow man; *adj.* similar,
  like
**semence** *f.* seed, semen
**semonce** *f.* reprimand, lecture
**sens unique** *m.* one way
**sensoriel** sensory
**sereinement** calmly, serenely
**série** *f.* set, series, succession
  — **noire** run of bad luck
**serin** *m.* canary
**serment** *m.* oath
**serrurerie** *f.* locksmith work
**seuil** *m.* doorstep
**sévérité** *f.* strictness
**sévir** to deal severely
**siècle** *m.* century
**siège** *m.* seat
**siéger** to sit (in assemblies)
**siffler** to whistle
**signaler** to point out
**(se) signer** to cross oneself
**silex** *m.* flint
**sillonner** to plough, to streak
**singe** *m.* monkey
**sinistre** *m.* disaster
**sinistré** *m.* victim of disaster
**smoking** *m.* dinner jacket
**sociétaire** *m.* associate, member
**soigné** well groomed
**soigner** to nurse, to take care of
**solde** *f.* clearance, sale
**solennellement** solemnly, impressively
**solliciter** to urge, to canvass
**solvabilité** *f.* solvency
**somme** *f.* sum
**sommité** *f.* important person
**sondage** *m.* opinion poll
**sonder** to measure, to sound
**songer** to think
**sonore** sonorous, loud
**sophistiqué** affected
**sorcellerie** *f.* witchcraft
**sorcier** *m.* sorcerer
**sort** *m.* fate, destiny, spell
**sortie** *f.* outing, exit
**sortir** to go out, to graduate

**sot** stupid
**sottise** *f.* foolishness, stupidity
**sou** *m.* old coin, worth about a penny
**souci** *m.* worry
**(se) soucier** to care
**soucoupe** *f.* saucer
**souffle** *m.* breath
   **à bout de —** out of breath, dying
**souffrance** *f.* suffering
   **en —** awaiting delivery or pickup
**souffreteux** sickly
**souhaiter** to wish
**soulager** to ease, to comfort
**soulever** to lift
**souligner** to underline, to emphasize
**soumis** tamed, submissive
**soumettre** to submit
**soupçonner** to suspect
**soupir** *m.* sigh
**sourd** deaf, dull
**sous-marin** *m.* submarine
**soutenance** *f.* defense
**soutenir** to sustain, to maintain, to support
**souterrain** *m.* underground
**soutirer** to extract
**stade** *m.* stadium
**stage** *m.* term of residence, workshop
**standing** *m.* status
**station** *f.* stop
   **— balnéaire** *f.* spa, vacation spot
**stationner** to park
**studio** *m.* small living room, study, den
**subir** to undergo, to go through
**subvenir** to provide
**succession** *f.* inheritance
**succursale** *f.* branch office
**suffir** to suffice
**suffisance** *f.* complacency
**suffrage** *m.* approbation, vote
**suggérer** to suggest
**suppression** *f.* cancellation
**supprimer** to suppress, to cancel
**suranné** old-fashioned, out of date,
   antiquated
**surcharger** to overload
**sûreté** *f.* security
**surgelé** deep-frozen
**surgir** to appear
**surmené** overtired
**sursauter** to start, to jump
**sursis** *m.* reprieve, deferment
**surveiller** to watch
**survivance** *f.* survival
**survoler** to overfly
**survolté** overexcited
**susciter** to instigate

**suspendre** to hang, to stop, to defer

**T**

**tablette** *f.* bar (of candy); tablet, shelf
**tâche** *f.* task
**tacher** to spot, to soil
**taille** *f.* waist; size
**(se) taire** to be silent
**talon** *m.* heel
**talus** *m.* slope, ramp
**tambour** *m.* drum, drummer
   **— de ville** town crier
**tampon** *m.* rubber stamp
**tangage** *m.* pitching (of boat)
**tant** so much
   **— pour cent** percentage
   **— pis** too bad
**tantôt** presently, soon, a little while ago
**tapage** *m.* uproar
**taper** to touch (borrow from); to hit
**tapis** *m.* rug, carpet
**tarif** *m.* fare, rate, charges
**tas** *m.* heap
**taudis** *m.* slum
**taux** *m.* rate, price
**teindre** to dye
**tel que** such as
**tel qui** whoever
**témérité** *f.* boldness
**témoin** *m.* witness
**témoignage** *m.* testimony
**temps** *m.* time
   **mi —** half time, part time
   **plein —** full time
   **— partiel** part time
**tenace** tenacious
**tenant** *m.* advocate; champion
**tendance** *f.* tendency, inclination
**tendre** to stretch; to tend
**tendresse** *f.* tenderness, affection
**ténébreux** dark
**tenir** to hold, to retain
   **— à** to cling to
   **s'en — à** to stick to
   **se — au courant** to keep informed
**tenter** to tempt
**tenue** *f.* outfit, appearance, manners
**terme** *m.* end
**terrain** *m.* land
   **— vague** *m.* vacant lot
**terrassier** *m.* contractor
**têtu** stubborn
**thon** *m.* tuna
**tiers** *m.* third; third party

**timbre** *m.* stamp
**tir** *m.* shooting, gunnery
**tirage** *m.* drawing, printed copies, circulation
**tirailler** to pull in all directions
**tirer** to shoot, to circulate, to print; to write (a check)
   **s'en —** to pull through
**tissu** *m.* material, cloth
**titulaire** bearer, holder, person with tenure
**toile** *f.* canvas, linen, screen
**toit** *m.* roof
**tombeau** *m.* tomb
**tombereau** *m.* cart
**tombola** *f.* raffle
**ton** *m.* tone, color
**tondre** to clip (hair), to fleece
**tonner** to thunder
   **— contre** to swear against
**torche** *f.* torch
**torchon** *m.* rag
**tortue** *f.* turtle
**toucher** to touch; to receive (money)
**tour** *f.* tower
**tour** *m.* turn, circumference
**tourbillon** *m.* whirlwind
**tournant** *m.* turn
**tourne-disque** *m.* record player
**tout un chacun** everyone
**tractation** *f.* transaction
**train** *m.* train; pace
**traîner** to drag
   **laisser —** to leave around
**trait** *m.* dart
**traité** *m.* treaty
**traitement** *m.* treatment; salary
**traiter** to treat, to call
**traître** *m.* traitor
**trajet** *m.* trip, journey
**tranche** *f.* slice
**trancher** to contrast sharply
**tranquille** peaceful
**traquer** to trap
**travaux pratiques** *m. pl.* lab course, practicals
**travers** *m.* bad habit, fault
**traversée** *f.* crossing
**travesti** disguised
**tremblement de terre** *m.* earthquake
**trempette (faire)** to take a dip
**tresser** to braid
**tri** *m.* sorting out
**tricher** to cheat
**tricot** *m.* pullover
**trimestriel** trimester

**troc** *m.* barter, exchange, swap
**trotter** to trot
**trottoir** *m.* sidewalk
**trou** *m.* hole
**truc** *m.* device
**truquer** to trick
**tube** *m.* (*slang*) hit record
**tutoyer** to address as "tu"
**tuyau** *m.* pipe
**tympan** *m.* eardrum
**tympaniser** to deafen

## U

**uni** united; plain, simple
**urgence** *f.* urgency
**usage** *m.* use, custom
**usager** *m.* user
**user** to wear out
**usine** *f.* factory

## V

**vacancier** *m.* vacationer
**vacarme** *m.* uproar
**vacherie** *f.* dirty trick
**vaincre** to defeat, to overcome
**vaincu** defeated
**vainqueur** *m.* winner
**vaisselle** *f.* dishes
**valable** valid, good
**valeur** *f.* worth, price; *pl.* stocks, shares
**valeureux** courageous
**vaniteux** vain
**(se) vanter** to brag, to boast
**varicelle** *f.* chicken pox
**vedette** *f.* star of a show, leading light
**veille** *f.* eve, day before
**veiller** to watch
**veilleuse** *f.* low or dim light
**vélomoteur** *m.* motorbike
**venant** coming
   **à tout —** to all comers
**vendange** *f.* grape-picking
**vénéneux** poisonous
**venin** *m.* venom
**ventre** *m.* belly
**vernis** *m.* polish
**versant** *m.* side
**versé** well-versed, experienced; skilled
**veste** *f.* coat; (*slang*) failure
   **remporter une —** to fail
**veston** *m.* coat
**veuf** *m.* windower
**veuve** *f.* widow

**vieillard** *m.* old person; *pl.* elderly people
  **grand —** very old person
**vide** *m.* vacuum
**vider** to empty
**vignette** *f.* label, sticker
**vigueur** *f.* force
  **en —** enforced
**viol** *m.* rape
**violer** to rape
**virage** *m.* turn
**vis-à-vis** opposite
**vitesse** *f.* speed
**vitrine** *f.* shop window
**vitupérer** to reprimand
**vivoter** to live sparely, to get along
  somehow
**vœu** *m.* wish, vow
**voguer** to sail
**voie** *f.* way, road, track

**voile** *f.* sail, sailing
**voiler** to veil
**voire** indeed
**voix** *f.* voice; vote
**voler** to fly; to steal
**volet** *m.* (window) shutter
**volière** *f.* large bird-cage
**volonté** *f.* will
**voûté** bent
**voyant** *m.* prophet; *adj.* gaudy
**voyante** *f.* fortune-teller
**voyou** *m.* hoodlum

# W

**W.-C.** (*abbr. of* "water-closet") *m.*
  lavatory, toilet